启真馆 出品

bibliophile

书 之 爱

照管图书
图书馆及其设备的发展

[英] 约翰·威利斯·克拉克 著 杨传纬 译

ZHEJIANG UNIVERSITY PRESS
浙江大学出版社

图 15 以斯拉在写作律法书

采自《阿米亚提努斯写本》(*Codex Amiatinus*)。

背景里有一个敞着门的书架，这幅图片也许是 16 世纪中叶绘制的。

献给弗朗西斯科·艾丹诺·加斯盖特神学博士——本笃派僧侣，众门徒的导师

目录

量。学院图书馆。科布汉主教在牛津建立的图书馆。剑桥女王学院的图书馆。祖特芬的图书馆。阅览台体系。把图书用链条拴起来。更多的例证与说明。

插图目录

按　语

　　我欣喜地得知，剑桥大学出版社理事会即将降价出版《照管图书》。他们慷慨　　v
地考虑到有些人对此类图书感兴趣，然而无力按原价购买，我希望这样的措施必将
大大增加其销量。

　　我借此机会感谢英国、美国、欧洲大陆的许多未曾谋面的朋友，他们购买了我
的这本书；我也感谢此书的评论者，没有他们的帮助，此书的接受情况必然与现在
大不相同。我还高兴地发现，像这种书籍，初看属于考古类别，并不实用，但却受
到一些人物的重视，他们管理着现代型的图书馆。

约·威·克拉克

1909 年 2 月 9 日

剑桥斯克鲁普院（Scroope House）

初版序言

在编辑完成《剑桥大学及诸学院建筑史》一书的过程中，我花费了许多时间和 注意力在名为《图书馆》的专论上。这是个崭新的论题；我越加以研究，就越深信不疑，如果比当时探讨得更周到一些，必然有良好的收获。比如说，我相信如果能发现各种寺院图书馆有关的习俗制度，必然有助于阐明学院同类的规定与章程。

《建筑史》一书出版以后，我有了时间从新的观点来研究图书馆；这时我幸运地读到加斯盖特大师（Dom Gasquet）的一篇精彩论文，他谦虚地称之为《中世纪寺院图书馆札记》。这篇简短的论文只有二十页，但是它使我睁大了眼睛，见到了前面展现的道路。我在此处愉快地表示感谢，并把这本书献给这位历史学家。

1894 年 6 月，我很荣幸地在剑桥大学从事里德讲座（Rede Lecture）的授课。我企图在讲座中回顾寺院的图书馆，展示它们在设备方面与牛津、剑桥诸学院图书馆 的关系。我追随加斯盖特大师在上述论文中的榜样，指出带装饰插图写本的价值，因为这些材料描写了中世纪学者和写工的生活。1900 年我在剑桥大学桑达斯讲座讲授书志学（Bibliography），我把这个论题进一步扩展，研究的范围延伸到希腊和罗马的图书馆。

在写作现在这本书的时候，我自由地使用了上述三本书的材料，还加入了许多新鲜材料。我还要借此机会说明，除了埃斯科里亚尔（Escorial）是唯一的例外，我亲自考察并测量了书中描写的每幢建筑。许多插图是我亲手绘制的。

我把这本书称为"评论"（Essay），因为我想指出它只是试图以简略的方式处理一个极宽广而有趣的论题——这个论题可以进一步细分为若干单独的标题，每个标题再进行细致的处理。例如，关于教会组织的图书馆，我希望见到一本书不仅论及图书照管的方式，而且论及图书研究的科目，就像保存至今的图书目录所作那样。

我所承担的研究工作自然需要英国和欧洲大陆众多图书馆管理人以及其他人员的合作。从这些负责人中我体会到无所不在的关怀与照料。我请求他们接受我总体的谢意。然而，由于我受到特殊的帮助，我希望提到某些人的名字。

首先，我应该感谢我的朋友，三一学院的杰克逊博士（Dr. Jackson），圣约翰学院的桑兹博士（Dr. Sandys）以及大学图书馆馆长詹金森文科硕士（F. J. H. Jenkinson M. A.），他们帮助阅读清样并提出了修改建议。桑兹博士花了许多时间修改了第一章。由于我的著作大量涉及寺院机构，不用说，我请教了我的老友，古物协会助理书记圣约翰·霍普文科硕士（W. H. St. John Hope, M. A.），并得到了他的有用帮助。

我在罗马的研究工作，由于梵蒂冈图书馆馆长、耶稣会士埃尔勒神父（Father C. J. Ehele, S. J.）无微不至的关心和帮助而变得容易了。我还应该深谢兰齐亚尼先生（Signor Rodolfo Lanciani），罗马的德国考古研究所的彼得森教授（Prof. Petersen），以及佛罗伦萨的洛伦佐图书馆比亚吉先生（Signor Guido Biagi）。在米兰，安布罗斯图书馆的塞利亚尼先生（Monsignor Ceriani）非常友好，为我的需要在图书馆内拍照。

巴黎的各大图书馆管理人彬彬有礼地协助我从事研究。我要特别感谢国家图书馆的德莱尔先生（M. Léopold Delisle）和多利兹先生（M. Léon Dorez）；马扎林图书馆的富兰克林先生（M. A. Franklin）；阿森纳图书馆的马丁先生（M. H. Martin）；凡尔赛宫的副主管佩拉特先生（M. A. Peraté）。

x　　我还要感谢维拉斯奎斯先生（Señor Ricardo Velasquez）给我一些埃斯科里亚尔图书馆美丽的书柜立体图；感谢布鲁塞尔皇家图书馆的格恩神父（Father J. van den Gheyn, S. J.）允许我参观并给他管理下的几部写本拍照；感谢我的朋友，建筑师杰克逊先生（Mr. T. G. Jackson, R. A.）借给我他管理下的柯布汉主教（Bishop Cobham）藏书（在牛津）；感谢博德利图书馆馆长尼克尔森文科硕士（E. W. B. Nicolson, M. A.）和副馆长马丹文科硕士（Falconer Madan, M. A.）告诉我有关图书馆建筑及其内容的信息；感谢大英博物馆比克莱先生（Mr. F. E. Bickley）帮助寻找并审查研究写本；感谢国家肖像馆馆长卡斯特文科硕士（Lionel Cust, M. A.）给我的指导和鼓励。

麦克米伦的诸位先生允许我在第一章使用三幅插图；默里先生允许我使用格洛斯特图书馆小书库内的木刻；布莱茨的诸位先生允许我使用李维尔（James Leaver）的书柜画片。

最后，我要感谢大学出版社全体工作人员尽力把这本书制作得又快又好，感谢他们对我个人的多次关怀。

约翰·威利斯·克拉克

1901 年 9 月 23 日

剑桥大学斯克鲁普院

第二版序言

在准备《照管图书》第二版的时候，我没有作任何重大的修改或增添。一般说我只满足于作一些文字上的修正。但是在有的地方，比如说关于蒂奇菲尔德寺院（Titchfield Priory）图书馆的叙述方面，我对于官方的言论作了较长的引证。我还增加了八幅新的插图。

关于这本论著，英国和外国的人士都写了许多评论；若不是这些文章语气友好而且彬彬有礼，我也许会感到不高兴。然而，不止一篇文章提出了一些问题，我想就其中三个问题说几句话。我受到的指责：（1）有许多著名的图书馆被我忽视了，根本没提到；（2）我没有从印成的图书以及写本中选择书桌和其他图书馆用具的插图；（3）虽然我在封面上声明我论著包含的时期延伸到 18 世纪末[*]，但是我的最后一幅插图画的是博伊斯教长（Dean Boys），他在 1625 年就去世了。

对于第一个指责我回答：我引用的图书馆都是对保存图书的发展过程作过一些新贡献的机构。图书馆的名气，它藏书的数量和价值对我的议论不产生多少影响。至于早期印本书中的插图，我曾经仔细考察过几本这样的著作，例如《历史的海洋》(*La Mer des Histoire*) 及其重印本；这些插图没有给我什么新东西，似乎是从写本的插图上抄绘下来的，所绘的用具既不忠实也不成功。但是，在这一版里，我增加了一幅图书制作者图片，是从 1498 年斯特拉斯堡印刷的贺拉斯（Horace）版本中取来的。

对于有些人批评我没有实现诺言，没有达到研究工作涵盖的长度，我要说，他在匆忙中把书页翻到最后一章的末尾，而没有翻到倒数第二章的末尾，在那里我描述了雷恩爵士（Sir Christopher Wren）的成就，指出了图书馆设备在他影响下的改变。最后一章只是一些补充材料，前面讲的是公众图书馆，这里讲的是私人图书馆。

约翰·威利斯·克拉克

1902 年 8 月

剑桥大学斯克鲁普院

---

* 原书副标题是：论从最早期到 18 世纪末图书馆及其设备的发展。——编者注

第一章

序。亚述的档案室。希腊、亚历山大、帕伽马、罗马的图书馆。它们的规模、使用、内容及设备。橱柜或书柜。西克斯图斯五世的梵蒂冈图书馆。古罗马图书馆的一个典型。

在下面的文章中，我尝试追踪人类在不同时代、不同国家保存、使用并提供他人使用各种记录思想的材料的方法。在此项研究中，我将包罗储存这些宝贵材料房间的位置、大小与安排；各种设施、目录及保护性器物、便利使用器物的不断进步与发展。虽然我必须相当详细地探索这些问题，但是我将避免纯粹的古物研究，尽可能引起读者的兴趣；如果不这样做，读者的耐心也许将消耗干净。应该说清楚：书志学研究将完全排除在外。从我的特殊观点出发，只有书才是关注的对象，甚至书的外部特征也只在它涉及保存与安排方式的时候才与我有关。过去图书馆内大量图书按主题分类问题，我遗憾地不得不谈，但尽量简略。我将指出人们曾煞费苦心把书籍按不同的综合类别分类，但我不会详细论述各大类图书的作者。

最早期的书籍储存地都和庙宇或宫殿有关；因为所有文明社会的传教士都属于知识阶层，而专制君主们都保护和资助艺术与文学；也因为这些地方能提供更多的安全。

我将从亚述（Assyria）说起。1850 年，拉雅德（Layard）在底格里斯河摩苏尔城的对岸库云吉克（Kouyunjik）发现了尼尼微国王亚述巴尼帕尔（Asgur-bani-pal）王宫内的档案室，我们也可以称之为图书馆。图 1 的平面图显示了这些档案室我的位置，它们和建筑物其他部分的关系，比任何长篇描述更清楚，这个平面图出自拉雅德的著作。[1] 整个建筑据信大约存在于公元前 700 年。长长的通道（No. XLIX）是宫殿的一个入口。探索者从那里转入较狭窄的通道（No. XLII），就会到达一个大门（E），大门通向一个大厅（No. XXIX）。大厅的另一个大门（F）引导探索者进入一个房间（No. XXXVIII），房间的北面是两个大门（G，G），每个

---

1 *Discoveries in the Ruins of Nineveh and Babylon*. 2 vols，8vo., Lond. 1853. Vol. II，p.343.

大门上"都有鱼神达贡（Dagon）的巨大浮雕像。第一个由鱼神守卫的门通向两
个较小的房间，房间内一度装饰着浮雕，但大部分已经损坏了。我将称这两个房
间为'记录室'（the chambers of records），因为它们看来曾经保存过亚述历代国王
的诏令以及帝国的档案，就像古代波斯的'记录室'一样；当年大流士（Darius）
国王曾下令搜索这些房间，寻找居鲁士（Cyrus）国王关于建筑耶路撒冷神庙[1]的
诏令"。

　　拉雅德作出这样的结论，是因为他在这些房间里发现了大量陶土烘制的泥
板和圆柱，上面都铭刻着文字。"房间里堆得满满的，从地面向上足有一英尺多

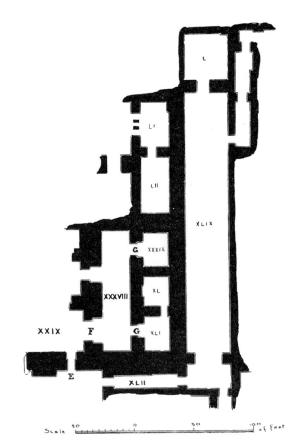

图1　尼尼微国王亚述巴尼帕尔的王宫档案室的平面图

1　Ezra, vi, I.

高。有的还完整，大多数已经成为碎片，也许是由于建筑物的上部掉落下来压碎的……这些文件看来有许多种类。许多是战争的历史记录，记载着亚述人的远征。有些似乎是王室的诏令，署上了某位国王的名字——以撒哈顿的儿子（the son of Esarhaddon）。还有一些……登录了众神的名字，也许是到庙宇去奉献的记录。"[1] 接下来的研究显示，这两个小房间的长度分别为 27 英尺、23 英尺；宽度都是 20 英尺；除了亚述官方文件以外，也收藏了文学作品。泥板按下列的标题分类：历史；法律；科学；巫术；教规；传说。研究显示：（1）有专门的官员负责照料；（2）按系列安放这些材料，这些泥板的排列次序都经过特别思考；（3）有一个总目录，也许还有分类目录。[2]

在亚述其他地方的发掘，又给拉雅德的第一次发现增添了宝贵的信息。我应当感谢大英博物馆瓦利斯·巴奇博士（Dr. Wallis Budge）的许多友好帮助。他告诉我："库云吉克并不是美索不达米亚图书馆的良好范例，因为在公元前 609 年米底人（Medes）占领这个城市时，那些泥板肯定被他们到处抛弃，把原来的地方弄乱了。几年前，我在德尔（Derr）发掘，发现了我称为'记录室'的地方，看见那些泥板都照原样安放在石板制成的架子上……但是，那里没有多少文学泥板，那个房间是为当地庙宇存放商业文件的……"巴奇博士在他的信件末尾写下了十分重要的话："我下面的意见尚未获得肯定的证明，但是我相信，亚述巴尼帕尔在尼尼微他的图书馆编出的书名目录是用两种语言写成的[3]，这说明它是'为学者研究使用的'。"

对于上述推测，我还要增添下列的问题。这两个房间的位置安排在宫殿入口附近，容易走进，难道不是为了方便外来人员查阅其中的内容？（这些人员是不准进入宫殿深处的。）房间的门口有鱼神达贡守卫，难道不是表明图书馆同时受到君主和天神的保护吗？

比亚述的发现更加悬而未决的，是阿特纳奥斯（Athenæus）关于公元前 6 世纪存在许多图书馆的模糊传言，据说萨莫斯（Samos）专制君主波利克拉特斯（Polycrates）[4] 和雅典僭主庇西斯特拉图斯（Peisistratus）都收藏了大量的图书。后者

1　拉雅德先生在两个房间清除了垃圾废物之后，描述了其中一间的室内状况（第 345 页）。

2　*La Bibliothèque du Palais de Ninive*，par M. Joachim Menant. 8vo.Paris, 1880, p.32.

3　这两种语言是古老的苏美尔语和当时流行的亚述语。

4　Athenæus, Book I., Chap. 4.

的收藏，按照格利乌斯（Aulus Gellius）的说法，[1] 任何人都可以随意查阅使用。应当承认，这些故事的真实性并不可靠，而且我们并不知道希腊人在文学的黄金时代怎样照料图书的详细情况。十分明显，同时又十分诱人的信息是：在雅典这样文化发达的城市里，肯定有私人藏书存在。我们事实上也有一些根据来证明这种想法。例如，色诺芬（Xenophon）[2] 就说起苏格拉底的追随者欧西德莫斯（Euthydemus）拥有大量图书；阿特纳奥斯也记载了几位藏书者的名字，其中包括欧里庇得斯（Euripides）和亚里士多德（Aristotle）。

从阿里斯托芬（Aristophanes）剧作《蛙》的一个场景中可以看出诗人对收藏书籍的品味。在那个场景里，埃斯库罗斯（Aeschylus）和欧里庇得斯在狄奥尼索斯（Dionysus）面前赛诗。埃斯库罗斯大声喊道：

καὶ μηκέτ' ἔμοιγε κατ' ἔπος, ἀλλ' ἐς τὸν σταθμὸν

αὐτός, τὰ παιδί', ἡ γυνή, Κηφισοφῶν,

ἐμβὰς καθήσθω, συλλαβὼν τὰ βιβλία,

ἐγὼ δὲ δὔ ἔπη τῶν ἐμῶν ἐρῶ μόνον.

来吧，别比赛单行诗了——让他把一切都拿出来，

他的老婆、孩子、他的刻菲索丰（Cephisophon），

他的书、他的一切、他本人——

我要用几行诗和这一切较量一番。[3]

关于亚里士多德，斯特拉波（Strabo）留下了一个传说，认为"他是第一个收藏图书的人，而且他教导了埃及国王怎样安排一座图书馆"。[4] 这些话可以理解为亚

1　*Noct. Att.* Book VII., Chap. 17. Libros Athenis disciplinarum liberalium publice ad legendum præbendos primus posuisse dicitur Pisistratus tyrannus.

2　Xenophon, *Memorabilia*, Book IV., Chap. 2.

3　Aristoph. *Ranæ*, 1407–1410, translated by J. H. Frere. 这段话被卡斯特兰尼（Castellani）引用：*Biblioteche nell' Antichità*, 8vo., Bologna, 1884, pp.7–8，也被其他多人引用。

4　Strabo, ed. Kramer, Berlin, 8vo., 1852, Book VIII., Chap. I. §54. πρῶτος ὧν ἴσμεν συναγαγὼν βιβλία, καὶ διδάξας τοὺς ἐν Αἰγύπτῳ βασιλέας βιβλιοθήκης σύνταξιν.

里士多德是第一个按某种体系来安放图书的人；这个体系后来被亚历山大城的托勒密诸王（Ptolemies）采用了。

以上的材料是十分令人失望的。它只表明希腊存在过图书收藏，但是没有指出图书的数量和安排的方法。后来直到罗马皇帝哈德良（Hadrian）才在雅典建立了第一个公共图书馆。这个建筑自然是按照罗马的式样设计的，我在描述它所模仿的对象之后，还要回过来加以讨论。

然而，如果欧洲的希腊不能给我们多少信息，另一个延伸到小亚细亚和埃及的希腊——现代被称为"大希腊"（Greater Greece）的地方——却为我们提供了一种图书馆组织形式，发挥过广泛的影响。

亚历山大大帝去世（公元前323年）以后，一个马其顿人的王朝（托勒密王朝）在亚历山大城建立起来了，另一个真正希腊王朝也在帕伽马（Pergamon）建立。这两个王朝和文艺复兴时期意大利的许多专制君主很相似，都以宫廷的华丽和文化修养著称。双方还在丰富图书收藏方面互相竞争。但是，据斯特拉波的说法[1]，帕伽马的图书馆直到欧门尼斯二世统治时期（公元前197—前159年）才开始；他去世的时候，亚历山大城的图书馆（始于约公元前285年）已经有126年的历史了。

亚历山大城的图书馆先后有两个，虽然比帕伽马图书馆更著名、规模更大，但是，从我的观点看来，用不着花费我们多少时间；因为我们对它们的位置所知极少，而且完全不知道它们的安排。早期的一个由托勒密二世（公元前285—前247年）兴建，其馆址无疑应当在皇宫的范围内去寻找。皇宫在布鲁切恩（Brucheion）的时髦地区。斯特拉波在公元前24年访问过亚历山大城，据他说，皇宫并不是一个单独的建筑，而是一片城堡式的宫苑：

> 皇宫的苑墙内有一个缪斯宫，宫内有柱廊、演讲厅和庞大的餐厅（供共同用餐的学者们享受）。这个学院有经常的拨款，由一位教士管理，其职务过去由埃及国王任命，现在由皇帝任命。[2]

1　Book XIII., Chap. 4，§2.

2　Book XVII., Chap, 1，§8. τῶν δὲ βασιλείων μέρος ἐστὶ καὶ τὸ Μουσεῖον, ἔχον ν καὶ ἐξέδραν καὶ οἶκον μέγαν, ἐν ᾧ τὸ συσσίτιον τῶν μετεχόντων τοῦ Μουσείου. φιλολόγων ἀνδρῶν· ἐστι δὲ τῇ συνόδῳ ταύτῃ καὶ χρήματα κοινὰ καὶ ἱερεὺς ὁ ἐπὶ τῷ Μουσείῳ, τεταγμένος τότε μὲν ὑπὸ τῶν βασιλέων νῦν δ' ὑπὸ Καίσαρος.

7   在我看来，早期的图书馆与上述的建筑有某种联系，是可以肯定的。有两条理由：首先，对图书表现如此兴趣的托勒密国王，必然会把他的宝物安置在自己的眼前；其次，他必然不至于把图书放在离亚历山大饱学之士聚会之地很远的地方。[1]

第一个托勒密图书馆建立后，过了一段时期，又在塞拉匹斯神庙（Temple of Serapis）范围内兴建了第二个图书馆，被称为第一个图书馆的女儿。[2] 这一套华美的建筑地处拉科提斯（Rhacôtis）区，装饰着漂亮的柱廊、雕像群和其他辅助建筑物。历史学家马尔塞林努斯（Ammianus Marcellinus）宣称全世界罕有其匹，唯一的例外是罗马的朱比特神殿。[3]

关于亚历山大图书馆的简短记载表明：第一个图书馆设在奉献给缪斯女神的建筑内，肯定与皇宫有密切关系；第二个图书馆也与神庙有关。现在我们转向帕伽马，我们发现它的图书馆与雅典娜神庙（τέμενος）有密切的关系。

帕伽马的创建人选择了一座高峻而陡峭的山峰作为城市的基址，大约在海平面一千英尺左右。顶端的岩石高地分为三个巨大的层级。最高的一层在山顶的北端，据信是王宫所在；南边的第二层是雅典娜神庙，第三层则是宙斯的祭坛。其他公共建筑都在这三层结构之外，有的在山坡边缘，有的在山坡下面。

这些漂亮的建筑为帕伽马赢得了声誉，说它是"小亚细亚最高贵的城市，远远
8   超过其他地方"。[4] 这应当主要归功于欧门尼斯二世（Eumenes the Second）：在他统治的近四十年里（公元前197—前159年），由于采取了支持罗马的高明政策，他把一个小小的城邦变成了强盛的王国。斯特拉波特别指出他建立图书馆的功绩，[5] 前面已

---

1   有一本《阿波隆尼乌斯·罗迪乌斯生平》（*Life of Apollonius Rhodius*），未注明作者是谁；该书说他主持过缪斯宫的图书馆（τῶν βιβλιοθηκῶν τοῦ Μουσείου）。

2   Epiphanius, *De Pond. et Mens.*, Chap. 12. ἔτι δὲ ὕστερον καὶ ἑτέρα ἐγένετο βιβλιοθήκη ἐν τῷ Σεραπείῳ, μικροτέρα τῆς πρώτης, ἥτις θυγάτηρ ὠνομάσθη αὐτῆς.

3   Ammianus Marcellinus, Book XXII., Chap. 16，§12。Atriis columnariis amplissimis et spirantibus signorum figmentis ita est exornatum, ut post Capitolium quo se venerabilis Roma in æternum attollit, nihil orbis terrarum ambitiosius cernat. 也可以参阅 Aphthonius, *Progymn*. C XII. ed. Walz, *Rhetores Græci*, I. 106。

4   Pliny, *Hist. Nat.*, Book V., Chap. 30. Longeque Clarissimum Asiae Pergamum.

5   Strabo, Book XIII., Chap.4, §2。在描述了欧门尼斯二世对于罗马人连续的政策后，他继续说：κατεσκεύασε δὲ οὗτος τὴν πόλιν, καὶ τὸ Νικηφόριον ἄλσει κατεφύτευσε, καὶ ἀναθήματα καὶ βιβλιοθήκας καὶ τὴν ἐπὶ τοσόνδε κατοικίαν τοῦ Περγάμου τὴν νῦν οὖσαν ἐκεῖνος προσεφιλοκάλησε.

经提过了。维特鲁威（Vitruvius）还说，图书馆的建立，目的在于让世人感到愉快（in communem delectationem）；由此我们可以推断，它是向公众开放的。[1] 这位国王是一位强有力的书籍收藏家，在他指挥下有一大批抄写图书的人员常年工作，这可以从下面的著名传说中推想出来：他在亚历山大城有一位图书收藏的竞争者，对方嫉妒他的成就，想出了特别办法来加以阻碍——禁止出口制造书籍的纸草；然而据编年史家记载，欧门尼斯挫败了这个办法，发明了羊皮纸。[2] 欧门尼斯很可能不仅开创了图书馆，而且完成了它的建设，因为他逝世（公元前 133 年）后还不到二十五年，他最后的继承人就把帕伽马城市和国家献给了罗马人。他的后代不可能为增加图书做很多事，但是他们显然注意照料了这个图书馆。九十年后，据传马可·安东尼（Mark Antony）把它赠送给克利奥帕特拉（Cleopatra），这时馆内的藏书已经达到二十万册。[3]

1876—1886 年间，德国政府出资对帕伽马古城进行了彻底的探测。在研究中，建筑学家发现了一些房间，相信那就是用来藏书的。本书登载的平面图（图 2）就是从他们的图版复制的。我对于这个地址的描述也是从他们的著作中简述而来。[4] 我还从 1884 年孔泽（Alexander Conze）发表的一篇论文中获得了许多宝贵信息。[5]

雅典娜神庙现在只剩下了基础，但是它的位置和规模可以确定无疑。神庙的场院内铺上大理石板，入口处在东南角。西面和南面没有墙，下临悬崖峭壁；但是东面和北面围上了两层柱廊，柱廊底层的柱子是多立斯式（Doric），上层的柱子是爱奥尼亚式（Ionic）。底层柱子高度约为 16 英尺，上层约为 9 英尺。

---

1 *De Architectura*，Book VII., Præfatio. 这段话引用在下一个注解里。

2 Pliny, *Hist. Nat*., Book XIII., Chap. 11., Mox æmulatione circa bibliothecas regum Ptolemæi et Eumenis, supprimente chartas Ptolemæo, idem Varro membranas Pergami tradidit repertas. 维特鲁威又认为，托勒密建立的亚历山大图书馆是帕伽马的劲敌。Reges Attalici magnis philologiæ dulcedinibus inducti cum egregiam bibliothecam Pergami ad communem delectationem instituissent, tunc item Ptolemæus, infinito zelo cupiditatisque incitatus studio, non minoribus industriis ad eundem modum contenderat Alexandriæ comparare.

3 Plutarch, *Antonius*, Chap.57. 书中指责安东尼对克利奥帕特拉阿谀顺从，列举了一系列事实，这是其中之一：χαρίσασθαι μὲν αὐτῇ τὰς ἐκ Περγάμου βιβλιοθήκας, ἐν αἷς εἴκοσι μυριάδες βιβλίων ἁπλῶν ἦσαν.

4 *Altertümer von Pergamon*, Fol., Berlin, 1885, Band II. Das Heiligtum der Athena Polias Nikephoros, von Richard Bohn. 图 2 的平面图摘自该书的插图 III。

5 *Die Pergamenische Bibliothek*. Sitzungberichte der Königl. Preuss. Akad. der. Wiss. zu Berlin, 1884, 11, 1259-1270.

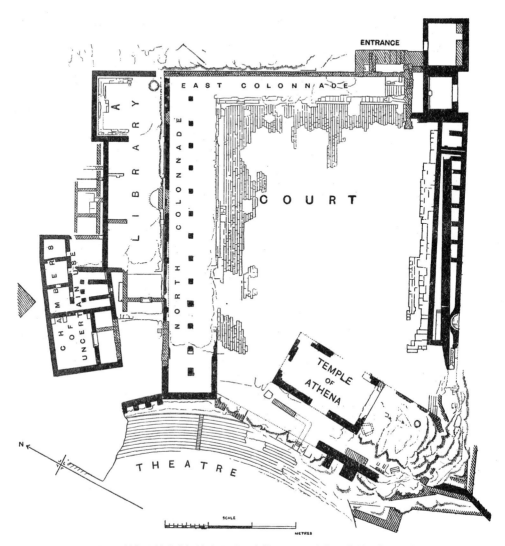

图2　帕伽马的雅典娜神庙及附近地带平面图，包括图书馆和邻近建筑

　　整个场院平均长度约为240英尺，平均宽度约162英尺。[1] 北面的柱廊宽37英尺，由一列立柱从中间分为两路。东面的柱廊只有前者宽度的一半，没有分为两路。

1　1900 年春季学期我在剑桥桑达斯讲座担任讲师；我在第一次讲课中讲到帕伽马那个场院与三一学院的尼维尔院（Nevile's Court）大小差不多，如果把场院的中央再加上柱廊的宽度就是这样。我还讲到雅典娜神庙和三一学院大厅大小相同，只是短了 15 英尺。尼维尔院从西柱廊的东边到大厅的墙界共长 230 英尺，平均宽度为 137 英尺，加上南、北柱廊的宽度 20 英尺，总计为 157 英尺。而帕伽马的场院宽度则为 162 英尺。

在北柱廊的北边，德国探险家发现了四间屋子，他们相信是用来藏书的。这些房屋建在岩石上，比场院的平面高 20 英尺。只能通过上层柱廊才能走进去。最东头的一间屋面积最大，长 42 英尺，宽 49 英尺。它西边的三间屋都比较狭窄，宽度一律 39 英尺；靠东的一间最小，只有 23 英尺长，另外两间的长度均为 33 英尺。

在这些房间的西南角，在另一个较低的平面，还有另一些房间，但无法走过去。它的用处尚不能确定。

我们现在再回到东头的房间来，房间的东面、北面、西面墙边，都留下一排狭窄平台的基础，在北墙的中央有一个石座，显然是一个雕像的底座（图 2，A）。人们在房间近处发现过一尊雅典娜石像的身躯，[1] 表明在这个要害部位曾经树立过她的雕塑，这也指明了房间的用处。

上述想法又被一系列发现所肯定：在北墙上有两排洞眼，一排比另一排高，显然是为了安装支架，以便支撑书架[2]或其他家具。较低的一排洞眼延伸到东墙和北墙。此外，还发现了一些石碑，刻着希罗多德（Herodotus）、阿尔凯奥斯（Alcaeus）、米利都的提谟修斯（Timotheus of Miletus），以及荷马（Homer）的名字，显然是半身雕像或圆形浮雕像的说明。还有两部喜剧的名字。[3]

这些房间和柱廊建在一起，其位置就表明了它们的用处。应当看到，场院北边的柱廊比东边柱廊要宽一倍，这个特点足以证明它除了用作带顶的通路之外，必定还有别的目的。如果我们记得，在古代，图书馆通常都与柱廊连结在一起（如亚历山大城的塞拉匹斯神庙以及我即将描述的罗马的情况），我们就为这个庄严建筑找到了存在的理由。可以十分肯定，这些柱廊外面的房间里，过去曾经储存了著名的图书馆。

罗马人获得了帕伽马之后，管理这个城市的官员会对这里的图书馆逐渐熟悉。在我看来，几乎可以肯定，当罗马人认识到必须在罗马城建立公共图书馆的时候，

11

12

1　现存放在柏林皇家博物馆。

2　在雅典阿塔卢斯国王（King Attalus）所建柱廊附近的房间墙上，也发现了相似的洞眼。这些房间被认为是商店，洞眼用来支撑架子，以便安放出售的货物。Conze, *ut supra*, p.1260; Adler, *Die Stoa des Königs Attalos zu Athens*, Berlin, 1874; Murray's *Handbook for Greece*, ed. 1884, I. p. 255.

3　迪兹亚茨科教授（Professor Dziatzko）关于这些房间的用场与探测者的看法大体一致，但倾向于认为最东边的房间是走廊，装饰着塑像和圆形浮雕，而书籍则放在旁边的几间房屋里。Dziatzko: *Die Bibliotheksanlage von Pergamon*, in *Beiträge zur Kenntniss des Schrift, Buch und Bibliothekswesens*, 8vo. Leipzig, 1896, Heft 10, pp. 38–47.

他们必定把帕伽马的精彩建筑作为学习榜样。如果我说得不错，在此之前，罗马的
建筑早就接受了帕伽马的影响。究竟是哪些影响，下面就要说到。

在罗马，奥古斯都统治之前还没有建立过公共图书馆。恺撒曾经打算建立规模
尽量宏大的公共图书馆，甚至已经委托瓦罗（Varro）为此目的而收集图书。[1] 但是这
个任务直到波利奥（C. Asinius Pollio）才开始实现：波利奥是将军、律师、演说家
兼诗人，是维吉尔和贺拉斯的好友，他在公元前 39 年伊利里安战役中获得了许多
战利品，从中把大量图书用来建立图书馆。据普林尼（Pliny）著名的话说："他是
第一个把个人的才能变为公共财产的人（ingenia hominum rem publicam fecit）。"普
林尼还告诉我们，是他引进了一种风气，用已逝世作家的半身塑像来装饰图书馆，
只有瓦罗是唯一活着的作家，他的半身塑像也进入了这个行列。[2] 据苏埃托尼乌斯
（Suetonius）的著作，波利奥还建立了一个"自由大厅"（atrium libertatis）；[3] 公元 7
世纪的作家伊西多尔（Isidore）引用苏埃托尼乌斯一部已佚失的著作，说图书馆就
安置在其中，还补充了更多的信息——藏书中既有拉丁文，也有希腊文的书籍。[4]

波利奥的工作记载在史册中，后来被奥古斯都皇帝慷慨地推荐给了别人。但是
不久后，皇帝的注意也转向了图书馆，在首都兴建了两个规模宏大的美丽建筑，可
以作为罗马图书馆的典型——一个是位于帕拉蒂尼山的阿波罗图书馆，另一个是马
蒂乌斯园（the Campus Martius）内的图书馆，以皇帝的妹妹屋大维娅（Octavia）的
名字命名。我将先说第二个图书馆。

13　　　　屋大维娅柱廊（Porticus Octavioe）有时也称为屋大维娅馆（Opera Octavioe），是
罗马最壮美的建筑之一（图 3）。它在马蒂乌斯园内，靠近马塞鲁斯剧场（Theatre of
Marcellus），地处朱庇特山与台伯河（the Tiber）之间；其面积长 443 英尺，宽 377 英
尺，四周围绕着双重柱廊，四个角上有拱门，装饰着四脸门神（Jani）。在靠近台伯河
的一边，有一座双重六柱大门，至今仍旧保存得相当良好，只有一些楹柱成了残片。[5]
面积内有两座神庙，一座供奉朱庇特（Jupiter），另一座供奉朱诺（Juno）；还有一座

1　Suetonius, *Cæsar*, Chap. 44.

2　Pliny, *Nat. Hist.*, Book VII., Chap. 30; Book XXXV Chap. 2.

3　Suetonius, *Augustus*, Chap. 29.

4　Isidore, *Origines*, Book VI., Chap. 5.

5　Lanciani, *Ruins and Excavations of Ancient Rome*, ed. 1897, p. 471. Middleton, *Ancient Rome*,
　　1892, II. 204, 205.

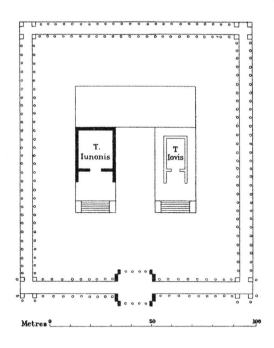

图 3　罗马屋大维娅柱廊平面图
引自 *Formæ Urbis Romæ Antiquæ*，Berlin，1896。

大厅（curia），元老院常在里面开会，一个"谈话厅"（schola），[1] 两个图书室，分别安放希腊文和拉丁文书籍。整个建筑内充满了青铜、大理石的艺术杰作。

　　此建筑最初为昆图斯·梅特卢斯（Quintus Metelius）所建，时间约在公元前 146 年。[2] 两个神庙中，一个是他本人设计，另一个由李必达（Domitius Lepidus）完成于公元前 179 年。在二十年前，梅特卢斯在一次战役中打败了马其顿国王佩尔修斯（Perseus），欧门尼斯二世给了罗马不少帮助。公元前 148 年，梅特卢斯以罗马执政官的身份，宣布将马其顿并入罗马，成为一个省。很可能在上述活动中，梅特卢斯访问过帕伽马，看到过那里的图书馆，后来在罗马的建筑中加以模仿。此外，约在公元前 168 年，著名的语法学家马卢斯的克拉特斯（Crates of Mallus）被帕伽马派到罗马担任使节，由于意外事件长驻在罗马，并讲授语法学。在课程讲授中，他也不

14

1　Nibby, *Roma Antica*, p.601, [Augusto] vi aggiunse un luogo per conversare chiamato *Schola*.

2　Vell. Pat., Book I., Chap. 11. Hic est Metellus Macedonicus qui porticus quæ fuere circumdatæ duabus ædibus sine inscriptione positis, quæ nunc Octaviæ porticibus ambiuntur, fecerat.（这是昆图斯·梅特卢斯所建柱廊，并在其两翼建起无碑铭的两座神庙。该柱廊现已被屋大维娅柱廊所包围。）

可能不提到帕伽马新建的图书馆。[1]

梅特卢斯的建筑在公元前 33 年被奥古斯都皇帝改变了，但没有通盘改建。他增加了我们前面列举的一些建筑，使用了他战胜达尔马提亚人（Dalmatians）的战役中获得的战利品。据信，那时在两个神庙后边建立了"谈话厅"，在"谈话厅"后面建立了两个图书室，而两栋建筑之间又建立了会议厅。[2] 梅特卢斯建筑柱廊时，其用意只限于装饰两座神庙，现在，柱廊终于有了双重目的，不仅服务于神庙，也与图书室建立了一定的联系。

帕拉蒂尼山上的阿波罗神庙由奥古斯都皇帝兴建于公元前 36 年，完工于公元前 28 年。其安排与屋大维亚柱廊完全相同；规模大小接近相等，[3] 建筑项目也包括相同的内容。柱廊围绕的大庭中央耸立着神庙，联系着两个图书室——一个安放希腊文书籍，另一个安放拉丁文书籍，两者之间有一个大厅，也许是走廊，也许用作阅览室，奥古斯都偶尔也在此召集元老院会议。厅内有一尊巨大的阿波罗神像，由镀金的青铜铸成。大厅的墙上是著名作家的浮雕画像，圆形，使用的是同样青铜镀金材料。[4]

罗马的其他公共图书馆，据说还有二十六所。我只需要再提到三个具有某些特色的场所。第一所建在提比略（Tiberius）皇帝的皇宫内，离阿波罗神庙的图书馆不远。第二个和第三个分别由韦斯巴芗（Vespasian）和图拉真（Trajan）两位皇帝建立在他们的广场（forum）中。前者与和平神庙联系在一起，后者与图拉真本人的神庙建立在一处。

关于上述图书馆的前两所，我们没有什么材料，但是关于第三所，我们比较幸运。图拉真广场（图 4）由拿破仑一世下令发掘，它的各项建筑的规模、彼此的关系都知道得相当准确。在乌尔比安长方形廊柱大厅（Basilica Ulpia）和图拉真神庙（Templum Divi Trajani）之间有一个小院落，院落中央的图拉真雕像柱（Column）至今尚存。希腊文图书室和拉丁文图书室分设在院落的左右两边，入口都经过这个小

---

1   Suet. *De Illustr. Gramm*. C. 2.

2   Middleton, *Ancient Rome*, 1892, II, 205.

3   我从米德顿的帕拉蒂尼山平面图上（*ut supra*, I. 156）采用了它的规模大小与形状。但是它多少是一种猜测，要到实际发掘以后才能确定。

4   Middleton, *Ancient Rome*, I, 185-188. 画像的证明见塔西陀（Tacitus）《编年史》II. 37 的一段话，这一地点是关于荷塔卢斯（Hortalus），演说家荷坦修斯（Hortensius）的孩子，因为趋于贫穷，而带他四个儿子到执政官处："igitur quatuor filiis ante limen curiæ adstantibus, loco sententiæ, cum in Palatio senatus haberetur, modo Hortensii inter oratores sitam imaginem, modo Augusti, intuens, ad hunc modum cœpit."

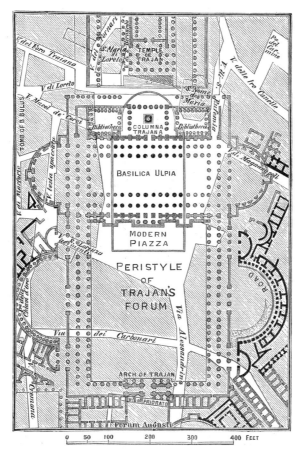

图 4　图拉真广场的平面图，按尼比（Nibby）所绘
采自米德顿（Middleton）《古罗马遗迹》，II，25。

院，各自由五根廊柱组成。这两间图书室在室内测量，长度约 60 英尺，宽 45 英尺。

在这里，我将要平行地提到罗马皇帝哈德良在雅典建立的图书馆。保萨尼阿斯（Pausanias）在下面文字中作了记载：

> 哈德良也为雅典人建立了一座供奉赫拉和泛希腊人的宙斯的神庙和一座供奉所有神灵的庙宇。最壮美的要算一百个圆柱；墙和圆柱都由弗里吉亚大理石（Phrygian marble）制成。建筑装饰着镀金的屋顶、条纹大理石、雕像和绘画，内部储存着图书。还有一个以哈德良命的体育馆，也有一百根圆柱，石料来自利比亚。[1]

1　Pausanias, *Attica*, Book I., Chap. 18, § 9, ed. J. G. Frazer, Vol. I., p. 26.

一个被称为"哈德良柱廊"的建筑（图5）至少部分地与保萨尼阿斯的描写相吻合。高墙由彭特利库斯石料的大方块砌成，西边是一列科林斯式的圆柱，共同围成长方形的大院，东西长328英尺，南北宽250英尺。大院的入口在西方，是希腊式样的大门（propylaea）（图5的标志N）。大院周围的回廊宽27英尺，共有一百根

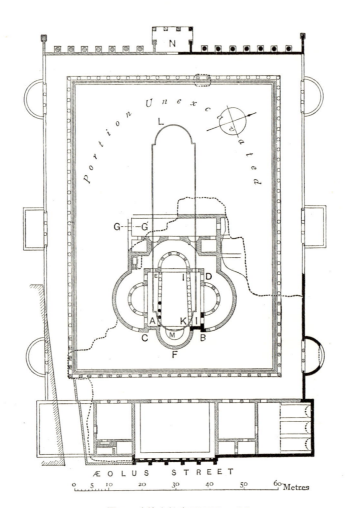

图5　哈德良柱廊平面图，雅典

出自哈里森（Harrison）女士《古代雅典神话与纪念物》。
AE，KI，巴纳吉亚（Panagia）中世纪教堂的方柱拱廊。
B，教堂的东北角，罗马建筑。
B，C，D，F，教堂建成前的罗马建筑。
L，M，未发掘的保留地。
N，大院入口处的希腊式大门。

圆柱。这些圆柱现已不复存在，但可以从残留的基础计算其数目。在院子东方，圆柱基础还看得清楚。

这一片土地上残存的建筑，过去的用处尚不能确定，现在只经过部分发掘。 17

东边的一排房间共五个，中央的一间最大，都背向着柱廊。[1] 18

如果把图5的建筑平面图和帕伽马的雅典娜神庙和图书馆（图2）相比较，就可以发现突出的相似之处。不管柱廊范围以内建筑的用处是什么，我认为柱廊范围以外，处在东边的那五间房是用来储存图书，那是毫无疑问的。这几间屋都可以从柱廊那边走进去，和帕伽马的情况很相似。哈德良本人很可能去访问过帕伽马，因为图拉真在那里建筑了皇帝的行宫。即使他不曾去过，也可以设想他接受了奥古斯都皇帝在罗马建大图书馆的榜样。应当在此提到圣哲罗姆（S. Jerome）特别赞美哈德良在雅典建立了图书馆，还说那是卓越的建筑（miri operis）。[2]

简短地离开主题以后，我现在又回来说罗马的公共图书馆。这些地方不仅用来阅读、寻找参考资料，而且也是文人学士聚会的场所。

帕拉蒂尼山的阿波罗图书馆显然收藏了大量的新旧书籍。我十分肯定地认为，新书在出版之后立刻送到那里安置，除非有特别的理由反对这样做。诗人奥维德（Ovid）在流放中把他的书从本都（Pontus）寄给图书馆，没有被接纳，对此深感悲痛，写下了如下的诗行：

Signa peregrinis ubi sunt alterna columnis

　　Belides et stricto barbarus ense pater

Quæque viri docto veteres coepere novique

　　Pectore lecturis inspicienda patent

Quærbam fratres exceptis scilicet illis

　　Quos suus optaret non genuisse parens;

Quærentem frustra custos e sedibus illis

　　Præpositus sancto iussit abire loco.[3]

1　上述描写采自哈里森女士的书，又见 pp. 195–198; Pausanias, ed J. G. Frazer, Vol. II., pp 184, 185。

2　Eusebius, *Chronicon*, ed. Schöne, Vol. II., p. 167.

3　*Tristia*, III., I. 59.

那本书应当爬上阿波罗神庙，那里的廊柱由外国的石料制成；廊柱间是神话姐妹达纳伊得斯（Danaids）以及她们野蛮父亲的雕像，那父亲抽出了刀剑。在那里，不论古代人或现代人心中想些什么，都记录下来，公开供读者使用。我在那里寻找我的兄弟，但是找不到。正在这时候，受命管理房间的人叫我离开这神圣的地方。

原诗第三、四行的含义只能是：旧书和新书都能在那里找到。藏书的一般性质与规模，还可以从贺拉斯给友人塞尔苏斯（Celsus）的劝告中看出来。

Quid mihi Celsus agit? monitus multumque monendus

Privatas ut quærat opes，et tangere vitet

Scripta Palatinus quæcunque recepit Apollo。[1]

我的朋友塞尔苏斯要干什么？已经对他提醒过，今后还要再三提醒他：他应当依靠自己的智慧，不要依靠帕拉蒂尼山的阿波罗神庙管理下五花八门的书籍。

这段话由今天的人讲出来就是："要靠自己的智慧，不要总是到大英博物馆的图书馆去。"

生活在公元 117—180 年的奥琉斯·格利乌斯（Aulus Gellius）曾经谈到他"和一帮朋友坐在提比略皇宫的图书馆里，碰巧一本名为 M. 卡托·奈波斯（M. Catonis Nepotis）的书从架上取下来"，他们就互相询问这个奈波斯（M. Cato Nepos）到底是谁。[2] 由此可见，那个图书馆的材料也是给公众阅览的。[3]

同一位作者还讲了一个故事：他们遇到了语法难题，需要到韦斯巴芗广场的和平神殿去查阅参考书；当需要某一本书的时候，他说："我们就努力四处寻找，在和平神殿找到了以后，就阅读起来。"[4]

1　*Epist.*, I. 3. 17.

2　*Noctes Atticæ*, XIII. 20, I.

3　Vopiscus, *Hist, Aug. Script.*, II. 637.

4　Aulus Gellius, *ut supra*, XVI. 8.2.

图拉真广场的图书馆常称为乌尔比安图书馆（Bibliotheca Ulpia），看来也是为罗马公众使用的档案储存室。奥琉斯·格利乌斯曾提到他在图书馆寻找资料时，几位前任执政官的政令阻碍了他的活动，但他还是获准阅读这些资料。[1] 沃皮斯库斯（Vopiscus）的一段话更加清楚地说明了资料的性质，还进一步告诉我们它安置的情形。在他为塔西图斯皇帝作的传记（公元 275 年 9 月至 276 年 4 月）中，沃皮斯库斯说道：

> 为了避免有人会觉得我过于匆忙相信某个希腊或拉丁的作家，我应当指出，乌尔比安图书馆的第六个书柜（armarium）里有一本象牙装订的书（librum elephantinum），其中记录了元老院的这项法令，上面有塔西图斯的签署，等等。[2]

在他为奥勒利安皇帝作的传记中，同一位作者记载了他的朋友、城市的行政长官提比利安努斯（Junius Tiberianus）怎样催促他承担写作的任务，还向他保证："甚至乌尔比安图书馆里亚麻布装订的书籍（libri lintei），也可以取来供你参考使用。"[3]

奥古斯都在罗马建立的图书馆都有规定的组织形式。看来有一位总管一切的馆长，称为"奥古斯都图书馆馆长"（Procurator Bibliothecarum Augusti）。[4] 分部有从属的官员，一位管理希腊文书籍，另一位管理拉丁文书籍。这些事实来自罗马地下墓室（Columbaria）发现的碑文。现在仍旧保存完好。这样的组织无疑由后任的皇帝继续施行，并扩大到其他图书馆。

再进一步，从我已引用的材料来看，图书目录显然已在使用。除了推测之外，

1　*Ibid.*, XI. 17. I.

2　Flavii Vopisci *Tacitus*, C. 8.

3　Id., *Aurelianus*, C. I.

4　Middleton, *Ancient Rome*, I. 186. 这段话出现在一个妇女墓里，建造者是：Q. VETVRIVS. CALLISTRATVS. PROC. RAT. SVMM. PRIVATARVM. BIBLIOTHECARVM. AVGVSTI. N. ET. PROCVRATOR. EIVS. *Corp. Inscr. Lat.* VI. No. 2132. 这段话蒙森（Mommsen）解释为："procurator rationum summarum privatarum bibliothecarum Augusti nostri." 他提供了如下说明："Cum autem sine dubio bibliothecis singulis profuerint qui rationes uniuscuiusque curarent, non mirum quod his profuerit procurator major ad quem referretur summa rationum." 铭文叙述了附属图书馆，号称是为纪念这个人：AB. BVBLIOTHECE. GRAECA. TEMPLI. APOLLINIS，或同一寺庙的 LATINA, *Ibid.* Nos. 5188，5189。

昆体良（Quintilian）[1]和小普林尼（the younger Pliny）[2]都明确提到了图书目录。前
者说，任何人都可以从图书馆的目录（index）中抄下书名，增入他有关希腊作家的
名单内。后者谈到他叔父的著作，说他可以按这些书的写作顺序提供图书目录。

卡利马库斯（Callimachus）[3]在亚历山大城开列的图书（πίνακες）目录，包罗
了他在当地图书馆发现的一批作者姓名，在别处都找不到，因此可以认为是特殊类
别的书目。有一份哲学著作的书目残片，写在一张纸草上面，发现于亚历山大城附
近；现在收藏在圣彼得堡皇家图书馆的希腊文写本之中。[4]

书籍偶尔可以从公共图书馆借出来，但是，是否能从罗马城的那些图书馆出借，
我不敢说。格利乌斯讲了一个故事，证明可以从公共图书馆借出图书，但事情的背景
是在提布尔（Tivoli），那里的图书馆设在海格立斯（Hercules）神庙内——又一个把
书籍交给神庙管理的例子。格利乌斯和他的朋友们在一个富人的别墅里聚会。天气很
热，大家饮用溶化的雪水。这引起了在座的一位逍遥派哲学家强烈反对，说这样做违
反了许多医生和亚里士多德本人的教导。然而他们依旧继续喝着雪水。于是，"他从
提布尔的图书馆里找出了亚里士多德的一篇论文，海格立斯神庙也就方便地借出了这
篇论文，其中说道——"。[5]下面就用不着继续了，因为和我的话题没有关系了。

在奥古斯都及其友人建立公共图书馆之前，许多私人的图书收藏已经在罗马出
现了。普鲁塔克就描写了这样一个图书馆，属于富有而奢华的卢库卢斯（Lucullus）。[6]

1　Nec sane quisquam est tam procul a cognitione eorum [poetarum Græcorum] remotus, ut non
indicem certe ex bibliotheca sumptum transferre in libros suos possit. Quintilian, *Inst. Orat.* X. I.
57. ed. J. E. Mayor, Camb. 1872. 第 129 页注的一段话，解释了 index 在这个意义上是指"书
名"（title）。我从迪亚茨科博士的文章《图书馆》中获得了这条引语，文章载于 *Real-
Eneyclopadie*, ed. Georg Wissowa, 1899. §VIII., p. 422。

2　Pliny, *Epist*, III., 5,§2. Fungar indicis partibus, atque etiam quo sint ordine scripti [libri avunculi mei]
notum tibi faciam（引用者 Mayor, *ut supra*）.

3　*Dict. of Greek and Roman Biography*, s. v. Callimachus.

4　*Cat. des Man. Grecs de la Bibl. Imp. publ. de St Pélersbourg*, ed. Ed. de Muralt, Petersb., 1864,
quoted by Dziatzko, *ut supra*. 聪德尔（J. Zündel）对此进行了讨论与解释，*Rheinisches Museum
für Philologie*, 1866, pp. 431-437。

5　*Noctes Atticæ*, XIX. 5.

6　Plutarch, *Lucullus*, Chap. XLII. Σπουδῆς δ' ἄξια καὶ λόγου τὰ περὶ τὴν τῶν βιβλίων κατασκευήν.
καὶ γὰρ πολλά, καὶ γεγραμμένα καλῶς, συνῆγε, ἥ τε χρῆσις ἦν φιλοτιμοτέρα τῆς κτήσεως,
ἀνειμένων πᾶσι τῶν βιβλιοθηκῶν, καὶ τῶν περὶ αὐτὰς περιπάτων καὶ σχολαστηρίων ἀκωλύτως
ὑποδεχομένων τοὺς Ἕλληνας, ὥσπερ εἰς Μουσῶν τι καταγώγιον ἐκεῖσε φοιτῶντας καὶ
συνδιημερεύοντας ἀλλήλοις, ἀπὸ τῶν ἄλλων χρειῶν ἁσμένως ἀποτρέχοντας.

他对书籍的处理是卓越而有趣的。他收集了大量的好书；如果说他买书很慷慨，在使用方面就更慷慨。他的图书供大家阅览，阅览室和邻近的柱廊对希腊人自由开放——他们摆脱掉日常的事务，到那里去亲密地交流思想，仿佛那是缪斯提供的庇护所。

罗马人很快效法卢库卢斯树立的榜样。在许多大宅里，图书室成了必需的地方，不论房屋的主人是否喜爱读书。这种狂热的时尚受到塞内加（Seneca）的指责，他在怒火爆发中写了一篇文章（大约写于公元 49 年），其中包括了安置图书的许多宝贵材料。我把它的大意翻译在下面：

> 花费在学习上的开销是最好的开销，但必须保持在一定限度内，才是合理的。如果图书室的主人收集了无数图书，但一生中连书的标题也很少看一眼，那么这些书又有什么用呢？大量的作者没有教导出一个学者，倒成了他的累赘。专心致志研读少量的书，远比在大量书籍中迷失道路更好。
>
> 四万册图书在亚历山大城被焚毁了。我让别人去赞美那皇室的辉煌成就，比如说，李维（Livy）就把那些图书视为"皇家品味、皇家关爱的高贵成果"。那并不是品味，也不是关爱，而是学习上的奢侈浪费，甚至与学习也无关系，不是为了学习，而是为了排场才购买了那些书。许多人连学问的最低分支也不懂，书籍不是他们学习的工具，而是餐厅的装饰。收集图书，只要够用就行了，一本也不要为了排场。你会说："这方面的开销总比花在金银器皿或绘画的大笔开销好。"所有过度的行为都不好。一个人希望拥有金钟柏木料或象牙装饰的书柜；收集大量图书，其作者不是无名之辈，就是恶名昭著；他在千百册图书前总是打哈欠；他喜欢图书只是由于装潢漂亮；对于这样的人，为什么你还要原谅呢？
>
> 在最愚笨的懒汉的图书室里，你能找到演说家或历史学家所描述的一切——书柜高到天花板。图书室和盥洗室一样，成了房屋的必要装饰品。如果是为了学问而奢侈，我还能够原谅这种想法。我们尊敬作者的天才，他们的作品用高价买来，和他们的画像陈列在一起，共同装饰美化一面墙。[1]

---

[1] *De Tranquillitate Animi*, Chap. IX. Studiorum quoque quæ liberalissima impensa est, tamdiu

　　1883 年，兰齐亚尼先生（Signor Lanciani）在罗马埃斯奎林（Esquiline）发掘一座公元 4 世纪的房屋——位于现在的斯塔图托大街（Via dello Statuto），他发现了一个图书室。我把他的话引用如下：

　　一天下午，我惊异地发现了一间宽敞的大厅 [大约 23 英尺长，15 英尺宽]，墙壁在一定高度的下方朴质无华，没有任何装饰，但是在上方的墙面，灰泥装饰却很美丽。嵌入墙内的壁柱有凹槽，彼此相距 5 英尺，围成一个方形平面，平面的中央是灰泥的圆形图案，直径约 2 英尺。情况总是这样：图案的圆形框边成了仅存的部分，框边里面是什么形象已经无从知晓，只有一些残片留在墙脚下，勉强可以辨认出是人的面孔。我但愿经过十五年的发掘，终于可以发现一间图书室，现在这个愿望无疑能够实现了，因为在一个圆形的框边上，用鲜明的红色写上，或者说画上了一行文字，是一个名字：APOLONIVE THYAN……这个名字十分清楚地显示了房间的用途，比我在那里发现实际的书架和书还要更清楚。[1]

24

　　1898 年 4 月，我很高兴在罗马会见了兰齐亚尼先生，他非常友好地给了我一份壁柱和圆形图案的草图，是他在发掘时亲手绘成的。因此，我才能够把图书室墙面

---

rationem habet quamdiu modum. Quo innumerabiles libros et bibliothecas quarum dominus vix tota vita indices perlegit? onerat discentem turba, non instruit, multoque satius est paucis te auctoribus tradere, quam errare per multos.Quadraginta milia librorum Alexandriæ arserunt: pulcherrimum regiæ opulentiæ monumentum alius laudaverit, sicut et Livius, qui *elegantiæ regum curæque egregium id opus* ait *fuisse*: non fuit elegantia illud aut cura, sed studiosa luxuria, immo ne studiosa quidem, quoniam non in studium sed in spectaculum comparaverant sicut plerisque ignaris etiam servilium literarum libri non studiorum instrumenta sed cœnationum ornamenta sunt. Paretur itaque librorum quantum satis sit, nihil in adparatum. "Honestius" inquis "hoc impensis quas in Corinthia pictasque tabulas effuderim." Vitiosum est ubique quod nimium est. Quid habes cur ignoscas homini armaria citro atque ebore captanti, corpora conquirenti aut ignotorum auctorum aut improbatorum et inter tot milia librorum oscitanti, cui voluminum suorum frontes maxime placent titulique! Apud desidiosissimos ergo videbis quicquid orationum historiarumque est, tecto tenus exstructa loculamenta. Iam enim inter balnearia et thermas bibliotheca quoque ut necessarium domus ornamentum expolitur. Ignoscerem plane, si studiorum nimia cupidine oriretur: nunc ista conquisita, cum imaginibus suis descripta, sacrorum opera ingeniorum in speciem et cultum parietum comparantur. 这段可以和琉善（Lucian）的文字相对比：πρὸς ἀπαίδευτον καὶ πολλὰ βιβλία ὠνούμενον. 我的朋友达尔文先生（Mr. F. Darwin）告诉我：拉丁语 citrus（柑橘属果树），希腊语 κέδρος，是一种针叶树，称为 Thuia articulate=Callitris quadrivalvis（柑橘属果树）。可参考 Hehn, *Kulturpflanzen*, Berl. 1894, Engl. Trans. p. 431。

1 Lanciani, *Ancient Rome*, 8vo, 1888, p. 193.

图 6   1883 年在罗马发现的图书室墙面草图
出自兰齐亚尼先生和米德顿教授的笔记与测量。

的一部分准确地复制出来（图 6）。灰泥装饰下面的空白墙面高度约为 3 英尺 6 英寸（装书的家具曾经靠墙摆放），这个高度是米德顿教授测定的。[1] 那个圆形图案的残片在罗马的植物园博物馆（Museo del Orto Botanico）里仍旧可以见到。图案所纪念的人物显然是阿波罗尼乌斯·提亚尼乌斯（Apollonius Tyaneus），是毕达哥拉斯学派的哲学家，也是精巧的手艺技师，据说生于公元前 4 年前后。

1754 年在赫库兰尼姆（Herculaneum）曾发现了相似的房间，赫库兰尼姆博物馆保管人帕德尼先生（Signor Paderni）立刻把发现的经过全部记录下来，写信告知了托马斯·霍利斯先生（Thomas Hollis, Esq.），这些材料又送到英国皇家学会（the Royal Society）。我从这封信以及后来的信件中摘录了有关的段落：

1754 年 4 月 27 日，那不勒斯

我们现在正发掘的地点是圣阿古斯丁诺森林（IL Bosco di Sant' Agostino）……这地方发现的所有建筑物都很高贵……在一个建筑物里发现了完整的图书室，

25

---

1   *Ancient Rome*, ed. 1892, II. 254.

其中大量存放着埃及纸草的卷册，共取出了 250 份。[1]

写给同一个人：

1754 年 10 月 18 日

……迄今为止，我们只进了一个房间，房间的地面由嵌石细工构成，很雅致。这里看来是图书室，布置了各种木料制成的书柜，成排安放，柜顶上有檐板，和我们的时代一样。

我已经埋头工作了十二天，设法把找到的卷册从那里搬出来；很多卷册都腐朽了，无法移动。我已经取出来的达到了 337 份，全部无法翻开。这些材料都用希腊字母写成。我在从事这项工作时发现了一个大包裹，我猜想里面不止一卷书。我尽一切力量想把它搬出来，但是做不到，太潮湿，也太沉重了。然而据我观察，它包含了大约十八个卷册，长度相当一个手掌加三个那不勒斯寸（Neapolitan inches），在我发现的材料中体积最大。它包裹着树皮，两头用木片盖着。从破裂地方显露出的几行文字来看，所有卷册由拉丁文写成。我希望从这些材料中获得某些东西，但是它们腐朽的情况比希腊文卷册更严重。……[2]

格雷男爵（Sir J. Gray，Bart.）写的信件：

1754 年 10 月 29 日

……近来，他们发现了一批纸草卷册，长度和大小都不一样，有些卷册还保留着两端的支棍（Umbilicus）。大部分卷册都用小写的希腊文字写成……另一个残片的主题是伊壁鸠鲁派哲学。

同一个房间里发现了伊壁鸠鲁（Epicurus）的半身小型塑像，有希腊文刻下的他的名字。那个图书室有一批著作是主张他的哲学的，塑像就是这个角落的装饰。也可以设想，房间里还有其他哲学家的头像，按照同样的品味和规矩安放在各处。[3]

1　*Phil, Trans.*, Vol XLVIII., pt. 2, p. 634.

2　*Ibid.*, p. 821.

3　*Ibid*, p. 825.

从 1758 年到 1763 年，温克尔曼（Winckelmann）多次访问了这个地方。他把见到的情况用意大利文写成长信，告知萨克森国王的御医比安科尼（Consigliere Bianconi）。有一封信写于 1762 年，描写了图书室的景象。这封信的译文如下：

第一次见到那些 [卷轴] 的地方是赫库兰尼姆别墅内的一间小屋，长度相当于两个人伸开手臂的距离。墙壁四周都是档案室通常陈设的书柜，约有一人高。房屋中央是一个类似的书柜，或称安放书册的桌子，人可以围绕它走一圈。它的木质已经碳化，只要碰一下就会掉下来。有些纸草卷轴用某种粗纤维纸包在一起，古代人把这种包裹纸称为 emporetica，这些东西构成了整个收藏的若干部分。[1]

上述观察家们给我们的信息，总结起来是这样：房间大约 12 英尺长，地面由嵌石细工铺成。靠墙是书柜，约有一人高，由各种木料制成，排列成行，顶部有檐板。房间中央有一张桌子，也可以叫书柜。很多卷轴是各自分离的，但在一个包裹里发现了 18 个卷轴。"包裹着树皮，两头用木片盖着。"这样小的房间不可能用来阅读，想必是阅读以后把书籍储存起来的地方。

在我离开这个话题之前，我还要提到另一个建筑，因为它有助于阐明图书室和档案室的装备问题。这里指的是韦斯巴芗建于公元 78 年的房舍，用来安置他重新建设罗马城的有关文件材料。它处在和平广场（Forum Pacis）的西南角，现存部分目前称为科西玛和达米亚诺圣徒教堂（the Church of SS. Cosma. e Damiano）。

建筑的总安排，它与邻近建筑的关系，都可以从图 7 上看出来。房间长约 125 英尺，宽 65 英尺，有两个入口，一个在西北方向，由和平广场进来；通过一座六根柱子的门廊（图 7，2）；另一个在东北方向，通过一个方顶的、钙华石料筑成的门（图 7，1），这个门以及韦斯巴芗时代所建大墙的大部分至今尚存。卡拉卡拉（Caracalla）将它重建后，称之为"圣城神庙"。教皇菲利克斯四世（526—530）将它改为教堂，把它与罗慕路斯神庙（图 7，5）连接起来，又建成一个半圆形的拱顶（图 7，4）；此外他没有做更多的事。

---

1 *Opere di G. G. Winckelmann*, Prato, 1831. VII.197.

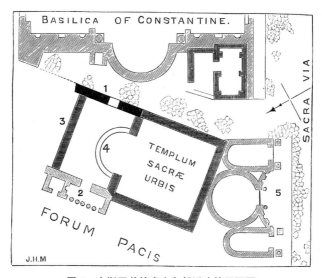

图 7　韦斯巴芗档案室和邻近建筑平面图
取自米德顿《古罗马的遗迹》，II，16。

1　现存的白榴拟灰岩和凝灰岩墙壁，门由钙华石筑成。
2　墙与门廊，已被乌尔班八世（1623—1644）毁去。
3　塞维鲁（Severus）时代建筑的砖墙，墙上曾有大理石制成的罗马平面图。
4　教皇菲利克斯四世建立的半圆拱顶建筑，他把"圣城神庙"（Templum Sacrœ Urbis）
改为"科西玛和达米亚诺圣徒教堂"。
5　罗慕路斯（Romulus）神庙，为他的父亲马克森提（Maxentius）所建。菲利克斯四世把它改
为他教堂的门廊。

　　整个建筑于 1632 年被教皇乌尔班八世无情地拆毁了；但幸运的是，室内的景象于
16 世纪后半期由皮罗·利戈利奥（Pirro Ligorio）画了下来；画的时候，墙壁的原貌没
有任何变化。我把画面小部分的缩影登在下方（图 8）。兰奇亚尼对这图的说明如下：

　　　　墙由精致的檐板隔为平行的三层。最上一层是窗户；最下一层是大理石
　　板，上面安放着书箱，装的是……档案……；中间一层装饰着各种稀有大理石
　　的镶嵌艺术品，有的作品表现罗马城创建者婴儿时期和母狼在一起，还有其他
　　传说形象。[1]

1　Lanciani, *Ruins of Ancient Rome*, pp. 213-217. 他描述利戈利奥的图画，是根据梵蒂冈写本
3439 号: *Commissione Archeologica Comunale di Roma*, Ann. X. Ser. II, 1882. pp, 29-54. 亦可
参考 Middleton, *Ancient Rome*, 1892, II. 15-19. 罗马的平面图被称为"卡皮特尔图"，因为它
现在保存在卡皮特尔博物馆（Museum of the Capitol）内，固定在东北墙上（图 7，3）。

我在本章开始时就解释过：我论述的主题
是怎样照管图书，而不是图书本身。但现在我
们既然谈到罗马的图书馆，那就有必要说一说
这些图书馆的内容。首先应当记住，装备图书
室的人们当时处理的是卷轴（volumina），由纸
草制成，也可能由羊皮纸制成。我们今天所了
解的书籍，拉丁语称为 codex，那时并不通行，
直到基督教时期才广泛使用。有关这些卷轴，
应该说明几点。

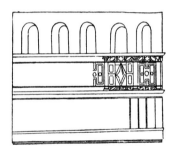

图 8　韦斯巴芗档案室内墙的
部分缩影　　　　　29

取自 16 世纪利戈利奥（Pirro
Ligorio）的一幅素描。

卷轴的长度和宽度视书写人的品味与方便而定。[1] 卷轴的内容按栏书写，各行文
字顺着卷轴长度的方向。[2] 读者用双手持卷，已经读过的部分用左手把它卷起来，没
有读的部分用右手展开。这种阅读的方式，在庞贝古城（Pompeii）的一幅壁画上表
现得很清楚[3]（图 9）：

多数的情况是：卷轴的两半都朝内卷起，例如梵蒂冈的狄摩西尼（Demosthenes）　30
雕像就是如此。[4] 卷轴的一端固定在一根轴棍上（通常称为 umbilicus 或 umbilics）。很
显然，这个词本意是指棍子的两端，但是似乎用来指整个棍子；拉丁语作家的共同做
法，常是用一个指部分的词来指事物的全体。下面几行诗就是一个例子：

...deus nam me vetat

Inceptos olim promissum carmen iambos

　　Ad umbilicum adducere.[5]

1　卷轴的平均长度为 20—30 英尺，宽度为 9—11 英寸。可参考 *The Paloegraphy of Greek Papyri* by F. G. Kenyon, Oxf. 1899, Chap. II。

2　各栏从左到右的宽度不大，它的长度大大赶不上卷轴的宽度，因为顶部和底部都要留出空白。

3　*Antiahità di Ercolano*. Fol, Napoli, 1779, vol, V., Tavola 55, p. 243.

4　在这个雕像上，卷轴是后来修复的，但形状完全正确。在肯特郡塞文诺亚克斯诺勒公园（Knowle Park, Sevenoaks, Kent）有一个复制品，有些独特的小小差异。可参考有关这个雕像的论文，by J. E. Sandys, Litt. D, in *Mélanges Weil*, 1898, pp. 423-428。

5　Horace, *Epodes*, XVI, 5-8. 可对照 Martial, *Epigrams*, IV. 89. Ohe! libelle, Iam pervenimus usque ad umbilicos。

图 9　手持卷轴的读者，取自庞贝壁画

上天不允许我把抑扬格诗行一直写到卷末的轴棍——我早就许诺世人要写那首歌。

　　轴棍有时还涂上颜色或者镀上金，并且配上突出的握柄（cornua），其装饰与轴棍一致，既为了好看，也为了在卷起书卷时保持卷面的平衡。书卷长长的两边（frontes）裁剪得很仔细，要做到完全对称，然后用一种浮石磨平，涂上颜色。书卷的边上还要安上一条标签（index 或 titulus，希腊文为 σίλλυβος 或 σίττυβος），由纸草或羊皮纸制成，让它垂在书卷的一端。正如奥维德所说的样子：

Cetera turba palam titulos ostendet apertos

　　Et sua detecta nomina fronte geret.[1]

　　别的书卷都炫耀着标签，把它们的名称挂在卷边。

1　*Tristia*, I. i, 109.

书卷都用绳子或带子（lora）捆紧，通常采用鲜艳色彩。[1] 如果书卷特别珍贵，就装在羊皮纸或其他材料的袋子里，希腊人称之为"外套"（διφθέρα）。[2] 马提雅尔说：

31

Perfer Atestinæ nondum vulgata Sabinæ

  Carmina，purpurea sed modo culta toga.[3]

把这些诗带给阿特斯特的萨宾娜吧。它还没有公开发表过，最近穿上了紫色的衣衫。

马提雅尔用一个精彩的警句就综合描写了装饰书卷的多种物品。在下面我引用的语句中，第二行提到的"雪松油"（the oil of cedar）不仅能给书卷一种明快的黄色，而且还被视为防腐剂[4]：

Faustini fugis in sinum? sapisti.

Cedro nunc licet ambules perunctus

Et frontis gemino decens honore

Pictis luxurieris umbilicis，

Et te purpura delicata velet，

Et cocco rubeat superbus index .[5]

1　Catullus（XXII. 7）谈到一个书卷，特别漂亮：

　　　　　　　Novi umbilici, lora rubra, membrana

　　　　　　　Directa plumbo, et pumice omnia æquata.

2　Lucian, *Adv. Indoct.*, Chap. 16.

3　*Epigrams*, X, 93.

4　我的朋友 M. R. 詹姆斯文学博士（M. R. James, Litt. D.）友好地给我下列材料：在疑为伪作的《摩西外传》（Assumption of Moses）中，约书亚（Joshua）把摩西的经卷（＝卷轴）抹上了"雪松油"，供奉在耶路撒冷："quos ordinabis et chedriabis et repones in vasis fictilibus in loco quem fecit [Deus] ab initio creaturæ orbis terrarum." 见 Assum. Mos., ed. Charles, I, 17。又见 Ducange, s. v. Cedria. Vitruvius（II. IX. 13）说："ex cedro oleum quod cedreum dicitur nascitur, quo reliquæ res cum sint unctæ, uti etiam libri, a tineis et carie non læduntur." See above, p.23.

5　*Epigrams*, III. ii 6.

他的书选择了图书狂浮士丁努斯（Faustinus）作为主人。这位诗人说，现在你将被抹上雪松油；你将陶醉在漂亮的装饰中；你的卷轴将涂上色彩；你的套子是紫色，标签是鲜红色。

当一批卷轴必须从一个地方拿到另一个地方时，就会把书卷装进一个盒子（scrinium 或 capsa）里。这个容器是圆柱形的，有点像现代的帽盒。[1]它通常有个活动的提手，固定在两边的环上。盒盖放下后，扣在类似今天锁一样的结构上面。前述在赫库兰尼姆发现的一捆十八个卷轴，无疑就保存在这样一个容器里。

图 10　书卷盒（capsa）

32　　　图 10 出自赫库兰尼姆的一幅壁画。图中每个卷轴都有一个标签（index 或 titulus）。在前面提到的狄摩西尼雕像的脚下，在拉特兰（Lateran）索福克勒斯（Sophocles）雕像的脚下，都各有一个盒子（capsæ），盒子上有活动提手。

我将在下面列举罗马图书室各种设备的名称。我承认，这些信息收集得很零散，很不完备，但是我想由此获得某些合理的推论，对于这些藏品的外貌能多少有个概念。

用来表示图书室设备的词语有：nidus；forulus（常为 foruli）；loculamenta；pluteus；pegmata。

Nidus 用不着解释，它的含义只能是卷轴格子。马提雅尔用这个词谈到一位书商，在他的书店里可以买到自己的诗：

De primo dabit alterove *nido*

Rasum pumice purpuraque cultum

1　奥维德（*Tristia*, I. i. 105）对于他的书，说道：
　　　Cum tamen in nostrum fueris penetrale receptus
　　　Contigerisque tuam, scrinia curva, domum.

Denaris tibi quinque Martialem .[1]

在他的第一个或第二个**卷轴格子**里，只要花上五个迪纳里厄斯，就能买到马提雅尔的书，用浮石磨光，穿着漂亮的紫色外套。

下面这段话中，这个词出现在私人的图书室，诗人马提雅尔把他的一些作品寄到那里去：

Ruris bibliotheca delicati，

Vicinam videt unde lector urbem，

Inter carmina sanctiora si quis

Lasciuæ fuerit locus Thaliæ，

Hos *nido* licet inseras vel imo

Septem quos tibi misimus libellos .[2]

陈设精致的别墅里有图书室，读者从那里可以看到城市就在近处——如果你的严肃诗篇中间还有空隙安放狂放的喜剧缪斯，就把我寄给你的七本小书放在最低的**卷轴格子**里吧。

33

Forulus 或 foruli 出现在下列段落中。苏埃托尼乌斯（Suetonius）在描写了巴拉丁山阿波罗神庙的建筑之后，补充说："他把这些西卜林书卷放在阿波罗雕像底座的两个镀金容器（forulis）里。"[3] 尤维纳利斯（Juvenal）描写一个富人在房屋遭受火灾后必然收到别人的赠送：

Hic libros dabit，et *forulos*，mediamque Minervam.[4]

1　*Epigrams*, I. 117.

2　*Ibid.*, VII. 17.

3　Suet. *Ang.* 31. Libros Sibyllinos condidit duobus *forulis* auratis sub Palatini Apollinis basi.

4　*Sat.* III. 219.

这个词的来源不能肯定，但是它的昵称形式 forus 被维吉尔用来指蜜蜂的*蜂房*：

Complebuntque *foros* et floribus horrea texent. [1]

因此，尤维纳利斯的那一段话可以翻译为："另一个人送来书以及放书的小巢穴，还有一个密涅瓦女神（Minerva）的雕像，放在房间中央。"

Loculamentum 这个词在科卢梅拉（Columella）的一段文字里获得了解释，这段话指明了制造鸽子窝的方法：

> 把一些小木桩紧密放在一起，上面铺上木板，让鸟儿在木板上的格子（loculamenta）里做窝，或者在木板上放陶土制成的格子。[2]

在另一段文字里，他又用同一个词指蜂窝。[3] 韦格提乌斯（Vegetius）是个兽医外科作家，他用这个词指马牙齿上的窟窿。[4] 而维特鲁威则用这个词指盛放一个小机件的盒子。[5] 总起来说，这个词的含义可能是个狭长的盒子，盒子的一端开着口，而且和 nidus 和 forulus 一样，可以翻译为"卷轴格子"。而塞内加在我已翻译的一段文字中又把这个词用来指图书。他说："在最愚笨的懒汉的图书室里，你能找到演说家或历史学家所描述的一切——书柜（loculamenta）高达到天花板。"[6]

---

1 *Georg.* IV. 250.

2 *De Re Rustica*, VIII. 8. Paxillis adactis tabulæ superponantur; quæ vel loculamenta quibus nidificent aves, vel fictilia columbaria, recipiant.

3 *Ibid.*, IX, 12. 2. 这个作家，描述蜜蜂分群过程是：protinus custos novum loculamentum in hoc præparatum perlinat intrinsecus prædictis herbis...tum manibus aut etiam trulla congregatas apes recondat, atque...diligenter compositum et illitum vas...patiatur in eodem loco esse dum advesperascat. Primo deinde crepusculo transferat et reponat in ordinem reliquarum alvorum.

4 Vegetius, *Art, Vet.*, III. 32. Si iumento loculamenta dentium vel dentes doluerint.

5 Vitruvius, *De Arch.*, ed. Schneider, X. 9. Insuper autem ad capsum redæ loculamentum firmiter figatur habens tympanum versatile in cultro collocatum, etc.

6 桑兹博士（Dr. Sandys）编写的 Aristotle's *Constitution of Athens*, 1893, p. 174 中显示：在一位公务员的办公室内，使用着类似的结构，称为 ἐπιστύλιον："一个书架支撑着一系列卷轴格子，它本身则由一个木质的底座支撑。"

Pegmata 这个词通常以复数形式出现，因此它是指合并在一起的东西，常常是一个由许多木板搭建的平台，在剧院中用来安置布景或供演员走上走下。用在图书方面，它可能指"书架"。《学说汇纂》中有这样的句子："窗楹和 pegmata 包括在购买的房屋之内。"[1] 因此，这就是我们应当称为"固定装置"的一批东西。

Pluteus 是一种机器，步兵用来在战场上保护自己。因此，这个词又可用来指任何篱笆，或任何东西（如床或桌子）的边或界限。Plutei 与墙没有密切的附属关系，不像 Pegmata，在《学说汇纂》中，它与席子、遮阳篷、防鸟的网等归入一类，不算作房屋本身的一部分。[2] 尤维纳利斯在他的第二首讽刺诗（讽刺伪装博学的人）中，用这个词指"书架"。

Indocti primum，quamquam plena omnia gypso

Chrysippi invenias，nam perfectissimus horum est

Si quis Aristotelem similem vel Pittacon emit

Et iubet archetypos pluteum servare Cleanthas.[3]

首先，他们都是些笨蛋，虽然他们房子里摆满了克里西波斯的石膏像，这样的人还觉得不够，还要去买亚里士多德或皮塔科斯的画像，而且把原来的克莱安西斯画像放在书架上。

上面的研究表明：有三个词用来指盛放书卷的结构——nidus, forulus, loculamentum，可以翻译为英语的"pigeon-hole"（格子或分类架）；而 pegma 和 pluteus 两个词则指木质的家具，可以翻译为英语的"shelving"（架子）。很明显，pegmata 可以很快搭建完成；西塞罗为了重新安排他的图书室，写了一批生动的信件。开始时，他写信给友人阿提库斯（Atticus），说道：

35

1　Ulpian, *Digest*, 33. 7. 12. In emptionem domus et specularia et pegmata cedere solent, sive in ædificiis sint posita, sive ad tempus detracta.

2　*Ibid.*, 29. I. 17. Reticuli circa columnas, plutei circa parietes, item cilicia, vela, ædium non sunt.

3　*Sat.* 11, 4. 我不认为这几行文字指的是图书室。整个房屋，而不是一个房间，都摆满哲学家的石膏半身像。

　　我希望你能把你图书室的两个工作助手派给我：泰兰尼奥（Tyrannio）当粘贴工，另外的助手做别的事。请提醒他们带些羊皮纸来做书卷的标签（index），你们希腊人称之为"σίλλυβοι"。如果你感到不方便，就别派了。[1]

在第二封信里，他又说：

　　你手下的人做了一些木匠活，又做了书卷的标签（constructione et sillybis），使我的图书室很漂亮。我希望你表扬他们。[2]

工作完成后，他写道：

　　泰兰尼奥安置好了我的书，一种新的精神充满了我的房屋。你手下的狄奥尼修斯（Dionysius）和梅诺菲琉斯（Menophilus）给了我无比珍贵的帮助。你的书架（illa tua pegmata）真是再漂亮不过了，那些标签使我的书焕然一新。[3]

　　就我所知，最好的作家关于存放图书的文字，没有比我所讨论的段落更清楚的了。经过仔细的研究，我可以得出结论：就存放卷轴而言，罗马的私人图书室都是把成排的架子靠在墙边（plutei）或固定在墙内（pegmata）。在这些横向排列的架子之间，又用垂直的隔断分开，形成格子（nidi, foruli, loculamenta）。可以设想，格子的宽度根据一部著作包含的卷轴数量而各不相同。这样的容器是图书室的常见设备，我觉得可以从马提雅尔的警句诗（已经引用过）中得到证明。他告诉他的朋友：如果接受他的诗，可以"放在最低的卷轴格子（nido vel imo）里"。我们会说"放在底层的架子上（on the bottom shelf）"。塞内加嘲笑"卷轴格子（loculamenta）高达天花板"，也是一个证明。

　　这些木质设备的高度当然根据个人的品味而各不相同。在埃斯奎林山的图书室，书架高度只有 3 英尺 6 英寸，而在赫库兰尼姆，则为 6 英尺。

36

1　*Ep.* cv. (ed, Billerbeck); *Ad. Att.* IV. 4. p. 2.
2　*Ep.* cvi. (*Ibid.*); *Ad. Att.* IV. 5.
3　*Ep.* cxi. (*Ibid.*); *Ad. Att.* IV. 8.

我没有找到任何暗示：在卷轴格子的前面有门或帘子。西塞罗说他的图书室在建立书架（pegmata）之后，卷轴的顶端（frontes）仍旧看得见，这已经很清楚了。而且，当时还想了许多办法，把卷轴装饰得很美，这也证明卷轴安放的意图，是为了给人看见。

我努力想描述的卷轴安置方式，出现在一幅木刻画（图 11）上。它在 17 世纪

图 11　罗马人把一个卷轴放回它在图书馆的原来位置

被发现于纽马根（Neumagen），接近特雷弗（Trèves），在君士坦丁大帝修建的城堡废墟之中。[1] 画面显示了两个装满卷轴的格子，一位也许是图书管理员的人正在把一个卷轴放回格子中去。所有卷轴的顶端都挂着标签。

格子架的顶端很可能是一块檐板。赫库兰尼姆的探索者们描述了他们在那里发现的装饰品。

书架上方的墙面空间装饰着著名作者的肖像——或许是哲学家，图书室的主人想展示他遵奉某个流行的哲学学派——或许是在世或已故的著作家，或许是主人的

37

1　这个木刻画登载于 *Antiquitatum et Annalium Trevirensium libri* XXV. Auctoribus RR. PP. Soc, Jesu P. Christophoro Browero, et P. Jacobo Masenio, 2v. fol. Leodii, 1670。头上写：Schema voluminum in bibliothecam（sic）ordine olim digestorum Noviomagi in loco Castrorum Constantini M. hodiedum in lapide reperto excisum. 也参见 C. G. Schwarz, *De Ornamentis Librorum*, 4to, Lips. 1756, pp. 86, 172, 231, and Tab. II., fig. 4。我从 E. M. 汤普逊爵士（Sir E. M. Thompson）写的 *Handbook of Greek and Latin Palægraphy*, ed. 2. 1894, p. 59. *note* 得知这个材料。特雷弗博物馆馆长告诉我，在纽马根发现的古物全部在 17 世纪被毁掉了。

朋友。这种装饰形式大概在帕伽马采用过；[1] 波利奥把它引进到罗马来；普林尼称之为创新（novitium inventum），描述了普遍采用的过程。[2] 我们不知道这样的肖像通常是怎样处理的，是些半身雕像离开墙壁竖立在书柜上呢，还是放在框子里挂在墙上？是石膏像呢，还是胶画？肖像上伴随着适当的题辞。马提雅尔为我们留下了一段恭维的诗，可以作为美好题辞的样板——放在友人图书室内他本人肖像的下面：

Hoc tibi sub nostra breve carmen imagine vivat

　　Quam non obscuris iungis，Avite，viris：

Ille ego sum nulli nugarum laude secundus，

　　Quem non miraris，sed puto，lector，amas.

Maiores maiora sonent：mihi parva locuto

　　Sufficit in vestras sæpe redire manus.[3]

阿维图斯，这几行诗在你的墙上，

　　和胜过我的人们放在一起：

把我从低微提升到高位；

　　我感到有人爱我，虽然他们不明说。

让大诗人去写重大的主题吧：

　　我的朴实诗行只寻求爱抚，

　　那爱抚表现了你的温柔。

38　　　　罗马拉特兰博物馆（Lateran Museum）里有一幅美丽的浮雕，画的是一个演员在选择面具。画面上有一个阅读卷轴的用具（图 12），想必在图书馆一类的地方都很通用，然而我在别处没有见到。只有在前面图 11 的右下角画了一幅打开

图 12　阅读卷轴时支持
卷轴的架子

1　*Ibid.*, p. 11.

2　*Ibid.*, p. 12.

3　*Epigrams*, Lib. IX. *Introduction*.

的卷轴，垫在一块板上，大概也是用来阅读的。浮雕画面上那个阅读卷轴的用具是个垂直的支架，固定在一张桌子的一边。卷轴只有部分打开，卷起的那一半靠近支架的左边。桌面上摆着两幅面具和一卷手稿。那支架上的卷轴也许是演员使用的台词。[1]

非常遗憾的是：奥古斯都兴建的两个大型公共图书馆都有哪些装置，我们没有任何确切的资料。但是我没有理由设想，它们的装置与私人图书室有很大的差异。

后来，册页（codices）的形状逐渐接近现代图书馆的图书，这些册页必须和卷轴一样妥善保存。这时很明显，只有若干英寸宽的长方形空间就非常不方便了。这样的结构逐渐被废弃，而采用了书柜（armarium）——既可以存放卷轴（volumina），也可以存放册页（codices）。事实上这种家具也是两者兼用。Armarium 这个词在西塞罗以及其他全盛时期作家的著作中很常见，它指各种珍贵物品以及家务用品的储藏家具。维特鲁威用这个词来指书柜。他说：批评家"靠书柜里无数卷轴来写作"。[2] 后期拉丁语作家，即公元 1 世纪中期以后的作家，没有使用过别的词语。

死于公元 228 年的法学家乌尔比安（Ulpian）写了一篇文章来讨论 liber 这个词应该包括什么含义；他主张把各种材料的卷轴（volumina）都包罗进去，然后又考虑册页是否应该归入这个类别中。这就表明在他的时代两种形式的书都在使用。然后，文章又提出问题：当一个图书室（bibliotheca）遗赠给子孙的时候，这遗赠只包括书柜（armarium vel armaria）呢，还是把书也包含在内？[3]

图拉真广场的乌尔比安图书馆建于约公元 114 年；[4] 从我引用过的沃匹斯库斯的文章里，我们知道这个图书馆已配备了一批书柜。当奎利纳尔山（Quirinal Hill）近旁的图书馆废墟被法国人发掘的时候，那些书柜中留下非常有趣的痕迹，也被发现了。罗马文物的专家尼比（Nibby）作了如下描写：

> 在上述 [门廊圆柱的] 基础以外，从右面开始显露出图书室内部的遗迹，门口有一堵幕墙，由砖砌得很漂亮，残留的边墙上有一个大壁龛，模样正好放下一

39

1　整个浮雕画载于 Seyffert, *Dictionary of Classical Antiquities*, ed. Nettleship and Sandys, p. 649。

2　*De Arch.*, Lib. VII. Pref. [Aristophane] e certis armariis infinita volumina eduxit.

3　*Digesta Justiniani Augusti*, ed. Mommsen. 8vo. Berlin, 1870. Vol. II.p.88. Book XXXII. 52.

4　这是 *Columna cochlis* 建立的时间。Middleton's *Rome*, II, 24 *note*.

座书柜（in foggia di armadio）。人可以走上三步台阶跨进去，站立在里面不费力气。
壁龛两边存在着铰链的痕迹，似乎是为了安放镶板和活动门，大概由青铜制成。[1]

　　我觉得这似乎是早期或最早期在厚墙内安放书柜的范例，后来在寺院和私人图
书室里常可见到。小普林尼描述了一个类似的书柜，规模要小一些："我的卧室里有
一个书柜嵌入墙内，发挥着图书室的作用，它装的书不仅为了阅读，而且为了反复
再三阅读。"[2]

40　　　然而，不要认为罗马时代的橱柜一律是嵌入墙内的。柜子是单独的家具，与
现代妇女用来挂衣服的柜子有点相似，只是中间用横向的隔断分开，根据主人的
需要而决定其不同的用途。例如，在罗马的国家博物馆内有一个石棺，上面有一
幅图像是鞋匠在工作；他面前有个柜子，和我即将描述的若干柜子非常相似，那
柜子上放着几双做好的鞋子。

　　我可以介绍几幅这一类柜子的图样，都是罗马人用来放书的。

　　第一幅出现在一座大理石的石棺上（图 13），石棺现存于罗马巴勒斯特拉宅邸
（Villa Balestra）的花园内。1898 年我有幸在那里发现了这幅画。[3] 德国考古学院的彼
得森教授（Professor Petersen）很友好地给它照了一张像，送给了我。他把这石棺的
年代定为约公元 200 年。

　　石棺中央部分高 21 英寸、宽 15$\frac{1}{2}$ 英寸，图案是一个人坐着阅读卷轴。他前面有
个柜子，门敞开着，里面有两块隔板，最上层放着八个卷轴，卷轴的顶端朝着看图的
人。第二层放着类似盘子或浅碗的东西。柜子的下方是实心的，也许是另一个柜子。
柜子上方是一块檐板，檐板上的东西令人迷惑不解。我想，它也许是一块涂上了蜡的
木板，读书人把它打开放在柜顶上，是为了阅读卷轴时做一点记录。彼得森教授则认
为，石棺上有些线条是为了表现外科手术的器具（我认为说得过去），指明了那个坐

1　Nibby, *Roma Antica*, 8vo, Roma, 1839, p. 188.

2　*Epist.* II. 17.8. Parieti eius [cubiculi mei] in bibliothecæ speciem armarium insertum est quod non
legendos libros sed lectitandos capit.

3　1822 年在巴黎出版了马佐斯（Mazois）的书：*Le Palais de Scaurus*，对石棺在整体上作了准
确的描述，如果没有这本书，我就不知道石棺的存在。此后，石棺又辗转经过几位收藏家
之手，我寻找它的过程是漫长而有趣的。

图 13　一位罗马人在书柜前阅读卷轴
出自一座石棺的照片，石棺位于罗马城巴勒斯特拉宅邸的花园内。

41 着的人的职业。[1] 石棺上有几行希腊文题辞，但只
是告诫后世不要打扰死者的遗骸。[2]

第二幅（图 14）出自拉文纳（Ravenna）加
拉·普拉西狄娅皇后（Empress Galla Placidia）的
陵墓。它出现在她墓室的墙上，用细石精工嵌
成。皇后下葬于公元 450 年，[3] 工程大概早于这
个年代。书柜和罗马石棺上的那个柜子非常相
似，但是显然要高一些，顶端呈三角形。柜子有
两层，里面放着四种福音书，每一种分开叠在一
起，是册页（Codex）模样，上方是传布福音者
的名字。书柜安放在粗壮的大架子上，架子的几
条腿由粗木条固定下来，和架子本身一样结实。

图 14 放四部福音书的书柜
出自拉文纳加拉·普拉西狄娅皇后
墓上的一块嵌石。

第三幅书柜图样（图 15）出现在佛罗伦萨
洛伦佐图书馆存放的一部拉丁文圣经通俗本写本上。出自托斯卡纳（Tuscany）阿
米亚塔山（Monte Amiata）的西多会修道院，在那里保存了几百年，称为《阿米亚
42 提努斯钞本》（Codex Amiatinus）。[4] 近来对这个写本作了透彻的研究，发现它写于
英国的威尔茅思（Wearmouth）或贾罗（Jarrow），但抄写人可能是意大利人。公元
716 年，这个写本送到罗马，作为献给教皇的礼品。然而，写本的四分之一篇幅，
包括图画在内，产生的时间可能更早，可能属于某个大写本（*Codex grandior*）。历
史学家卡西奥多鲁斯（Cassiodorus）曾提到它，也许在他的指导下写成。[5]

1　*Mittheilungen des K. D. Archaeologischen Instituts Rom*, 1900, Band XV. p. 171. Der Sarkophag
eines Arztes.

2　题辞的全文印在 *Antike Bilderwerke in Rom…beschrieben von Friedrich Matz…F. von Duhn*, 3
vols, 8vo. Leibzig, 1881, Vol. II. p. 346, No. 3127[a]。

3　Garrucci, *Arte Christiana*, Vol. IV. p. 39. 贾鲁西（Garrucci）在上述书中画在玻璃上的奇怪图像
（Pl. 490）表明，犹太人在犹太教堂使用了相同模样的书柜，用来存放犹太教规卷轴。

4　原图高 18 英寸、宽 9¾ 英寸（包括图的边缘）。原图不能摄影，因此，通过洛伦佐图书馆馆
长比亚吉（Biagi）先生以及 G. 迪克逊（G. Dixon）小姐的大力协助，找到了一位能干的画家
弗米利（Attilio Formilli）用水彩画了一幅精确的复制品。他的技巧与品味很高。本书的插图
是从复制画面缩印的。贾鲁西还画过书柜的大体轮廓：*Arte Christian*, Vol. III., P1., 126。

5　关于《阿米亚提努斯钞本》的浪漫故事，H. J. 怀特（H. J. White）先生有完整的讲述：
Studia Biblica et Ecclesiastica, 8vo. Oxf. 1890. II. pp. 273-308。

这幅插图（图 15）刊登在本书的首页上，画面上是以斯拉（Ezra）在写宗教戒律。羊皮纸边缘的字迹比写本时代晚些，文字是：

CODICIBUS SACRIS HOSTILI CLADE PERVSTIS
ESDRA DEO FERVENS HOC REPARAVIT OPUS.

圣经以仇敌的烈焰焚烧，
愤怒的以斯拉得神助，保存了此卷。

以斯拉后面是个书柜（armarium），门敞开着。柜子下部，在门的下方，是油漆或镶嵌成的木板，所以支撑柜子的支架看不见，和拉文纳的图样不相同。柜子的底层放着一卷书和两件东西，一件也许是放笔的匣子，另一件肯定是盛墨水的牛角。上面还有四层，每层都有两卷书。所有的书脊上都有书名，但已经难于分辨。制作本书插图的美术家也不愿意冒险把书名复制出来，免得出错。从顶层左上角开始，柜子内书名的文字如下：

OCT. [1] LIB. (旧约八书)　　REG. (《列王纪》)

HIST. LIB. (《历代志》)　　PSALM LIB. (《诗篇》)

SALOMON. (所罗门《智慧书》)　　PROPH. (先知书)

EVANG. IIII. (四福音)　　EPIST. XXI. (二十一卷书信)

ACT. APOSTOL. (《使徒行传》)

柜门以上的装饰风格和下方相似，整体的形状像个低矮的金字塔，面对观众的是一个十字架，十字架下有两个孔雀从水槽里喝水。43

我很遗憾，不能把这幅精彩图画的丰富色彩呈现在读者面前。柜子是红棕色，书本是深红色，以斯拉穿着绿衣服和一件深红长袍。画的背景为金色，边缘为蓝色，边缘两边是两条银线，最外面是鲜红色。

我起初认为这个柜子代表公元 8 世纪初期英国柜子的风格。但是，如果前面说

1　*Octateuch*，或摩西五书，以及《约书亚书》、《士师记》和《路得记》。

写本为卡西奥多鲁斯所制是正确的，那么柜子应当是意大利的产品。可以设想它和拉文纳的书柜有许多共同之处。应当记得，卡西奥多鲁斯在提奥多里克及其继承人的手下做过官，直到公元 538 年近六十岁时才退休。

基督教的创建，并没有在基本特征上改变图书馆的罗马风格。希腊和罗马的哲学家以及文学家雕像中，偶尔会增加一些早期基督教会神学家，甚至被他们所取代。但是，至少在公元后的最初七百年内，学者们对图书室的配置仍旧按照旧有的模式，只是材料愈加贵重。波依提乌（Boethius）的著作《哲学的慰藉》（Consolation of Philosophy）写于公元 523 年，书中说到"图书室的墙上装饰着象牙和玻璃"。[1] 塞维尔主教伊西多尔（Isidore，公元 600—630 年期间在位）记载说："图书室的建筑师们反对采用镀金的天花板，主张只用云母大理石（Cipollino）铺地面，因为金色会伤害眼睛，而云母大理石的绿色对眼睛有安抚作用。"[2]

像这样的图书室，还可以举出若干例子。但是在做这件事之前，我必须先说一下教皇达马苏斯（Pope Damasus，公元 360—384 年在位）建立的档案室（Archivum）。它与纪念圣劳伦斯的廊柱大厅连在一起，建于马蒂乌斯园中，离庞贝剧院（the Theatre of Pompeii）不远。在廊柱大厅主要入口处的上方，有一段题词，其结尾部分如下：

ARCHIVIS FATEOR VOLUI NOVA CONDERE TECTA

ADDERE PRAETEREA DEXTRA LAEVAQUE COLUMNAS

QUAE DAMASI TENEANT PROPRIUM PER SAECULA NOMAN.

我承认早就想为档案建立新的储存所，在它的左右两方增添一些廊柱，为的是永久保存达马苏斯的名字。

这几行费解的诗文便是我们关于此建筑物所知的一切，或者据称，这幢建筑被圣哲罗姆称为"罗马教会"（chartarium ecclesiœ Romance）。[3] 无疑它存放了拉丁教会的正式档案文件，直到 7 世纪这些材料才迁移到拉特兰去。整个建筑群于 1486 年

---

1 *Consol. Philosoph.*, Book I. Ch. 5. Nec bibliothecæ potius comptos ebore ac vitro parietes quam tuæ mentis sedem requiro.

2 *Origines*, Book VI. Ch. 2. Cum peritiores architecti neque aurea lacunaria ponenda in bibliothecis putent neque pavimenta alia quam a Carysteo marmore, quod auri fulgor hebetat et Carystei viriditas reficiat oculos.

3 *Apol. adv. Rufinum*, II, 20: Opera, ed. Vallarsi, II. 549.

被拉斐尔·利亚里奥大主教（Cardinal Raphael Riario）所拆毁。他是西克斯图斯四世的侄儿，行为放荡，拆毁建筑物是为了给自己建新宫殿，现在被称为大主教宫（Palazzo della Cancelleria）。教堂重建在新地方，达马苏斯教皇的名字还留在它的名称上：S. Lorenzo in Damaso。旧建筑群平面图以及有关它设备安排的记录，看来现在都已不存在了。我把读者的注意力引向这个建筑，但它与我的主题并无真正的联系，唯一的理由是上述引文第二行中的一个词：column。杰出的德罗西（De Rossi）认为它的含义是 colonnades（柱廊）；他又认为达马苏斯模仿的是罗马的一个异教的大图书馆，而这个大图书馆模仿的又是帕伽马的典型图书馆。[1] 根据德罗西的这个看法，达马苏斯开始时在广场的中央建立了长方形大厅，为的是纪念圣劳伦斯，然后在南北两边增建了柱廊（Colonnade，或 loggia），可以从那里直通安放档案材料的房间。拉齐亚尼先生也持这种看法，毫不犹豫地追随德罗西。我却不愿意接受看来没有事实根据的理论。我觉得比较稳妥的理解是把那个词当作长方形大厅的侧廊，或大厅前方的柱廊，我们在圣克莱门特教堂（San Clemente）或者他早期教堂里都看见过这样的建筑形式。

有一封公元 441 年写给里昂主教欧切琉斯（Eucherius，Bishop of Lyons）的信，写信人是鲁斯提库斯（Rusticus），为他少年时代常去的一个图书室作出美好的描画，说大约在公元 400 年前后：

> 我回想起多年前还是个孩子的时候，常去一位熟悉世俗文学的男子的图书室里浏览书籍。那里有许多演说家、诗人的肖像，由嵌石细工、石膏或不同色彩的蜡塑成，图书室主人在每个肖像下面写下了题辞，描述每个人的特色。当他遇到一位众人公认的优秀诗人时，比如说：维吉尔，他就会写出下面的词句：

Virgilium vatem melius sua carmina laudant；

In freta dum fluvii current，dum montibus umbræ

Lustrabunt convexa，polus dum sidera pascet，

Semper honos nomenque tuum laudesque manebunt.

1　*De Origine Historia Indicibus scrinii et bibliothecæ, Sedis Apostolicæ Iommentatio Ioannis Baptistæ de Rossi...*4to. Romæ, 1886, Chapter V. 简短而准确的摘要在 Lanciani, *Ancient Rome*, 8vo. 1888, pp. 187–190 可以找到。在这个困难问题上，埃尔勒（C. J. Ehrle）神父给了我许多帮助。

维吉尔本人的诗最适合赞美维吉尔：

只要江河仍在流入深海，

只要阴影仍在掠过山丘，

只要群星仍在天空草原上牧放，

你的荣耀、名誉和赞美就永世长存。[1]

阿加佩图斯（Agapetus）于公元 535 年当选为教皇，但是当选后只活了一年。他曾经打算与卡西奥多鲁斯合作，建立一个学院来培训基督教的传教士。为了这个目的，他在卡立安山上选定了一所房子，后来这房子为圣格列高利（S. Gregory）所占，改为一所修道院。阿加佩图斯原来的方案已有若干进展，在房屋内建立了一个图书馆。艾因西德伦写本（Einsiedlen）的作者于公元 9 世纪访问罗马，曾在"圣格列高利的图书馆"见到下面的题辞——他说的就是圣格列高利一世教堂（Church of San Gregorio Magno）附设的图书馆：

这里坐着长排的可尊敬的队伍，

他们教导神圣法则的秘密真理：

阿加佩图斯也在其中占了一席，

他为保护图书建立了美好馆舍；

大家同样辛苦，同样享受赐福，

他们的语言不同，但信仰相同。

上述文字无疑表示，墙上挂着一长串基督教教父的肖像，包括阿加佩图斯本人；他获得了一个位置，是因为替他们的著作建立了漂亮的家园。[2]

1　*Sidonii Apollinaris Opera*, ed. Sirmondi. 4to Paris. 1652. Notes. p. 33. 信件我翻译得比较自由，原文如下：Sed dum hæc tacitus mecum revolvo, occurrit mihi quod in Bibliotheca studiosi sæcularium litterarum puer quondam, ut se ætatis illius curiositas habet, prætereundo legissem. Nam cum supra memoratæ ædis ordinator ac dominus, inter expressas lapillis aut ceris discoloribus, formatasque effigies vel Oratorum vel etiam Poetarum specialia singulorum autotypis epigrammata subdidisset; ubi ad præiudicati eloquii venit poetam, hoc modo orsus est. 题词最后三行摘自：*Aeneid*, Book I. 607. 翻译信件最重要部分应归功于 Lanciani, *ut supra*, p. 196. 翻译维吉尔的诗应归功于库宁顿（Conington）教授。

2　题辞全文和我讲述阿加佩图斯的故事以及他的著作，都出自 De Rossi, *ut supra*, Chap. VII. p. lv.

阿加佩图斯的死亡中断了他的计划，但是他的朋友卡西奥多鲁斯在意大利南方实现了这个遗愿。卡西奥多鲁斯于公元 538 年从宫廷退休后，回到家乡斯奎拉斯（Squillace）的近郊，在那里建立了"一个修道院。说得更准确些，是两个修道院，一个为了禁欲苦行的隐士，另一个为了一般住院僧侣。前者位于'蒙斯·卡斯勒琉斯（Mons Castellius）美好的隐秘处'；后者位于灌溉方便的果园中，卡西奥多鲁斯曾在佩里拉河（Pellena）附近建立了鱼塘维瓦利亚（Vivaria），果园同样以此命名"。[1]在他的观念中，图书馆对修道院弟兄的日常生活有重要的意义。他没有说到图书馆的规模和内容，但却花了许多美妙语言来谈论发挥图书作用、增进图书美观的各种措施。一批装订工人给手稿穿上了端庄的服装；自动加油灯为夜间工作者照明；白天用日晷、晚上用水钟来报告时间。这里还有一个"缮写室"（scriptorium），不仅复制《圣经》及其注释的写本，而且还勤恳地复制异教的古代杰作。[2]

有些被遗忘的图书馆，在我们的眼中也许无足轻重，但是在最黑暗的年代里却是文化中心。塞维尔主教（600—636 年）伊西多尔的书斋曾经从这些图书馆收集了许多图书，有关这方面的信息逐渐完整地流传到我们手中。有一个最古老写本上说："谁创作的诗，就放在谁的柜子里。"[3]这些著作已经被保存下来了：作者的名字就铭刻在作者的肖像下面。一共有十四个柜子，其安排顺序如下：

I. 奥利金（Origen）

II. 奚拉里（Hilary）

III. 安布罗斯（Ambrose）

IV. 奥古斯丁（Augustine）

V. 哲罗姆（Jerome）

VI. 克里索斯托（Chrysostom）

VII. 西普里安（Cyprian）

VIII. 普鲁登蒂乌斯（Prudentius）

IX. 阿维图斯（Avitus），尤文库斯（Juvencus），塞杜里乌斯（Sedulius）

X. 尤西比乌（Eusebius），奥罗修斯（Orosius）

XI. 格列高利（Gregory）

XII. 利恩德尔（Leander）

XIII. 狄奥多西（Theodosius），保卢斯（Paulus），盖尤斯（Gaius）

XIV. 科斯马斯（Cosmas），达米安（Damian），希波克拉底（Hippocrates），盖仑（Galen）。

---

1   *The Letters of Cassiodorus* [etc.]. By Tho. Hodgkin, 8vo. Lond. 1886, p. 54.

2   Cassiodorus, *De Inst. Div. Litt.* Chap. XXX, p. 1145, 46. Ed. Migne. De Rossi, *ut supra*.

3   Versus qui scripti sunt in armaria sua ab ipso [Isidoro] compositi. *Cod. Vat. Pal.* 1877，这是来自德国洛尔施（Lorch）的一个写本。De Rossi, *ut supra*, Chap. VII.

　　上述作家大概是伊西多尔特别仰慕的人物，或者是他有特殊理由表示追念的。前面七位都是神学家。他们名字下的书柜里，不仅放置了他们的著作，而且还有《圣经》、注释、一般论述神学的书籍。尤西比乌和奥罗修斯是教会史学家；狄奥多西、保卢斯和盖尤斯是法学家；科斯马斯、达米安等人是医学家。但是基督教诗人（从普鲁登蒂乌斯到塞杜里乌斯）并不需要两个柜子来安置他们的著作。教皇格列高利一世也不需要整个柜子。最后，利恩德尔是伊西多尔的哥哥，他只是由于兄弟感情才得到这个位置。因此，我猜想这些肖像只是起纪念作用，肖像下面柜子内的书并不一定与肖像都有关系；比如说，其中可能有一些世俗的文学作品，伊西多尔在这方面是很精通的。

48　　　至于室内的诗歌，[1]开头是三个挽歌对句，标题为《图书名目》（*Titulus Bibliothece*），大概是安置在入口的门上的：

> Sunt hic plura sacra，sunt hic mundalia plura：
>> Ex his si qua placent carmina，tolle，lege.
> Prata vides，plena spinis，et copia florum；
>> Si non vis spinas sumere，sume rosas.
> Hic geminæ radiant veneranda volumina legis；
>> Condita sunt pariter hic nova cum veteri.

> 这里有神圣的书，也有世俗的书；
> 如果你喜爱诗人，就读他们的作品吧。
> 我的草地上布满荆棘，但也有花朵；
> 如果你讨厌荆棘，就享受玫瑰吧。
> 这里还有法律，订在庄严的厚册里；
> 新书和旧书一样，都很齐全。

　　至于图书的作者，有的人用一个对句来描写，有的则用几个对句，这要看写诗

1　*Isidori Opera Omnia*, 4to, Rome, 1803. Vol. XII. p. 179.

人的兴趣而定。我在下面引用了关于圣奥古斯丁的几行诗：

Mentitur qui [te] totum legisse fatetur，

　An quis cuncta tua lector habere potest？

Namque voluminibus mille，Augustine，refulges，

　Testantur libri，quod loquor ipse，tui.

Quamvis multorum placeat prudentia libris，

　Si Augustinus adest，sufficit ipse tibi.

有人说读透了你的书，那是在说谎；

难道哪个读者能领悟你的全部作品吗？

你的广博天赋展现在千万个卷轴里，

奥古斯丁，你的书证实了我的话：

虽然别人的学问也很优美，

谁有了奥古斯丁，也就足够了。

　　这些诗的最后一篇是《致闯入者》（ad Interventorem），末尾的对句写得太妙，不能不读：

Non patitur quenquam coram se scriba loquentem；

　Non est hic quod agas，garrule，perge foras.

作家和空谈家没有共同之处：

空谈家出去吧，这里没你的位置。

　　讲完三首诗以后，我这个段落就可以结束了。上面讲的内容可以称为异教图书馆在后期充分发展中的情况。不幸的是，那个遥远时代的热心人没有为我们留下当时图书馆的完整描写，我们只好从某个叙述中摘取某个细节，从另一个叙述中摘取 49 另一个细节，这样拼凑为完整的图画。我称为"书格系统"的设备只适用于卷轴，

逐渐为书柜所代替，它在必要时可以盛放书卷，就像巴勒斯特拉宅邸里石棺上的图像（图13）显示那样，但是主要是为册页（codices）而设计的。这些书柜有的很朴素，有的装饰很华丽，根据主人的品味或钱财而定。同样的条件也决定了地面、墙面以及屋顶的装饰。人们的意图很明显，选择用于图书的房间不应该派作别用。由于图书都放在书柜里，外面看不见，就需要一些文字题辞来作为图书的标识。还有一些各种材料制成的作者肖像——他们的著作就在书柜里，有的肖像属于其他方面的杰出人物，或者是图书室主人的亲属、朋友。

　　罗马人关于图书馆的观念在1587年由教皇西克斯图斯五世实现了，[1] 那一年，建筑师丰塔纳（Fontana）完成了设计，现在的梵蒂冈图书馆开始动工。我不知道，是否有当时的记录，证明教皇或他的助手设想出了这个直接模仿罗马的建筑。但是，只要对这个大厅（图16）略略审视一下，就可以明显看出：我们面前是个罗马特征的图书馆。[2] 而且，如果考虑到文艺复兴的倾向，特别是在意大利，就没有理由期待在那样的地方、那样的时候出现别的设计。

　　这个高贵的大厅也许是用作图书馆的最辉煌的建筑了。它从东到西横跨了贝尔维迪宫（Cortile del Belvedere），两端各有一个进口，与连接贝尔维迪宫与梵蒂冈宫的长廊相通。大厅长184英尺，宽57英尺，由六根方形巨柱分为两部分。巨柱支撑着四方形的穹顶。南北两面墙上各有七扇大窗。大厅内看不见书，书都装在朴素的书柜中；柜子高7英尺，深2英尺，围着巨柱或靠着窗户间的墙安放。书柜的安排，从大厅全貌（图16）和一个打开的书柜（图17）的画面上看得很清楚。

　　墙和拱顶的各部分都再现了罗马的装饰方法，但又互不相同。古代的伟大作家形象不在其中，这很引人注意；只有表现人类进步的形象——传说中发明字母的人物。墙上的壁画描绘了伟大图书馆的创建，基督教会议开会建立大教堂的场面。拱顶记载了西克斯图斯五世带给罗马的恩德，每个窗户上方有一幅历史画；再向上是一些庄严的人像，代表着神圣的理念——"皇位、统治、公国、道德、权

1　参考 Hen. Stevenson, *Topografia e Monumenti di Roma nelle Pitture a fresco di Sisto V. della Biblioteca Vaticana*, p. 7, in *Al Sommo Pontefice Leone XIII. Omaggio Giubilare della Biblioteca Vaticana*, Fol. Rome, 1881; and also *Le Vatican*, par MM. Goyaw, Pératé, Fabre, first pub., in 1895。

2　兰齐亚尼先生是第一位提出把梵蒂冈图书馆和古代罗马图书馆相比较的人（*Ancient Rome*, p. 195）。

图 16 梵蒂冈图书馆大厅，朝西望

图 17　梵蒂冈图书馆一个打开的书柜
摄影。

力"——周围画着天使、仙女以及传说中的半人半兽怪物。这里是异教和基督教的奇怪结合，画面的周边是花环和阿拉伯式的精巧图案，每一个空白处都装饰着西克斯图斯家族的纹章。这一切编织成色彩艳丽、形式可爱的大网，既复杂混乱，又有条理。[1]

也许可以问一句：这个大厅建成这样，是用来读书的吗？大理石地面、华丽的装饰、没有书桌和椅子等读书的设备，表明这地方是给人看，而不是给人使用的。与之相反，奥古斯都时代的大图书馆，就我们的判断而言，既可以作会议场所，又可以作阅览室，有学问、没学问的人都能够享用。在总的安排和面貌方面，梵蒂冈图书馆应该酷似罗马皇帝建立的先例才对。

1　本书的附录中载有这些装饰的详细叙述，还附有图书馆的平面图（图18）。

第二章

　　前章所收集的证据表明：公元后许多世纪以来，我称为罗马式的图书馆观念是怎样持续下来的，甚至基督教会的神职人员也奉行这样的模式。下面，我将追溯另一类，与基督教直接关联的图书馆的起源。我们将发现，这个新群体所使用的书籍都存放在他们聚会做礼拜的地方或近处，就像古代把同类宝物交给庙宇来保管一样。

　　要理解发生的原因是容易的。做礼拜所必需的书籍通常都掌握在负责管理信徒聚会场所的神职人员手中。这些书籍在开始时都和传道的服装、神圣器物放在一起，视为同类。后来，用于教诲、劝谕的论著日益增加，就形成了图书馆的雏形。

52　　这些图书馆的存在不仅根据推测。在教父和其他作者的文章中，都多次提到它。例如，圣哲罗姆（S. Jerome）就劝告一位和他通信的人经常去教堂图书馆求教，那语气仿佛每个教堂都有图书馆。[1] 既然这方面的材料很普遍、包括了图书的安排和规模，我们就不用在这个题目上花太多时间了。[2]

　　据我发现的记录，最早的图书收藏起始于耶路撒冷，主持人为亚历山大主教（Bishop Alexander），他死于公元 250 年。大约八十年后，尤西比乌（Eusebius）写作《教会史》（*Ecclesiastical History*），把这个图书馆描写为历史记录的储存所，他本人的

1　*Epist.* XLIX. § 3. Ad Pammachium. Revolve omnium quos supra memoravi commentarios, et ecclesiarum bibliothecis fruere et magis concito gradu ad optata coeptaque pervenies.

2　我应当承认，我从《图书馆》一文中获益良多；该文载《基督教古物辞典》（*Dictionary of Christian Antiquities*），提供了许多参考资料。

工作也从中获益良多。[1]另一处更重要的图书收藏在巴勒斯坦的该撒利亚（Cæsarea）。圣哲罗姆说得很清楚，它是潘菲鲁斯（Pamphilus）创建的，"此人收集图书的热情比得上德米特里（Demetrius）、法勒留斯（Phalereus）和庇西斯特拉图斯（Pisistratus）"。[2]这个图书馆想必在耶路撒冷那一所成立后不久就完成了，因为潘菲鲁斯在公元 309 年就殉道牺牲了。它不仅规模庞大，而且因为保存着重要写本而卓越不凡。这里有《马太福音》的希伯来文原本，[3]还有奥利金（Origen）的大部分著作，都是潘菲鲁斯费尽力气收集的。潘菲鲁斯就是奥利金的学生和忠诚仰慕者。圣哲罗姆本人在这图书馆工作过，当奥利金编集六种译文并列的《旧约全书》（Hexapla）时，他为奥利金校对过许多写本。[4]在西尔塔（Cirta），教堂和图书馆显然都在同一幢房屋里，这从公元 303—304 年教会遭受迫害的讲述中可以看出来。讲述说，"官员们走进基督教徒习惯于聚会的房屋（domus）"，拿走了一份教徒捐款和服装的清单。叙述者说，"但是他们走进图书馆时，却发现那里的书柜全都是空的"。[5]公元 430 年奥古斯丁临终时，曾经指示在 [希波（Hippo）] 教堂内的"藏书和一切手稿都要由他的继任者妥善地保存"。[6]

进一步研究表明：我们有理由相信，如果教堂内有三层半圆形壁龛，那么内层的两个必然由门或帘幕隔开，一个用来安放神圣器物，另一个安放图书。1876 年在罗马发现了一所私人的小礼拜堂，厚厚的墙体内就存在三个凹室；德罗西在解释时提出了上述观点。[7]他的看法与诺拉主教（Bishop of Nola）保罗（Paulinus，公元 353—431 年在世）的说法相符；这位主教在诺拉建立了一个长方形廊柱大厅式教堂，纪念殉道者圣菲利克斯（S. Felix）。他描述说："一个半圆形壁龛分为三间（apsidem

53

1　*Hist. Eccl*. VI. 20. ἤκμαζον δὲ κατὰ τοῦτο πλείους λόγιοι καὶ ἐκκλησιαστικοὶ ἄνδρες ὧν καὶ ἐπιστολὰς ἅς πρὸς ἀλλήλους διεχάραττον ἔτι νῦν σωζομένας εὑρεῖν εὔπορον, αἳ καὶ εἰς ἡμᾶς ἐφυλάχθησαν ἐν τῇ κατὰ τὴν Αἰλίαν βιβλιοθήκῃ πρὸς τοῦ τηνικάδε τὴν αὐτόθι διέποντος παροικίαν Ἀλεξάνδρου ἐπισκευασθείσῃ, ἀφ' ἧς καὶ αὐτοὶ τὰς ὕλας τῆς μετὰ χεῖρας ὑποθέσεως ἐπὶ ταὐτὸ συναγαγεῖν δεδυνήμεθα.

2　*Epist*. XXXIV., *Ad Marcellum. De aliquot locis Psalmi* cxxvi. Migne, Vol. XXII. 448.

3　*Ibid. De Viris Illustribus*, Chap. 3. Migne, Vol, XXIII. 613. Porro ipsum Hebraicum habetur usque hodie in Cæsariensi bibliotheca quam Pamphilus martyr studiose confecit.

4　*Comment. in Titum*, Chap. 3. v. 9. Unde et nobis curæ fuit omnes Veteris Legis libros quos vir doctus Adamantius in Hexapala digesserat de Cæsariensi bibliotheca descriptos ex ipsis authenticis emendare.

5　Optatus: De *schismate Donatistarum*. Fol. Paris, 1702. App. p. 167.

6　*Augustini Opera*, Paris, 1838, XI. p. 102.

7　*Bulletino di Archeologia Christiana*, Serie terza, 1876. p. 48.

trichoram)"。[1] 在大壁龛内是两个凹室，一个在左方，另一个在右方。"各有两行诗句指明用途。"[2]

在壁龛的右方

His locus est veneranda penus qua conditur, et qua
Ponitur alma sacri pompa ministerii.

这里存放着神圣的器物，
有我们神圣仪式的法衣。

在壁龛的左方

Si quem sancta tenet meditandi in lege voluntas
Hic poterit residens sacris intendere libris.

思考着上帝戒律的人们
可以坐在这里阅读圣书。

德罗西解释说，两个凹室中第一个安放神坛上使用的器物和家具，第二个用来保存圣书。trichora 这个词语，在希腊文中是 τρίχωρος，后世作家用来表示任何物体分解为三份。例如狄奥斯科里斯（Dioscorides）就用它来指金合欢树的心皮。[3]

---

1 *Epist.* XXXII. § 10. (ed. Migne, Vol. LXI. p. 335). Basilica igitur illa...reliquiis apostolorum et martyrum intra apsidem trichoram sub altaria sacratis.

2 *Ibid.* § 13. Cum duabus dextra lævaque conchulis intra spatiosum sui ambitum apsis sinuata laxetur, una earum immolanti hostias jubilationis antistiti parat; altera post sacerdotem capaci sinu receptat orantes...§ 16. In secretariis vero duobus quæ supra dixi circa apsidem esse hi versus indicant officia singulorum.

3 Book I. Chap. 2. *De Acacia.* φέρει σπέρμα ἐν θυλάκοις συνεζευγμένοις τριχώροις ἢ τετραχώροις. 亦可查阅 Book IV. Chap. 167。半圆壁龛的使用亦见于 Lenoir, *Architecture Monastique*, 4to. Paris. 1852. Vol. I. p.111.

不管关于半圆形壁龛的用处讲得是否准确，无可置疑的是，前面提到的纯基督教图书馆都和基督教堂有或多或少的联系。我还认为，中世纪那些与修道院和大教堂联系在一起的图书馆，便是它们直系后代。

下面我将要谈到由修道士群体建立的图书收藏，这样的群体可以追溯到很早的年代。在公元后最初的三百年，有一些基督教徒热情洋溢，他们不满意在非洲和叙利亚海岸的大城市里享受浮华生活，而愿意逃进埃及的沙漠中去，在那里禁绝欲望，从事宗教沉思。这样的隐居者很快有别的隐居者来汇合，逐渐形成小小的团体，有严格的组织，预示了后来修道院的教规与习俗。原始修道群体的领导人体会到，如果没有图书，团体的成员将陷入野蛮状态；因此他们收集了一批图书。按圣帕科米乌斯（292—345）教规创建的修道院位于上埃及的塔本尼西（Tabennisi），离登德拉（Denderah）不远；他的教规确定，把图书保存在厚墙中的一个柜子（fenestra）里面；任何教士想读书可以借出一本，但一星期后必须归还。教士不许在做礼拜或用餐时把书本打开不管。在夜间，管理人会呼喊"时刻已到"，就是说，应该把书本清点、锁起来了。[1]

55

这些很早时代就确立的规定，成为我的主题最重要部分的引言——修道士团体对图书的照料。有了这些规定，保存图书和制作图书才开始形成一套体系；在中世纪的公共图书馆——修道院图书馆中，书籍才有家可归，直到后来发明了印刷术，这套体系又传布到整个社会，由某些特殊的群体来负责实施，管理更加完善。研究这个主题充满着困难。虽然我希望在修道院图书馆的位置、规模、设施等方面达到某些肯定结论，但我应当承认，我的结果在相当程度上是靠类比和推理得来的。大家应该还记得三百多年前，英国的修道院在一场大灾难中被消灭干净；那些破坏修道院的人们忙于自己的事情，根本不会想到对破坏的东西留下什么记录。在法国，修道院受到大革命

1　Holstein, *Coldex Regularum*, fol. 1759. I. Regula S. Pachomii, No. C. p.31. Nemo vadens ad collectam aut ad vescendum dimittat codicem non ligatum. Codices qui in fenestra id est intrinsecus parietis reponuntur ad vesperum erunt sub manu secundi qui numerabit eos et ex more concludet. fenestra 这个词在前面《教规》一节中说明过，No. LXXXII. p. 30. Nullus habebit separatim mordacem pavulam ad evellendas spinas si forte calcaverit absque Præposito domus et secundo: pendeatque in fenestra in qua codices collocantur. 迪康热（Ducange）说，fenestra 这个词是指存放神圣器物的小柜子，但这里显然说的是墙上的凹穴，有门加以遮挡，就像后来 armaria 一样。关于帕科米乌斯及其开创的事业，可参阅 *The Lausiac History of Palldius*, by Dom Cuthbert Butler, 8vo. Camb. 1893. esp. p. 234。

的摧毁才一百多年，虽然许多伟大宗教建筑的描述和图像都保存下来，在编纂写本的目录上也做了大量的工作，但是，在我的特殊主题上，仍旧存在着可悲的欠缺和不足。

56　　　我将从引用圣本尼狄克的教规以及各教派团体的习俗开始说起。这些材料表明：（1）圣本尼狄克本人鼓励读书，推动读书，由此，我们见到的修道院生活才找到了起源；（2）以后，随着一个又一个教派团体的创建，对书籍的感情稳步发展，对图书的保存、照料不断增进，这些情况都可以追溯获得。

圣本尼狄克的《教规》早在公元 6 世纪就公布了；后来兴起的教派团体不过是这棵大树上的分支，或者直接采用他的《教规》，或者在它的基础上制定自己的新规。因此，研究必须从圣本尼狄克就学习这个专题发表的言论开始。我把他的《教规》第四十八章："论每日体力劳作"的若干文字翻译在下面：

> 懒惰是灵魂的大敌，所以，兄弟们应当在某些季节从事体力劳作，而且在某些时刻阅读神圣的书籍……
>
> 从复活节到十月的第一天，他们应当从第四小时开始阅读，直到接近第六小时。
>
> 从十月的第一天到大斋节，他们应当阅读到第二小时……在大斋节期间，他们应当从早晨开始阅读，直到第三小时结束……在这期间，每人可以从图书室内拿到一本书，把它读完。这些书从大斋节开始出借。[1]

上述段落中特别提到了"图书室"（library），实际上也许只是一个书柜。换句话说，在那样早的时代，已经考虑到了图书收藏，其规模足以供给教派成员每人一本，这里还不包括教堂里做礼拜时需要使用的书籍。

本笃会兴旺发展了四百多年；大约在公元 912 年，建立了克吕尼会（Order of Cluni）。它的名称来自勃艮第（Burgundy）的一所修道院，距离马松（Mâcon）不远。这里虽然不是该会建立最早的起源地，却是规模最大、财富最多、名气最高的地方。教会创始人的主要观点就是要严格遵守圣本尼狄克的《教规》。本尼狄克
57　　　关于学习的指示得到了继续和发展。《惯例》（*Customs*）关于图书问题作出了下面

1　*Benedioti Regula Monachorum*, ed. E.Woelffin, Leipzig, Teubner, 1895.

的规定：

> 在大斋节的第二天，全体修道士大会上宣读的《教规》章节，只有关于大斋节的仪式部分。
>
> 然后，需要朗读一年之前分发给弟兄们阅读的书籍名单（brevis）。当呼唤一位弟兄的名字时，他要站起来，交回给他的那本书。如果他还没有读完，就应该因为不勤奋而请求宽恕。
>
> 在全体大会的会堂前铺上一幅地毯，归还的书籍就放在上面。重新分发给弟兄们的图书书名必须记录下来，列在一张表格上，表格的篇幅比通常要大一些。[1]

在随后的一章中，又规定所有图书都交给一个教士管理，"他被称为'领班人'（precentor），或 armarius；因为他负责照管图书室——又称 armarium（书柜）"。[2] 这样的安排表明，所有的图书，不论是否礼拜所用，都被视为教会的财产。

我在下面介绍兰弗朗克大主教（Archbishop Lanfranc）约于1070年前后给英国本笃会人士的诏令。诏令说："我们送给你们本会的书面《惯例》，它是从当代最有权威的教派《惯例》（*Cænobia*）中挑选出来的。"[3] 其中有关图书的部分十分有趣，我把它翻译出来：

> 在大斋节第一个星期日之后的星期一……图书管理人（custos librorum）应当事前通知弟兄们把图书集中到大会堂，放在一个地毯上，只有去年一年内出借给

58

1　*De secunda feria quadragesimæ*. In capitulo nequaquam alia Regulæ sententia legitur quam quæ est de quadragesimâ. Recitatur quoque *Brevis* librorum qui anno præterito sunt ad legendum fratribus erogati. Cum quilibet frater nominatur, surgit, et librum sibi datum reddit: et si eum forte non perlegerit, pro indiligentiâ veniam petit. Est autem unus tapes ibi constratus super quem illi libri ponuntur, de quibus iterum quanti dantur, dantur cum *Brevi*; et ad hoc est una tabula aliquantulum major facta. *Antiquiores Consuetudines Cluniacensis Monasterii*: Lib. I. Chap. LII. D'Achery, *Spicilegium*, fol. 1723, I. 667.

2　*Ibid.* Lib. III. Chap. X. *Ibid.* 690. *De Præcentore et Armario.* Præcentor et Armarius Armarii nomen obtinuit eo quod in ejus manu solet esse Bibliotheca quæ et in alio nomine Armarium appellatur.

3　Reyner, *Apostolatus Benedictinorum in Anglia*, fol. 1626. App. Part III. P. 211. 兰弗朗克在序言中自称为卢昂主教。这些诏令想必是在1067年8月至1070年8月期间颁发的，当时他已出任坎特伯雷大主教。

教士阅读的图书除外。这些书应当由弟兄们进入会堂时拿在手中；他们在前一天
就应当得到图书管理人的通知。然后，宣读圣本尼狄克《教规》中有关大斋节仪
式的段落，宣讲它的意义。由图书管理人宣读去年借阅图书的弟兄们的名单；每
位弟兄听到他的名字时，便把交给他的图书归还。有些人意识到自己不曾读完所
借图书，他们应当低下头来，承认错误，祈求宽恕。

　　然后，图书管理人给每位弟兄另外一本书。这些书按次序分配完毕后，
图书管理人要把书名和借阅图书的人名当场记录下来。[1]

　　我认为可以肯定，当兰弗朗克写出上述段落的时候，克吕尼会的《惯例》已经
这样实行了。[2] 应当注意到：图书管理人（librarian）这个词，恰好被解释为"书籍
的保管人"（keeper of the books）。但是，在兰弗朗克之后的本笃会修道院《惯例》
中，同样的职责却是由"领班人"（precentor）来执行，同克吕尼会《惯例》一样。
例如：伯克郡（Berkshire）阿宾顿（Abingdon）的一所本笃会修道院，在公元 12 世
纪末的《惯例》中，就有下面的规定：

　　领班人应当保持男孩子和新来者的书柜处于清洁状态，也应当为储存修道
院图书的所有书柜保持整洁。图书损坏时应当修复，为图书加上封面。任何破
损都应当恢复原貌。[3]

　　领班人不能出售、赠送或抵押任何图书。他也不能在没有抵押品的条件下
出借图书；抵押品价值应等于或超过出借的图书。有了抵押品就比控诉一个人
更加安全。除了邻近的教堂或卓越人物外，不应当出借图书给别人。[4]

1　Reyner, *Apostolatus Benedictinorum in Anglia*, fol. 1626. App. Part III. p. 216.

2　我知道达彻利（D'Achery）印出的《惯例》说明年代为公元 1110 年，但不应该假定该文件
　　写于此年。同样的规定也可以在圣伯努瓦（S. Benoit）的本笃会修道院的章程中找到；该院
　　于公元 625 年建立，位置在卢瓦河畔。*Floriacensis vetus Bibliotheca*, 8vo. Lyons, 1605. p. 394.

3　Cantor almaria puerorum juvenum et alia in quibus libri conventus reponentur innovabit fracta
　　præparabit [reparabit?] pannos librorum bibliothecæ reperiet fracturas librorum reficiet. *Chronicon
　　monasterii de Abingdon*（De obedientariis Abbendoniæ）. Rolls Series, II. 371.

4　Cantor non potest libros vendere dare vel impignorare. Cantor non potest libros accommodare nisi
　　pignore, quod tanti vel majoris fuerit, reposito. Tutius est pignori incumbere quam in personam
　　agere. Hoc autem licet facere tantum vicinis ecclesiis vel excellentibus personis. *Ibid.* pp. 373, 374.

伍斯特郡（Worcestershire）伊夫沙姆修道院（Abbey of Evesham）的《惯例》中也有同样规定，形式上略有差异：

> 领班人的职责之一，是委托年轻的修道士照料书柜，保持书柜的完好状态。每当全体修道士集中在回廊时，他在铃声响起之后要立刻巡视回廊，把图书进行调换，免得有些弟兄由于疏忽而忘记了这样做。
>
> 他负责管理修道院的全部图书，他的知识和谨慎态度博得了大家的信任。没有人能够拿走图书，除非经过他的登记。没有充足、适当的担保，图书不能出借给任何人，出借也必须经过他的登记。[1]

加尔都西会（Carthusians）是本笃会大树上的第二个分支（公元1084年），也保留着学习的原始传统。他们不只是阅读书籍，而且还为别人抄写书籍。他们的教规确定了每个"斗室的居住者"（incola celle）能够拥有的家具——这个团体的每个弟兄分开居住，有自己的卧室、工作室和一小片花园地。所有抄写图书用得着的器具都列举出来，"几乎我们收容的每一个人，只要做得到，我们都教他学会抄写。"然后，教规又谈到了学习：

> 他[斗室的居住者]接受两本书（来自书柜）供学习之用。他必须以高度的谨慎保护好这些书：保证它不受烟雾、灰尘或其他污垢的污染。书是我们灵魂的永久食物，必须最细心地加以爱护，也应当最谨慎地制作。我们既然不能用嘴来宣讲上帝的教导，却能够用手来做到这一点。[2]

1　*Mon. Angl.* II. 39. 最后一句原文为：Nullus librum capiat nisi scribatur in rotulo ejus; nec alicui liber aliquis mutuo tradatur absque competenti et sufficienti memoriali, et hoc ponatur in rotulo ipsius. 上面的引语，我引自加斯盖特大师（Dom Gasquet）的作品：Some Notes on Medieval Monastis Libraries, p. 10. 该文载于 *Downside Review*, 1891, Vol. X. No. 2。

2　Adhuc etiam libros ad legendum de armario accipit duos quibus omnem diligentiam curamque prebere monetur ne fumo ne puluere vel alia qualibet sorde maculentur; Libros quippe tanquam sempiternum animarum nostrarum cibum cautissime custodiri et studiosissime volumus fieri vt qui ore non possumus dei verbum manibus predicemus. Guigonis, Prioris Carthusiæ, *Statuta*. Fol. Basle, 1510. *Statuta Antiqua*, Part 2. Cap. XVI. § 9.

60　　　　然而，加尔都西会偶尔也出借图书；条件是任何人都不许违反出借人的意愿长期保留这些图书。[1] 这个规定是怎样执行的，研究起来一定有趣。

西多会（Cistercian Order）建立于 1128 年；它采用本尼狄克教规，其中包括学习和抄写的职责。由于他们迫切需要照料图书，他们比前辈走得更远——把图书委托给专职的人员管理，而不是交给领班。他们还在房屋中腾出专门的房间来安置图书。

我在后面将回到西多会图书室这个有趣的题目上来；目前，我必须翻译该会《惯例》中关于图书的段落——它载于第一百一十五章：《关于领班人及其助手》；作者描述了领班人的各项职责后写道：

> 至于图书和契约文件的制作和保存，修道院长应考虑将此职责委托给什么人。
>
> 受委托的人员需要把图书送进或拿出缮写室的时候，只能走到缮写室的门口，而不允许走进室内。同样，当需要经常使用的图书时，比如说："轮流吟唱曲集、赞美诗歌集、升阶诗歌集、圣句集或餐厅和点心餐室内朗诵的图书——他只能走到新来者、生病者或抄书者的门口，用手势告知他需要什么书，而不能走进去，除非得到修道院长的命令。在用餐或点心结束后，他有责任关上书柜；在劳作、睡眠、就餐或唱晚祷曲的期间，他有责任锁上书柜。[2]

　　　　奥古斯丁会（Augustinian Order）的《惯例》，在图书方面规定得特别周全。我
61　　把剑桥附近巴恩威尔（Barnwell）修道院使用的《惯例》第十四章翻译出来。[3] 它的标题是：《关于图书保全以及图书管理人（armarius）的职责》。这些段落也出现在法国、比利时的《惯例》中，照章执行，因此，我可以料想，它代表了奥古斯丁会的普遍观点与行动。

1　Libros cum commodantur nullus contra commodantium retineat voluntatem. *Ibid*, Cap. XXXII. § 16.

2　*Les Monuments primitifs de la Règle Cistercienne*, par Ph. Guignard, 8vo. Dijon, 1878, p. 237.

3　*The Observances in use at the Augustinian Priory of S. Giles and S. Andrew at Barnwell*: ed. J. W. Clark. 8vo. Camb., 1897, p. 15. 这段话也出现在布鲁塞尔附近格隆恩达尔（Grönendaal）的奥古斯丁会修道院的《惯例》中。MS, in the Royal Library, Brussels, fol. 53. Vᵒ. *De Armario*.

　　图书管理人又称领班，负责管理教会的图书。他应该保管并熟悉每一本书，经常仔细审查这些书，防止因虫咬或腐朽造成的损害。每年大斋节开始，他应当在大会议厅向全体修道士展示这些图书，此时，捐赠图书给教会的人士以及抄写图书的弟兄们的灵魂都将得到赦免，将为他们安排礼拜仪式。他还应当把弟兄们用得着的图书交给他们，在书卷上登录书名以及借书人的名字。借书人应当保证图书的安全，没有图书管理人的允许不得把图书转借给别人（不论是否熟识）。图书管理人本人也不许在没有同等价值抵押品时出借图书，同时，他应当登录这些抵押品。大部头的、珍贵的图书不允许出借给任何人（不论是否熟识），除非得到修道院长的允许……

　　凡是日常使用的图书，不论是吟唱或阅读的，都应当放在公共的地方，便于弟兄们取阅或进行适当的挑选。因此，这些书不允许带到弟兄们的房间里去，也不允许抛弃在回廊或教堂以外的任何角落。图书管理人应当经常扫除这些书的灰尘，加以修补，加上标点，以避免弟兄们在日常使用（吟唱或阅读）中发现错误或遇到阻碍。任何一位弟兄都不能抹去或改动书中的字句，除非得到图书管理人的同意……

　　存放图书的书柜，应当在内层安装木板，防止墙上的潮湿浸染图书。书柜内部应当用横向或竖向的各种架子隔开，以便书籍成排安放，互不干扰；也可避免把图书挤得太紧、互相造成伤害，或者耽误取阅者的时间。[1]

　　此外，图书管理人不仅应当修补、标点、照料图书，而且还应当装订图书。

普雷蒙特雷教派（Prémontré）——以普雷蒙特雷修会闻名，或称奥古斯　62
丁会革新派——在他们的规章《关于图书管理人》中重复了前述的主要内容，只增加了一项新职责：图书管理人不仅出借图书，而且应当为教会的需要从

1　我不知道还有别的中世纪作家曾写过这样一段话来描述书柜（armarium），我抄下原文：in quo libri reponuntur, intrinsecus ligno vestitum esse debet ne humor parietum libros humectet vel inficiat. In quo eciam diversi ordines seorsum et deorsum distincti esse debent, in quibus libri separatim collocari possint, et distingui abinvicem, ne nimia compressio ipsis libris noceat, vel querenti moram inuectat.

外面借入图书。[1]

最后谈一谈托钵会（Friars）。该会禁止拥有财产：圣方济各（S. Francis）甚至不允许他的门徒拥有一册赞美诗或祈祷书。[2]但是他们很快就发现图书是必需品，于是早期的严峻态度也放松了，他们容许图书室的存在。圣方济各死于1226年；仅仅三十四年后，教会于1260年6月10日在纳博讷（Narbonne）召集代表大会，通过了总章程，其中有关于图书的若干规定。这些规定本身并没有多少重要意义，但是它们如此早出现，说明图书是不可缺少的。规定不允许任何弟兄为出售的目的而抄书或组织抄书；未经教会主要领导人允许，省级负责人不得保存图书；任何弟兄不得接受分发给他的图书，除非图书是属于教会的财产等等。[3]一个世纪以后，达勒姆主教（Bishop of Durham）理查德·德·伯里（Richard de Bury）写了《书之爱》（*Philobiblon*）一书（完成于1344—1345年1月24日），其中就谈到了托钵会的书迷以及其他教派门徒。他本人作为正规教派成员，对这些书迷并没有特别的支持。

如果我们转身向别处看，看看城市和托钵修会建立修道院的地方，我们不会不屑于访问他们的图书馆或书库。我们将在极端贫困的环境中发现极端丰富的智慧宝藏。我们在篮子里发现的不只是主人用来喂狗的面包屑，而是祭神用的未发酵面包，天使享用的最美味的白奶油面包，我们会发现约瑟的粮仓里装满了粮食，发现埃及人的全部战利品，示巴女王赠送给所罗门的最珍贵礼物。

这些人像蚂蚁一样在夏天积累食物，像蜜蜂一样不断在蜂房中酿蜜……为了崇拜真理……虽然他们在最后的时刻才来到上帝的葡萄园，但他们在短短的

1　Statuta primaria Præmonstratensis Ordinis, Cap. VII. ap. Le Paige, *Bibliotheca Præm. Ord.* Fol. Paris, 1633, p. 803. Ad Armarium pertinet libros custodire, et si sciverit emendare; Armarium librorum, cum necesse fuerit, claudere et aperire...libros mutuo accipere cum necesse fuerit et nostros quærentibus commodare sed non sine licentia Abbatis vel Prioris absente Abbate et non sine memoriali competenti.

2　圣方济各和希望有一册赞美诗的弟兄的故事见于 *Speculum Perfectionis*, ed. Sabatier, 8vo. Paris, 1898, p. 11。

3　这些规定见埃尔勒神父的文章 *Die ältesten Redactionen der Generalconstitutionen des Franziskanerordens*, 载于 "Archiv für Literatur und Kirchengeschichte des Mittelalters," Band VI. pp. 1-138。这处引用的一段话在第111页上。

时间里积累的神圣书籍却超过了其他的葡萄种植人。他们追随着保罗的榜样，最后被召唤却第一个传布教理，把基督的福音传送得比任何人都更广远。[1]

在阿西西（Assisi），在方济各会起源的修道院里，有一个规模相当宏大的图书馆，许多书籍至今仍旧存在，还有一份编制于 1381 年的图书目录。

写到这里，我可以作出若干结论了；在考察过本笃会教规以及根据它制定的许多惯例之后，我总结出下面几条情况：

首先，所有文件都认定了图书收藏的存在。圣本尼狄克只满足于指出了学习的总方向。克吕尼会把图书交给"领班"管理（他也称为 armarius）。他们规定对图书进行年度清理，给每一位教士弟兄分派一册图书，并且以书面形式登记了这个事实，以保证安全。本笃会采纳了相同的规定，对图书管理人的职责作了更多补充：他应当保持书柜和图书处于完好状态，并且亲自监督手抄图书的日常使用，把弟兄们读过的材料放回原地。在这些规定中，第一次出现了允许向弟兄们凭抵押出借图书的条文。加尔都西会保留了出借图书的原则，但每位弟兄可以得到两册书，必须特别注意图书的整洁。西多会指派了专人管理图书，特别注重图书的安全，每天在一定时刻锁上书柜。奥古斯丁会和普雷蒙特雷教派都仿效克吕尼会和本笃会。普雷蒙特雷教派还指示图书管理人把修道院所有借入与借出的图书全部登记下来；他们也和西多教派一样，每天在规定时刻打开和锁上书柜。

其次，在兰弗朗克为英国本笃会制定规章的时候，明显的事实是：图书数量已经超过了弟兄的人数，因为图书管理人奉命把全部图书都陈列在会议大厅中，然后每位弟兄再手持各自借到的一册书逐个进入会场。[2] 在属于修道院的图书中，有一些是用于做礼拜的书籍。从规定的语气看来，我们可以得出结论，在 11 世纪末期的本笃会修道院里，共有两套图书：（1）分派给弟兄们阅读的书籍；（2）保存在安全处所的藏书。用现代的语言来说，他们有一个供出借用的图书馆和一个供作参考资料的图书馆。

1　*The Philobiblon of Richard de Bury*, ed. E. C. Thomas, 8vo. Lond. 1888, p. 203.

2　在克吕尼会的《惯例》中，分派给每个弟兄的图书都要放在地毯上。现在很难理解这类分派仪式的理由，规定每个弟兄可以选择一本书。而早期弟兄们没有隔开的小单间，这不能不意味着要预防同一时间两个弟兄要用同一本书的危险。可能是为了保持纪律，保证执行关于学习的规定。

　　最后，按照一定的安全保证把图书出借给普通人士，这种做法很早就开始了。因此，我敢于冒昧地把修道院的藏书室称为中世纪的公共图书馆。随着时间推移，出借图书的措施逐渐发展，最终普遍实行。各地修道院接受上级的指令，把这项活动当做他们的职责。1212 年，在巴黎召集了一次代表会议，作出了下面的决定（我还不能肯定，它在法国境外是否被接受执行）：

　　　　我们禁止任何宗教教派成员宣誓反对把图书出借给需要读书的人；我们认为，出借应当列为主要的慈善行动。

　　　　应当在慎重考虑后，把一些书籍保存在院里供弟兄使用，另一些书籍根据院长的决定出借给需要阅读的人，但修道院要保留所有的权利。

　　　　从现在起，任何图书都不能通过诅咒的措施 [诅咒出借行为] 而滞留，我们宣布所有此类诅咒无效。[1]

65　　　在同一世纪，巴黎圣维克多修道院（奥古斯丁会）接受了大量的图书捐赠，公开的条件便是：这些图书应当出借。[2] 更不用说，修道院之间的图书互借活动始终在继续进行，有的是为了阅读，有的是为了抄录。[3]

　　自由出借图书的修道院，大概也是第一批放松管理的单位，愿意容纳院外陌生人进入图书馆。从 16 世纪开始，巴黎的圣日耳曼修道院（本笃会）和前面提到的圣维克多修道院都规定，在一个星期的某几天内，图书馆向所有来访的人士开放。

　　如果我们想了解修道院团体对待图书的感情，我们就应当记住，他们的态度就像父亲对儿子一样。许多情况是：这些书是在修道院里抄写出来的，而且就在那个修道院一代又一代传留下去，为大家阅读。如果不是这样，也许有些书是用修道院抄写的书去交换获得的。因此，如果有些书不是儿子，至少也是侄儿。

1　Delisle, *Bibl. de l'École des Chartes*, Ser. 3, Vol. I. p. 225. Interdicimus inter alia viris religiosis, ne emittant juramentum de non commodando libros suos indigentibus,cum commodare inter præcipua misericordiæ opera computetur. Sed, adhibita consideratione diligenti, alii in domo ad opus fratrum retineantur; alii secundum providentiam abbatis,cum indemnitate domus, indigentibus commodentur. Et a modo nullus liber sub anathemate teneatur, et omnia predicta anathemata absolvimus. Labbe, *Concilia*, XI. 69.

2　Delisle, *Cab. des Manuscrits*, 11. 226.

3　德莱尔 (Delisle, *ut supra*, 11, 124) 引用了巴黎国家图书馆内一份写本的题辞："Liber iste de Corbeia: sed prestaverunt nobis usque Pascha."

　　许多中世纪作家表达了他们的信念：图书是修道院必备的财富，绝对不能缺少。大约在 1170 年出现了一句话，可以说是一针见血，我不愿意通过翻译而把它糟蹋了："claustrum sine armario, castrum sine armamentario."[1]（寺院没有图书，就像打仗没有武器。）坎普滕的托马斯（Thomas à Kempis）形容一位神父或一所修道院没有图书的窘态，更是惟妙惟肖。[2] 他举出了"一系列的比喻"来强调这个事实。没有图书的神父，就像没有笼头的马，没有桨的船，没有笔的作家，没有翅膀的鸟；而没有图书的修道院则像没有锅的厨房，没有食物的餐桌，没有水的井，没有鱼的河流，如此等等。我已经没有地方继续写下去了。

66

　　修道团体小心翼翼保护其财富的例证很多。阅读时应当怎样拿着写本，虽然没有法律规定，但也是由普遍惯例来决定的。本笃会的总章程说："教士们在教堂或回廊内阅读的时候，他们应当用左手拿着书，用长袍的衣袖将左手裹住，把书放在膝上；他们的右手应当露在外面，用来翻动书页。"[3] 在卡西诺山（Monte Cassino）修道院的一份写本上，[4] 写着训诫：

> Quisquis quem contigerit
>
> Sit illi lota manus;
>
>
> 洗手吧！免得你的脏手指
> 污染了我洁白的篇页；

在同一个修道院，保留手帕虽然被视为女性的习惯，却可以特别原谅，"因为可以用手帕来包裹弟兄们阅读的写本"。[5] 在圣维克多修道院图书馆的一份珍贵写本末尾上，有这样的诗句：

1　Martene, *Thesaurus Anecdotorum*, Vol. I. p. 511.

2　*Opera Thomæ a Kempis*, fol. Par. 1523. Fol. XLVII. 7. 这段话见他写的 *Doctrinale Juvenum*, Cap. V。

3　*Medieval Monastic Libraries*: by F. A. Gasquet, p. 15. 这个教派出现在坎特伯雷圣奥古斯丁《惯例》中，MSS. Cotton, Faustina, C. XII. fol. 196*b*。

4　*Cat. Monte Cassino*, 11. 299, MS. No. 80.

5　Theodmarus Cassinensis to Charlemagne, ap. Haeften, *Disquisitiones Monasticæ*, fol. Ant. 1644, p. 1088.

Qui servare libris preciosis nescit honorem

Illius a manibus sit procul iste liber. [1]

让那些不尊敬图书的人

离我越远越好。

同一个图书馆内一份 14 世纪的写本上有一段话，意思也近似：

> 无论何人阅读这本书，都必须小心谨慎地翻动书页，因为页纸很薄，要防
> 止撕破；他应当学习耶稣基督的榜样，当耶稣轻轻打开《以赛亚书》注意阅读
> 的时候，他总是恭敬地把书卷起来，读完后交回给神父。[2]

还有坎普滕的托马斯对青年学者的劝告；他为他们写了一篇论文名叫《青年神父》
(Doctrinale Juvenum)，我在前面已引用过：

> 你把一本书拿在手中，就像圣者西面（Simeon the Just）把婴儿耶稣抱在
> 怀里亲吻一样。你阅读完毕后，把书合上，感谢上帝口里说出的每一个字，
> 因为你在主的田地里找到了隐藏的财宝。[3]

作家或抄写稿本的人也以同样语气请求读者小心对待他们的作品——这些作品
耗费了多少辛苦，往往是读者领会不到的。我无法准确翻译原文，只希望大体清楚
地转达它的意思：

> 我的朋友，我请求你在阅读我的书时用双手扶住书的背面，因为我怕

1　Delisle, *ut supra*, II, 227. 詹姆斯博士告诉我，这样的训诫经常可以见到。

2　Delisle, *ut supra*, II. 227. Tu, quicunque studebis in hoc libro, prospice, et leviter atque dulciter tractes folia, ut cavere possis rupturam propter ipsorum tenuitatem; et imitare doctrinam Jesu Christi, qui cum modeste aperuisset librum Ysaie et attente legisset, tandem reverenter complicuit ac ministro reddidit. 这个训诫实际出现，载于 *Philobiblon* of Richard de Bury, ed. Thomas, p. 241。

3　*Opera Thomæ a Cempis, ut supra*, fol. XLVII.

你会以突然的动作对书中文字作出损害；不懂写作的人往往认为他用不着关心这类事情。然而，在作家看来，写完最后一行，就像水手终于进入港湾那样甜蜜。用三个手指握住一支笔，全身都感到费力。感谢上帝。我瓦伦贝特（Warembert）以上帝的名义写出了这本书。感谢上帝。阿门。[1]

像这样文雅而动情的请求是很少遇见的；但是诅咒却非常普遍——那些诅咒的语气就和巴黎的代表大会提到的诅咒语气一样。有些修道院里，写本的末尾通常都有这样的咒骂，其严厉的程度各不相同，视作者的品味而定。[2] 我在下面举几个例子。

此书属于圣马克西敏（S. Maximin）以及他在米锡（Micy）的修道院。修道院院长彼得（Peter）组织抄写，亲自修改并加上标点；于神圣的星斯四奉献给上帝和圣马克西敏，安置于圣斯蒂芬祭坛上。任何人以任何方式把书从那里取走，故意不归还原地，都要和叛徒犹大（Judas）、迫害耶稣的安纳斯（Annas）、该亚法（Caiaphas）、彼拉多（Pilate）一起遭受地狱的惩罚。阿门。[3]

任何人以欺诈或其他任何方式把此书从此地 [Jumièges] 取走，他的灵魂将遭受痛苦，作为这次行动的报应。他的名字将从活人的名册中抹去。也不列入接受上帝赐福的名单内。[4]

---

1 Amice qui legis, retro digitis teneas, ne subito litteras deleas, quia ille homo qui nescit scribere nullum se putat habere laborem; quia sicut navigantibus dulcis est portus, ita scriptori novissimus versus. Calamus tribus digitis continetur, totum corpus laborat. Deo gratias. Ego, in Dei nomine, Vuarembertus scripsi. Deo gratias. Amen. 写本出自巴黎国家图书馆的一份手稿（MS. Lat. 12296）；写本来自科比修道院。"Les caractères dénotent l'époque carlovingienne." Delisle, *ut supra*, II. 121.

2 关于圣维克多修道院经常使用的诅咒，见 Delisle, *ut supra*. II. 227. *note*。

3 Hic est liber sancti Maximini Miciacensis monasterii, quem Petrus abbas scribere jussit et proprio labore providit atque distinxit, et die cænæ domini super sacrum altare sancti Stephani Deo et sancto Maximino habendum obtulit, sub hujusmodi voto ut quisquis eum inde aliquo ingenio non rediturus abstulerit, cum Juda proditore Anna et Caiapha atque Pilato damnationem accipiat. Amen. 出自 Loiret 的圣梅斯敏（Saint Mesmin）本笃会修道院。Delisle, *ut supra*, III.384. 德莱尔先生认为 "providit atque distinxit" 意为 "a été revue ponctuée"。

4 Quem si quis vel dolo seu quoquo modo isti loco subtraxerit anime sue propter quod fecerit detrimentum patiatur, atque de libro viventium deleatur et cum iustis non scribatur. 出自 *Missal of Robert of Jumièges*, ed. H. Bradshaw Soc. 8vo. 1896, p. 316。

在圣阿尔班（S. Alban）修道院的写本中，经常可以看到下面比较简单的诅咒：

> 此书属于圣阿尔班。任何人把书偷走或毁掉都将罚入地狱。阿门。[1]

克莱沃（Clairvaux）的西多会修道院和圣阿尔班一样，也是藏书很多的大学校；在那里也能见到类似的文字，但是在保护写本方面是否已经形成习惯，我还说不清楚：

> 任何人偷窃或任意取走这个手写本，或把它的书名划掉，都将罚入地狱。阿门。[2]

在坎特伯雷基督教堂的一个写本里，诅咒出现了很奇特的形式；作者的最后一句话缓和了严厉的态度：

> 任何人毁坏此书书名，或以赠送、出卖、出借、交换、偷窃等方式将此书从基督教堂取走，都要遭受耶稣基督、最荣耀的圣母，以及殉道圣徒托马斯的惩罚诅咒。但是，如果本教堂的保护者基督乐意，他的灵魂还可以在最后审判日获救。[3]

最后，我还要征引一首诗，写在祈祷书上，现存于剑桥龚维尔与盖尤斯学院（Gonville and Caius College）的图书馆内：

> 不管你从哪里来，
> 我可属于龚维尔礼拜堂；

1　Hic est liber sancti Albani quem qui ei abstulerit aut titulum deleverit anathema sit. Amen. 感谢友人詹姆斯博士为我提供这份引用材料。

2　*Cat. des MSS. Des Departements*, 4to. Vol. I. p. 128. (No. 255).

3　Quicunque hunc titulum aboleverit vel a prefata ecclesia Christi dono vel vendicione vel accommodacione vel mutacione vel furto vel quocunque alio modo hunc librum scienter alienaverit malediccionem Ihesu Christi et gloriosissime Virginis matris ejus et beati Thome martiris habeat ipse in vita presenti. Ita tamen quod si Christo placeat qui est patronus ecclesie Christi eius spiritus salvus in die judicii fiat. 出自剑桥三一学院图书馆的一份写本，詹姆斯博士向我提供。

谁想把我从那里拿走，

都要遭受严厉的诅咒。

他把我放进纸包或书包，

脖子上会有绳索往上吊，

（许多人都熟识我），

我会回到原来的地方。[1]

另一方面，给修道院赠送图书，都会受到感谢并记录下来，列入赠送者的善行之中。在奥古斯丁会的修道院，赠送书籍或为图书付出辛劳，都要举行特殊的礼拜来表示感谢。[2]

把修道院每年收入的一部分定期拨给图书室，是很常见的事。例如，在科尔比（Corbie），图书管理人会收到高级成员每人十苏（sou），低级成员每人五苏的捐赠，还有专门指定的土地供应若干蒲式耳（bushel）的粮食。教皇亚历山大三世（Alexander III，1159–1181）的一份诏令证实了这一点。[3] 1261 年巴黎圣马丁（S. Martin des Champs）修道院对图书馆也作出了类似的安排。[4] 1146 年在奥尔良附近弗洛利（Fleury）的本笃会修道院，根据院长的提议，每年于圣本尼狄克冬季节日（3 月 21 日），院长及修道院领导成员都要捐款，用于"修补我们的图书，制作新书，购买羊皮纸"。捐献者的名字和捐款的数目都记录下来。[5] 1156 年在旺多姆（Vendôme）采用了非常相似的安排。[6] 尼吉尔主教（Bishop Nigel，1133–1174）在埃利（Ely）的本笃会修道院批准，将所属教区某些教堂收取的什一税"用作埃利教堂缮写室的永久经费，以制作、修理该教堂的图书"。[7] 上述材料提到的图书，大概首先是指做礼拜使用的书；但是这一类图书的数量不足以花费抄写

70

1　*Biographical History of Gonville and Caius College*, by John Venn, Sc. D., 8vo. Camb. 1901, III. 158. 这首诗首先由斯维特博士（Dr. Swete）登载于 *Cainan*, II. 127。

2　见上文，p. 61。

3　Delisle, *ut supra*, II. 124.

4　*Ibid*. p. 239.

5　Delisle, *ut supra*, II. 363. Edwards, *Memoirs of Libraries*, I. 283.

6　Martene: *Thes. nov. Anecd*. I. 445.

7　*Supplement to Bentham's Ely*, by Wm Stevenson, 4to. 1817, p. 51. 我应当感谢我的朋友，埃利大教堂的助理牧师克罗斯比（Rev. J. H. Crosby）给了我一份记载尼吉尔主教事迹的写本。

人的全部时间，而图书馆无疑可以从他们的劳动中得到其他利益。圣阿尔班修道院的缮写室也获得了特别捐献。

　　下面，我们必须考虑对两个问题作出回答：各教派在寺院的什么地方贮放图书？他们使用什么样的家具？对第一个问题的回答是很奇怪的，如果我们考虑到气候，考虑到整个欧洲在冬天的几个月内是什么样子。寺院生活的中心就是回廊（cloister）。兄弟们不能在寺院建筑的其他地方聚集；他们只能在餐厅内用餐，在某个季节的某些时刻留在取暖的房间（calefactorium）里。因此，他们把图书保存在回廊内，在那里读书、写作，在那里培训新来的教士和唱诗班的男孩，无论冬夏都是这样。

　　显然，在一年的许多月份里，他们的劳作都必须视大自然的恩赐而定。事情就是这样，我们可以引用重要的证据。库思贝特（Cuthbert）在 8 世纪后半期担任威尔茅思与贾罗修道院（Wearmouth and Jarrow）的院长；有人请求他把比德（Bede）的全部著作寄去，他没有做到，写信回答的理由便是冬天太冷，抄书人的手都冻僵了。[1] 维塔利斯（Ordericus Vitalis）写作于 12 世纪的前半期；在写完他的《教会史》（*Ecclesiastical History*）第四卷之后，悲叹他不得不因为冬天而放下工作。[2] 亨廷顿郡（Huntingdonshire）拉姆塞寺院（Ramsey Abbey）的一位教士用拉丁文写了两行对句，描写他不舒服的环境。看来在回廊这类地方，所有的季节都不便于从事严肃工作：

> In vendo minime pluvia nive sole sedere
> Possumus in claustro nec scribere neque studere. [3]

> 我们坐在这里，雨雪纷纷，毒日炎炎，
> 回廊里既不宜写作，也不宜读书。

1　*Monumenta Moguntina*, ed. Jaffé, 8vo. Berlin, 1866, 载于 *Bibl. Rer. Germ.* Vol. III. p. 301; 引自 *Bede's Works*, ed. Plummer, p.xxi。

2　参阅 *S. Anselm*, by R. W. Church, ed. 1888, pp. 54, 55。这话是 Nunc hyemali frigore rigens, aliis occupationibus vacabo, præsentemque libellum hic terminare fatigatus decerno. Redeunte vero placidi veris sereno, etc. *Hist. Eccl.* Pars II. Lib. IV。

3　这两行对句写在一份写本的扉页上，现存于剑桥大学图书馆（Hh. VI. II.），是我的朋友，图书馆长詹金森（F. J. H. Jenkinson, M. A.）向我指出的。

但是，如果天气比较好，在回廊里还是进行了大量的工作，具有永久的价值。11 世纪末图尔奈（Tournai）的圣马丁修道院（Abbey of S. Martin）就留下了一幅文字活泼的生动画面。当时的奥多院长（Abbat Odo）大力推动写本的制作；一位修道院的记事者说："每当你走进回廊，你通常都会见到十几位年轻的教士坐在椅子上，伏在优美的书桌静静地抄写。由于他们的努力，院长获得了许多准确的写本：有哲罗姆关于先知书的全部注释、圣格列高利的著作，院长能找到的奥古斯丁、安布罗斯、伊西多尔、安瑟伦等人的论著。因此，他的图书馆在邻近一带的教堂中首屈一指、无与伦比。邻近教堂也来借用我们的写本，好校正他们自己的藏品。"[1]

第二个问题不能马上回答。我们必须首先查阅有关寺院图书馆的各种文件，详细考查用来指家具的词语。

圣帕科米乌斯（S. Pachomius）把他的书放在一个橱柜（fenestra）里。圣本尼狄克只使用通行的词——bibliotheca，既可指一个房间（图书室），也可指一个家具。我们后来十分熟悉的词语"书柜"（armarium），直到 11 世纪末才出现。兰弗朗克并未使用这个词。但是既然他的教规在一定程度上根据了克吕尼会的《惯例》，而《惯例》又把书柜（armarium）和图书室（bibliotheca）看作同样的东西，又把图书管理人称为书柜管理人（armarius），因此我们可以推断：兰弗朗克所说的图书是安置在同类的家具里。何况，在后来的本笃会修道院，例如阿宾顿（Abingdon）和伊夫沙姆，这个词是经常使用的。

我在第一章中已经指出，罗马人把书柜（armarium）这个词用来指一件家具，又指墙上可以容纳这种家具的凹穴（壁龛）。[2] 在中世纪，人们仍旧同样使用这个词。[3] 前面引用过的、出自奥古斯丁会《惯例》的一段话表明，盛放图书的凹穴是用木板隔开的，可以分类安置书籍。[4]

寺院里积累的图书，即使在规模较大的寺院，开始的时候数量也是很有限的，[5]

1　Herimanni liber de restauratione S. Martini Tornacensis: ap. Pertz, *Mon. Germ.* XIV. 313. 这段话也被梅特兰（Maitland）引用、翻译，*Dark Ages*，ed. 1890，p. 450。

2　见上文，p. 39。

3　参阅 *Dictionnaire du Mobilier*, par Henri Havard, s. v. *Armoire* 以及该项引用的段落。

4　见上文，p. 61。

5　西多会规定，在一所修道院建成之前，至少应当拥有九卷图书，主要是礼拜用书。*Monuments, ut supra*, p. 253.

图 19　福萨·诺瓦的西多会寺院回廊上的书柜

用一个容器就能够全部装下。我认为这样的凹穴常常位于大会堂和回廊东头进入教
堂的大门之间。在许多修道院的废墟里，还能找到充当书柜的凹穴，只要稍加想像
就能恢复它当初使用的原貌。在有些地方，凹穴被填平了，因为教士们有了新办法
之后就把它舍弃了。过去把这种凹穴称为"公共书柜"（armarium commune），或称
73　为"公共回廊书柜"（commune armarium claustri）。它盛放的都是教士团体通常使用
的书籍（communes libri）。

　　1900 年春天，我访问了福萨·诺瓦（Fossa Nuova）的西多会寺院，位于意大利
中部，离特拉锡纳（Terracina）不远。图 19 所显示的书柜依旧保存完好。寺院的年
代可以定为 1187—1208 年。[1]书柜位于南耳堂（south transept）西边的墙上（图 21），

1　*Origines Françaises de l'Architecture Gothique en Italie*, par G. Enlart, 8vo. Paris, 1894, p. 9. 这部
　很有价值的书充分而准确地描写了福萨·诺瓦寺院以及意大利偏远地区的其他寺院，并附有
　丰富的图画说明。

离进入教堂的大门很近。经测量，它宽 4 英尺 3 英寸，高 3 英尺 6 英寸，距离回廊的地面 2 英尺 3 英寸。书柜四周装上石板，但铰合处的承受力不强，不能安装比木门更沉重的材料，我猜想柜内的架子也同样是木质的。在意大利的那一带石头很多，但木料（尤其是大片木料）必须从远方运来。因此，一旦书柜停止使用，木料随即卸下移走了。

74

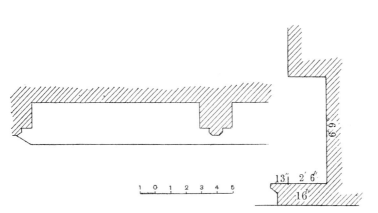

图 20　伍斯特大教堂回廊上书龛的平面和立体示意图

　　伍斯特大教堂（Worcester Cathedral）原来是本笃会的寺院；在它回廊的东厢可以见到两个凹穴，显然也用于同样目的。这两个凹穴位于大教堂和通往宝库及其他房屋的过道之间。凹穴顶部为方形，高 6 英尺 9 英寸，深 2 英尺 6 英寸，宽 11 英尺（图 20）。凹穴前有一个石凳，宽 13 英寸，高 16 英寸。书柜的使用时间很晚，在 1518 年，当时寺院主持人购买的一本书"刚送到寺院回廊来"。[1]

　　随着图书的增加，必须有更宽敞的地方来安置；但是，既然回廊是读书的场所，新的书柜或书箱必须也安置在回廊或近处。把一套图书分开，一部分放在回廊，另一部分放在较远的地方，这样的时候尚未到来。缺少图书室空间的问题采用两个办法来解决。在本笃会以及克吕尼会修道院，图书存放在另一些木制的书柜里，我在后面将加以描述。西多会却采用另一种办法。12 世纪初，教派初创期间，他们尚未充分体会到增加图书空间的需要，因此我们在修道院内发现一个专门存放图书的房间。然而保守精神仍统治一切，他们不愿脱离原始的

75

1　*The Monastery and Cathedral of Worcester*, by John Noake, Lond., 1866, p. 414.

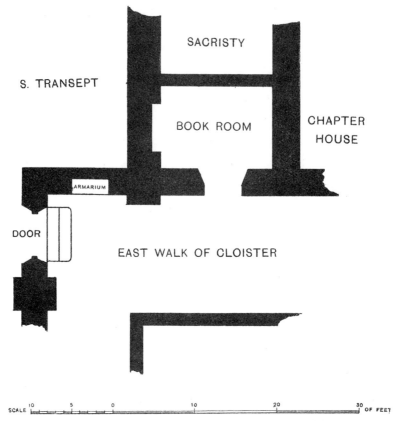

图 21　福萨·诺瓦修道院的部分平面图

显示书柜、图书室及邻近建筑的关系。此图部分出自我本人
的测量以及恩拉特先生（M. Enlart）的著作。

方法，依旧保留了教堂大门近处墙上的书柜，同时又把圣物贮藏室（Sacristy）西边一部分腾出来存放书籍，这地方通常插在南耳堂和大教堂之间。福萨·诺瓦寺院就是这样安排的。图 21 图示了书柜（armarium）以及耳堂与大教堂之间图书室的位置（与圣物贮藏室相邻）。图书室长 14 英尺，宽 10 英尺，北墙上有一个凹穴，也许安放过另一个书柜。很显然，这样的安置只能是为了图书的安全。

在里兹（Leeds）附近的柯克斯塔尔修道院（Kirkstall Abbey）大约建于 1150 年；那里也有一个类似的图书室。图 22 显示了它与邻近建筑物的关系。"公共书柜"（图 22，B）位于图书室（图 22，A）的北面，就和福萨·诺瓦修道院一样。在博里欧（Beaulieu）、海勒斯（Hayles）、杰尔沃（Jervaulx）、内特里（Netley）、廷特恩（Tintern）、克洛克斯顿（Croxden）和罗歇（Roche）的修道院，都能在类似的位置

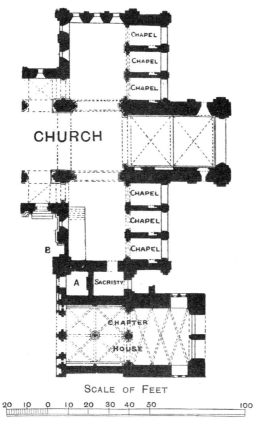

图 22　约克郡柯克斯塔尔修道院平面图
A 处为图书室，B 处为"公共书柜"。

找到一个房间，无疑是派作同样用处的。

霍尔德内斯（Holderness）的米欧修道院（Abbey of Meaux）建于 12 世纪中期；那里幸运地保留了一份图书目录，[1] 不仅告诉我们图书室里有什么书，而且还说明这些书是怎样安放的。首先，教堂的书柜里放的都是做礼拜用的书籍，然后，我们又得知"回廊里公共书柜"（commune almarium claustri）的内容。在图书室门上的架子（in suprema theca[2] supra ostium）里是四本《诗篇》；目录的编者又转移到图书室的另一头，从顶层的书架（suprema theca opposita）说起，那里共有 37 册书。然后，他介绍其他

1　*Chronica Monasterii de Melsa.* Rolls Series, Vol. III., App., p. lXXXiii.

2　在古典拉丁语中，theca 这个词表示装任何物体的容器。在中古拉丁语中，它特指（*Vide Ducange*）保存圣徒遗体或骨殖的棺木或容器。在此处的图书目录中，它显然指书架或书柜。

架子上的图书，每本书都用一个字母编号（in aliis thecis distinctis per alphabetum）。如果我们理解正确的话，共有11大类，每类平均有25册书，整个藏书的总数为316册。

我们又幸运地发现了另一份图书目录，属于汉普郡（Hampshire）蒂奇菲尔德（Titchfield）的白色正典寺院（House of White Canons）。目录中详细讲述了图书在书柜里安放的方法，[1]时间为1400年。书都存放在一间小屋内，靠墙排列着若干套架子，称为"书栏"（Columpnœ）。图书目录的开头是这样说的：

> 蒂奇菲尔德图书室里，共有四个书栏存放图书。第一和第二书栏在东边，第三书栏在南边，第四书栏在北边。每个书栏上有八个架子（gradus），每个架子的前方都标上编了数码的字母，固定在安放图书的木板上。有些字母例外没有编上数码：A, H, K, L, M, O, P, Q，因为所有带着这些字母的图书都放在标着同样字母的架上。根据这样的系统，图书室的每一册书都在首页上写着一定的字母和数字，书架的板上也标示着字母和数字。为了很快找到图书室内的书籍，书架上的标记，书页上的标记，还有图书目录上的记载必须完全相合。公元 1400 年。

78　　**保管在蒂奇菲尔德寺院图书馆内的图书，按这样的次序排列：**

第一书栏

第一架标志为字母 A，安放《圣经》文本和韵文《圣经》。

第二、三、四、五、六架标志为字母 B，安放《圣经》的完整注释本（glossa ordinaria），共有十几卷之多。

第七、八架标志为字母 B，安放《诗篇》的若干本评注。

第二书栏

第一架标志为字母 C，安放《经院史》（*Historia scholastica*）和对《圣经》的评述。

1　我应当感谢好友明斯牧师（the Rev. G. W. Minns）送给我一册书目的写本；他不久还将出版这个书目。译文引自 *Books in Manusciript*, by F. Madan, M.A., p.78，略有改动。

第二架标志 [同上]，安放拉尔夫（Ralph of Flavigny）评论列维蒂库斯（Leviticus）和伊西多尔的《道德论集》（*Moralia*）。

第三架标志 [同上]，安放《名论全集》（*Liber Sentenciarum*），《七卷书》（*Liber de Septem Viciis capitalibus*），及其他。

第四、五架标志为字母 D，安置教皇兼神学家圣格列高利（Blessed Gregory，Pope and Doctor）的著作。

第六架标志 [同上]，安放《教会镜鉴》（*Speculum Ecclesie*），又称 *Rationale Divinorum*，以及基督教仪式的序颂（Preface）。

第七、八架标志 [同上]，安放神学家圣奥古斯丁（Blessed Augustine，Doctor）的著作。

第三书栏

第一、二架标志为字母 E，安放各位圣徒的传记、讲道、神学家的布道书等。

第三、四架标志为字母 F，安放《教令集》（*Decreta*）和《敕令集》（*Decretals*）。

第五、六架标志为字母 G，安放神学家们对教会法典的评释。

第七架标志 [同上]，安放教会法的各种论文。

第八架标志为字母 H，安放有关民法的书籍。

第四书栏

第一架标志为字母 K，安放内科、外科医书。

第二、三架标志为字母 L 和 M，安放语法书。

第四、五架标志为字母 N，安放各类书籍。

第六架标志为字母 O，安放逻辑与哲学。

第七架标志为字母 P，安放英格兰领域内关于王室法律的书籍。

第八架标志为字母 Q，安放各种法语书。

图书分类的概述以后，是图书目录；每册书都编上了书架的字母和一个数字。为了使图书室的安排更加清楚，指明共有多少册数，我编列了下面的表格：

架	第一书栏			第二书栏			第三书栏			第四书栏		
	字母	册数	主题	字母	册数	主题	字母	册数	主题	字母	册数	主题
1	A	4	《圣经》	C	7	《经院史》	E		圣徒生平	K	29	内外科医学
2	B			C	3	伊西多尔等书	E	}11	讲道、布道辞等	L	8	
3	B			C	6	《警语》及其他	E		教皇诏令	M	16	}语法
4	B	}18	《圣经》注释	D	}5	圣格列高利著作	F	}11		N		
5	B			D			G		教会法	N	}20	杂书
6	B			D		教会知识大观	G	}21		O	13	逻辑与哲学
7	B	}7	《诗篇》	D		圣奥古斯丁著作	G			P	13	英国法
8	B			D			H	7	民法	Q	18	法语图书
共		29册			28册			50册			117册	

以上的总数显示，图书馆共有图书 224 册，其中有关神学 68 册，有关教会法 32 册，有关民法 7 册，有关内外科医学 29 册，有关语法 24 册，有关逻辑 13 册，杂类 51 册。除此之外，还有 102 册礼拜用书。

这样的图书收藏不限于西多会修道院。在什罗普郡（Shropshire）温洛克（Wenlock）的克吕尼会修道院，有一个狭长的房间（图 23），位于南耳堂的西侧，通过三个拱门朝柱廊开放；除了图书室外不可能有其他的用途。

这个房间长 34 英尺，宽 9 英尺，是建于约 1200 年的房屋的一部分。它和大教堂的关系，与此前已描述的修道院相同，似乎把图书室和"公共书柜"结合在一起了。

至少在若干西多会修道院里，随着时间的推移，安放图书的空间必须扩展，就在大教堂西头分割出两块长方形的地方来满足需要。在弗内斯寺院（Furness Abbey）就能见到一个好例子，寺庙建于 1150–1200 年。下面的描述引自圣约翰·霍普先生（Mr. W. H. St. John Hope）关于这个寺庙的建筑史。

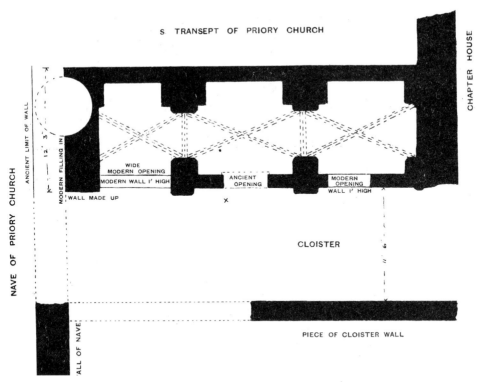

图 23　什洛普郡温洛克修道院部分平面图[1]

　　从耳堂向南，整个现存的建筑都是后期建成的，带着明显的进展特色。底层是五个精致的圆顶大门，有漂亮的装饰线条和犬牙形的点缀。三个门靠近耳堂形成一组……

　　中门通过一个前厅进入大教堂，另外两个门进入两个方形的大房间，房间的墙上有琢石的装饰，拱顶两端各带有凹槽的拱基支撑。北面房间的拱顶比较低，因为上方有楼梯通道进入教堂……南面房间的拱顶比较高，呈尖形。两个房间都没有别的门。北面房间的内侧墙上有一些洞眼，令人猜想曾有过某类架子，时间不能确定。

81

　　上述两个房间大概是安放图书的，四周的墙边都安排了木书柜。[2]

1　我应当感谢好友盖斯克尔（C. G. Milnes Gaskell，M. A.）画出了这个有趣遗址的平面图。

2　*Trans. Cumb. And West. Antiq. and Archeol. Soc.* Vol. XVI. p. 259. 我感谢友人霍普先生允许我引用他画的弗内斯寺院平面图，并感谢他向我指明西多会图书室的进展，我尽自己的能力用文字在书中加以描述。

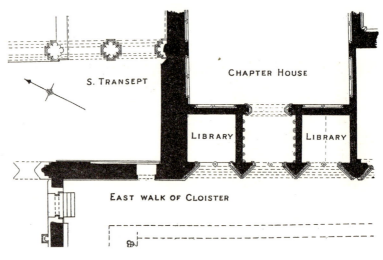

图 24　弗内斯修道院部分平面图

　　为了把描述进一步具体化，现在把霍普先生画的弗内斯修道院平面图（图 24）登在上面。两个房间的长和宽均为 13 英尺。

　　在坎伯兰（Cumberland）的卡尔德修道院（Calder Abbey）[1] 也能见到位置相同的两个房间，那是弗内斯的分支修道院。在泉水修道院（Fountains Abbey），也清楚表明，大教堂的西角是在建筑完成了一段时期之后才隔出来的，大概也是为了同样的用场。从大教堂建筑通向回廊共有三个圆顶大门，每个后来形成的房间都可以从回廊直接进入，中央拱门是为大教堂自己保留的。这样的安排与弗内斯修道院完全相同。霍普先生认为：汉普郡（Hampshire）博里欧（Beaulieu）教堂墙上的一系列拱洞也许用于同样目的；[2] 其中两个刊登在后面（图 25）。博里欧的分支寺院海勒斯（Hayles）也有相似的一系列拱洞；在切斯特大教堂（Chester Cathedral）的南回廊有早期诺曼式的六个洞穴，如果不是墓穴，也许是过去存放图书的。

　　把大教堂及其邻近空间用来保存书籍是西多会最奇怪的特点之一。与大教堂直接相通的东回廊想必是人们进出最多的地方，然而却有意选择它来存放图书，不仅如此，还在那里阅读图书。在克莱沃修道院（Clairvaux），时间晚至 1709 年，《文学之旅》（*Voyage Littéraire*）的作者仍然记录了如下的安排：

82

1　*Calder Abbey: its Ruins and its History.* By A. G. Loftie, M.A.

2　霍普先生告诉我，他不久前又考查了这些拱洞，在里面没有发现任何家具或装备的痕迹。

图 25 汉普郡博里欧修道院教堂南墙的拱洞，可能一度用作书柜

Le grand cloître...est vouté et vitré. Les religieux y doivent garder un perpetuel silence. Dans le côté du chapitre il y a des livres enchaînez sur des pupitres de bois, dans lesquels les religieux peuvent venir faire des lectures lorsqu' ils veulent. [1]

大回廊为拱顶，回廊上装了大片玻璃。教士在那里必须永远保持肃静。靠近教堂的一侧有一些书，用链条拴在斜面的阅览桌上；教士们可以在那里随意阅读。

在西多（Citeaux）的寺院里也有类似安排。[2]

　　我已经历述了西多会存放图书的发展，从墙上简单的壁龛说到大教堂西头比较宽敞的两间图书室。现在我又要回到起点，讨论本笃会用来安放图书的方法。他们感到没有足够空间很不方便，想必更甚于西多会，因为他们更喜爱研究和制造各种书籍。然而，他们并没有打算增加或改变寺院的结构来扩充空间，只满足于使用回廊上的木制书柜，满足于小小的研究室——通称为"小书房"（carrells），在里面阅读或写作。

83　　　这个教会通行的办法非常一致，举出任何一个大寺院采用的措施，都可以作为各寺院的样板。因此，当我们找到达勒姆（Durham）本笃会大寺院存放图书的完整记录以后，我们就可以肯定（mutatis mutandis），这个问题的总概念已经清楚了，只需要在细节上略加补充。我将要引用一本有价值著作中的几段话，书名《达勒姆教规》（The Rites of Durham），写于宗教改革之后，作者很熟悉这方面的情况。书中描写的是该会采用的最后安排，不包括此前的若干步骤。

　　　　在回廊的北部，从教堂的大门直到通往宿舍的门，从上到下都装好了玻璃窗，窗外是一片回廊空地。每一个窗前都有座位或"小书房"（Pewes or Carrells），每一位老教士都有他的位置，有些地方只供单人使用。他们饭后就来到这里，研究他们的图书。每人都待在里面度过整个下午，直到晚祷的时候。这就是他们每天的功课。

1　*Voyage Littéraire*, Paris, 1717, Vol. I. p. 101.

2　*Cat. des Manuscrits des Bibliothèques Publique de France*. Départements, Tom. V. Catalogue des Manuscrits de Citeaux, No. 635 (p. 405). Parvus liber cathenatus ad analogium cathedre ex opposito capituli.

　　所有座位或小书房之间都装好了隔板，彼此靠的很紧。只在前部有雕刻的纹饰，从那里引入光线。每个小书房都有一张书桌放书。每个小书房只有一个窗户所占的距离那样大。

　　在小书房对面的大教堂墙边，竖立着一些大柜子 [或称书柜]，由白栎木制成，里面放满了书。其中有教会早期神学家写成的古老著作、俗世作家的著作以及其他圣徒的各类著作。这些书籍在任何时间都可以取阅，就在小书房的旁边，供每一位教士凭爱好研读。[1]

　　在达勒姆，修道院建筑都位于礼拜堂的南方。回廊内安放图书的走廊（walk，alley，pane，syde，这些词都在当时使用）也位于礼拜堂以南。这样的位置部分原因是由于取暖，部分原因是由于比较安静。在坎特伯雷、格洛斯特（Gloucester），礼拜堂却位于修道院其他建筑的南方，回廊内安放图书的通道仍旧紧邻着礼拜堂。霍普先生向我指出，由于礼拜日列队游行祈祷的需要，其他通道上的杂物都已经清除干净了。

　　为了进一步说明上述引文段落所描述的系统，我把威斯敏斯特教堂（Westminster Abbey）回廊的平面图登在下面。平面图为米克斯威特先生（Mr. J. T. Micklethwaite）所　　84

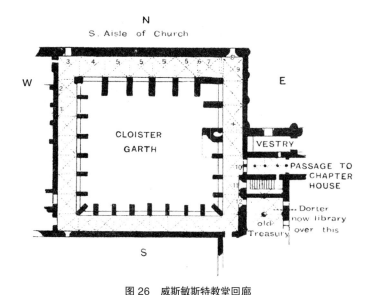

图 26　威斯敏斯特教堂回廊
引自米克斯威特先生绘制的平面图。

1　*The Rites of Durham*, ed, Surtees Soc. 1844, p. 70.

绘制（图 26），[1] 也引用了他的笔记。在达勒姆，所有古代的遗迹都已经遭到彻底破坏，因此，只好去寻找另一个寺院，那里受到的破坏要少一些。幸运的是，就回廊与礼拜堂的相对位置而言，威斯敏斯特教堂的情况与达勒姆寺院完全相合。我将首先考虑上面引用《达勒姆教规》的最后一段话，也就是描述"柜子或书柜"的那一段话。

85

米克斯威特先生展示：回廊西通道北头的两个小房间以及北通道西头的第二个小房间（图 26，编号 1、2、4）是分配给新来的年轻人使用的；因为里面存在着几套洞眼，每套九个小洞，显然是男孩子在读书偷懒时玩的某种游戏。同样的洞眼在坎特伯雷、格洛斯特以及其他地方也能找到。他接下去指出："北通道从西数第三个小房间的 6 英尺算起，包括第四、第五个小房间的全部以及第六个小房间的大部（图 26，编号 5、5、5、5），靠墙的长凳已经被拆除，似乎有一批大型家具曾经放在那里，那显然是书柜。"在这些家具的东边，"拱形通道的下部支架被切断了，似乎那里建起了双重屏障（图 26，编号 6、6），也可能摆放了若干书柜形成的屏障，我认为非常可靠。从屏障再向右，墙上的痕迹显示有个带锁的柜子，但这些痕迹并不可靠。它的左边是一个装满书的大型带锁橱柜（图 26，编号 7），似乎很古老。橱柜和墙都属于爱德华一世时期，可能也是一个书柜，但是在教堂大门的另一边显得太小，很快就装满了，于是在小房间的对面，又建成了一批更大的书柜。"[2]

最后，我不怕重复，还要引用米克斯威特先生在惠予我的信中写的一段话，因为它又补充了一些内容，把问题讲得更清楚了。在描述了书柜的位置之后，他讲道：

在书柜的背面和回廊墙面之间，留出了空隙，相当于一条长凳的宽度，为的是保持书柜内物品的干燥。通道是否铺了地板，我们不能断定；但是有证据表明：回廊这一部分的两端被某种屏障与其他部分隔开了，形成了一条长廊，一边有窗户照明，另一边排列了一系列书柜，有点像雷恩（Wren）在林肯（Lincoln）的建筑。窗户上想必装上了玻璃，玻璃的存在一直延续到 17 世纪末。我还记得，在窗户这一边还有一些设备的痕迹，当时我并不理解，现在我毫不怀疑那就是过去的小书房。如今，由于"彻底的翻新"，这些痕迹已经完全消失了。

---

1 *Notes on the Abbey Buildings of Westminster*, Arch. Journ. xxxiii. pp. 15–49.

2 *Notes on the Abbey Buildings of Westiminster*, Arch. Journ. xxxiii. pp. 21, 22.

前面提到的"教堂大门的另一边",指的是东部回廊的最北端,米克斯威特说道:

> 从回廊的东门(图 26,编号 8)走进回廊,我们发现左边有一列很宽的长 86
> 凳一直延伸到通向大教堂的入口(图 26,编号 10)。最北端的小房间,拱顶不
> 像其他小房间那样低矮,而是高高耸起,似乎可以靠墙安放某种大型家具。我
> 相信,这在 13 世纪就是"公共书柜"的位置(图 26,编号 9)。在达勒姆寺院
> 的同样地方,有一个诺曼式的拱形凹穴,在《达勒姆教规》中并没有记载,因
> 为在此之前它已经停止使用了;图书增加得太多,已经移到别处安置了。[1]

以上的笔记使我们能够想像,书库是什么样子:"它大约 80 英尺长,15 英尺宽,
沿着回廊的四个小房间延伸。它的一端被一个屏障隔断,另一端也可能如此。书柜都
顺着墙安放,正对着窗户;窗户上安着玻璃,我们知道达勒姆寺院就是这样,那里也
许有木地板。我们从修道院长威尔(Abbat Ware)的《惯例汇编》中知道,老教士们
都坐在"小书房"里(威尔院长在职的时间为 1258–1283 年)。他谈到新来的教士时
称,在他们获得一定的历练之后,可以坐在回廊里,"被允许看一眼书柜内属于老教
士的图书。但是不允许占有小书房或写作"。[2]

尽管从我们的观点看来,这个放书的地方是多么不舒服,但是有充分的理由相
信,它直到 1591 年以前都在使用,此后,威廉斯教长(Dean Williams)才把宿舍改
装成图书室,供教长和教士们享用。[3]

把书柜放在回廊内的做法在法国的本笃会教士当中也同样推行。写作《文学之
旅》的马丁神父和杜兰德神父(Fathers Martene and Durand)当然很熟悉他们教派的
常规;他们访问了罗讷河(Rhone)古老的克卢亚寺院(Cruas),见到书柜放在大教
堂里,表示很惊异:

> On voit encore dans l'eglise l'armoire où on enfermoit les livres, contre la
> coûtume des autres monastères de l'ordre, qui avoient cette armoire dans le cloitre. On 87

1　*Notes, ut supra*, p.16.

2　MSS. Mus. Brit. MSS. Cotton, Otho. c. xi. fol. 84.

3　见我的一篇文章,载 *Camb. Ant. Soc. Proc. and Comm*. ix. pp. 47-56。

y lit ces vers d'un caractère qui peut avoir cinq cens ans:

Pastor jejunat qui libros non coadunat

Nec panem præbet subjectis quem dare debet. [1]

我们见到，储存图书的柜子安放的地方，和教派内其他寺院的习俗完全一样。
其他寺院都把书柜放在回廊内，这样的习俗已经有五百年了：

牧人的书太少，就要挨饿了；

他也无法供应自己的羊群。

就我所知，英国的书柜没有一个仍然保留到今天，但是要下定论现存依旧太
匆促了。我在法国也没有找到，尽管费了很大的工夫。因为没有见到专门装书的柜
子，我只好满足于两件很著名的家具，现在都保存在法国寺院里。

第一件（图 27）摆放在拜约大教堂（Cathedral of Bayeux）的圣器室内，在南耳
堂的楼上。人们称之为"拜约文件柜"（la Chatrier de Bayeux），意思是装文件用的。
维奥尼·勒·杜克先生（M. Viollet-le-Duc）不同意这种看法，认为它是安放圣物用的，
捐献给教会的其他东西，他大概不反对也包括在内。

它由橡木制成，非常庞大，非常粗糙。从地面到顶部高 9 英尺 3 英寸，长 17 英
尺 2 英寸（原来还要长 3 英尺），深 3 英尺。共有上下两层，每层高 3 英尺 8 英寸，
巨大的门上仍旧保留着原有的铁制附件。整个家具过去画上彩画，痕迹还在，但画
的是什么已不可辨认。我在 1896 年仔细考察过它。维奥尼·勒·杜克先生[2]见到它的
时间比我早，可能见过上面的图画，他说画的是遗留的古物。

第二件（图 28）在法国中部的奥巴津教堂（the Church of Obazine）内，在科
雷兹省（Département de la Corrèze）。它的装饰风格显示属于较早时期，比拜约大
教堂的那个柜子要简单粗糙得多。但是维奥尼·勒·杜克先生把两件家具都归于 13
世纪的初年。它的高度为 6 英尺 7 英寸，宽 7 英尺，深 2 英尺 7 英寸，制作材料为
橡木，仍然保留了油漆的痕迹。[3]

1　*Voyage Littéraire*, ed. 1717. Part I. 297.

2　*Dictionnaire du Mobilier*, s. v. *Armoire*.

3　Viollet-le-Duc, *Dict.du Mobil.*, 书里有关于奥巴津书柜的详细描述。我采用的照片出自友人詹
　　姆斯博士的好意帮助，他在 1899 年亲自见到过这个书柜。

图27　拜约大教堂古老书柜的一部分，这个柜子称为"拜约文件柜"
采自一张照片。

图 28   法国中部奥巴津教堂内的书柜
采自一张照片。

上述两件家具当然不是专为装书而制造的，但是，它们既然产生于修道院兴旺发达的时期，至少可能与修道院教士用来装书的柜子相似。我在前一章讲过，古代罗马的书柜与用于其他目的的柜子实质上是相同的。我认为也没有必要设想，寺院的木匠会发明一种特别的家具来装书。他们会把日常使用的橱柜稍加改变，用在这方面。

我在结束这个论题之前，还要提到第三个书柜，在巴黎近郊圣日耳曼教堂 (Church of Saint Germain I' Auxerrois) 内。它安置在西边走廊南头的一间小屋里面（过去可能是个文件室），比前面说到的两个柜子也许要晚一百年。在形状上，它与拜约的文件柜大体相似，分上下两层，共有六个橱。下面的一层，高度与长度相同的一条凳子相当。长凳座位可以掀开，里面的空间也可以放书籍或文件。[1]

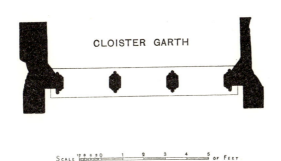

图 29　达勒姆大教堂回廊内一个窗户的平面图

《达勒姆教规》中提到的奇怪木板小屋——被称为"小书房"的东西，现在当然已经完全消失了。它的高度没有任何文字记载，它的宽度相当于每个窗户中线到另一个邻近窗户中线的距离。"小书房"由白栎木料筑成，有一个带花纹的门开向回廊。这样的安排无疑是为了教士兄弟间互加监督，在修道院里已形成习惯。甚至是年老的教士，在读书的时候也不单身独处。我曾经仔细测量过达勒姆修道院的许多窗户（图 29）。虽然经历过许多变化，我想窗户的中线仍在原来的地方。如果事实是如此，小书房的宽度不会超过 2 英尺 9 英寸，坐在里面的人实在是没有多少空间了。一共有 11 个窗户，所以能容纳 33 个教士（假定全体教士

89

1　Viollet-le-Duc, *ut supra*, p. 14. 我亲自考察过这个书柜。我的友人霍普先生告诉我：在诺里奇的圣彼得·曼克罗夫特修道院圣器室内，也有同样性质的一个书柜，他在文章中有所描述，见 *Inventories of the Parish Church of S. Peter Mancroft, Norwich*, Norf. and Norw. Archeol. Soc. xiv. p. 19。

都能分配到座位)。

在格洛斯特大教堂的南回廊,有一系列非常漂亮的石质小书房(图 30),建于 1370–1412 年期间。每个小书房宽 4 英尺,深 19 英寸,高 6 英尺 9 英寸,有一个小窗户照明。数字不能生动地表达空间概念,我又找不到别人来满足我的要求,于是,我只好借来一把椅子和一本书,坐在小书房里阅读起来,就像六百年前一位教

图 30 格洛斯特大教堂南回廊的一排小书房
引自默里先生的《西方大教堂手册》。

图 31　格洛斯特大教堂的一间小书房

士读书的样子（图 31）。这些小书房内没有任何木匠活动的痕迹，附近也没有见到书柜。最东头的一间小书房与其他各间都不相同，很可能在过去用来作书橱。小书房对面的墙边有一列带长凳的桌子，但并没有被拆除，像威斯敏斯特大教堂那样腾出地方来放书柜。南边通道的东西两头似乎被屏障隔断了。[1]

90
91
上面的图画将有助于我们了解达勒姆寺院以及别处木制小书房的安排。每个小书房都像一座站岗的哨所，不同的地方在于光只从一面照进来，窗户下面是回廊的空地，正对窗户的是入口。我想入口不会很高，总是开放着，为的是使用者能够受到监督，同时也为了更多的光线能照进回廊内的书库。座位安放在小书的一侧，书桌在另一侧，其位置要使光线从读者的左方射进来。

小书房似乎很早就在寺院通行了，不是在人们追求舒适的晚期才引进寺院的。最早提到它的段落，我已经在前面引用过。[2] 在 1258—1283 期间曾用于威斯敏斯特大教堂；在 1327 年的骚乱中，圣埃德蒙寺院（St Edmunds）的小书房遭到破坏；[3] 在 1367—1379 期间，它出现在伊夫沙姆；[4] 在 1383—1384 年，它出现在阿宾顿。[5] 在坎特伯雷的基督教堂，它出现在塞雷因院长（Prior Sellying，1472—1494 年在任）的善事记录中，说回廊的南通道里 "novos Textus quos Carolos ex novo vocamus perdecentes fecit"；威利斯教授把这些话翻译出来，就是 "修建了非常方便的框架结构，现在通称为 carols"。[6] 在坎特伯雷的《圣奥古斯丁惯例》中有一条禁令，也说明了这些小书房的用处：它的大意是，很少进入回廊的勤杂人员不可拥有小书房；其他教士兄弟也是如此，除非他们能够为寺院抄写或绘画，至少能够配上音

1　见霍普先生的文章 Notes on the Benedictine Abbey of S. Peter at Gloucester，载于 *Records of Gloucester Chathedral*, 1897, p. 23。

2　见上文，p. 86。

3　*Memorials of S. Edmund's Abbey*, Rolls Series, II. 327. 作者对 1327 年骚乱者所干的坏事作了描述。Deinde claustrum ingressi, cistulas, id est caroles, et armariola fregerunt, et libros et omnia in eis inventa similiter asportaverunt. 我的引用来自詹姆斯博士的著作 *On the Abbey of S. Edmund at Bury*, Camb. Ant. Soc. Octav. Publ. No. xxviii. p. 158。

4　*Liber Evesham*, Hen. Bradshaw Soc. 1893, p. 196. Abbat Ombresleye（1367—79）所建 "paginam illam claustri contiguam ecclesie ubi carolæ fratrum consistunt"。

5　*Accounts of the Obedientiaries of Abingdon Abbey*, ed. Camden Society, 1892, p. 47. 讲述购买木料和木匠工艺的文章标题为 "Expense circa sedilia claustri"，花费的金额为 2 英镑 15 先令 3 便士。

6　*Arch. Hist. of the Conventual Buildings of the Monastery of Christ Church, Canterbury*, By R. Willis. 8vo. London, 1869, p. 45。

乐曲谱。[1] 事实上，这些小书房是提供安静、免除扰乱的地方，有些寺院里没有缮写室或写作室，就可以在这里进行文艺活动。在达勒姆，据《教规》作者的说法，小书房是专门用来阅读的。

前面提到的《圣奥古斯丁惯例》写成于 1310—1344 年期间，对一所重要的回廊图书室的组织形式提供了宝贵的描述。照管书柜的责任交给了一位领班（precentor）以及他的一个助手。领班在书柜的前方有一个座位（书柜靠墙安放），他的小书房也离此不远，在回廊空地靠近的两个拱门之间，副领班（succentor）的座位和小书房在书柜旁边的条凳附近——就是顺着回廊墙壁安放的那条长凳。这样的布局，"为的是两位职员（或其中的一位）总会在场满足教士弟兄的要求"。[2] 换句话说，他们是图书馆馆长和副馆长，应当随时准备回答读者的问题。很明显，教士弟兄们不能够随意翻动柜中的书籍。

书柜里是否有一份图书目录？这个问题是令人感兴趣的。从图书管理人方面来说，有图书目录是十分合理的，否则他们就无法回答探询者的问题，教士弟兄也无法了解书柜里有什么书。在以后的时期，寺院为图书拨给了单独的房间，图书管理人就准备了完善的图书目录，我在后面的某个章节中会谈到。但是我并不知道早期是否存在什么文件，够资格称得上图书目录。伊夫沙姆寺院和巴恩威尔寺院的图书管理人都接到指示，要登录出借图书的书名以及借书人的名字，写在一个卷子上（in rotulo ejus）。克吕尼会的惯例则规定把这些内容写在一个本子上（tabula）。奥古斯丁会的惯例规定，在一块布告牌上公布每周负责图书服务工作兄弟的名字。我在别处说过，那是方形的薄木板，上面涂了一层蜡，在中世纪通常用来记账或备忘记事。[3]

1　MSS. Mus. Brit. MSS. Cotton, Faustina, c. xii., fol. 149. De karulis in claustro habendis hanc consideracionem habere debent quibus commi ttitur claustri tutela ut videlicet celerarius seu alii fratres qui raro in claustro resident suas karulas in claustro non habeant, set nec aliqui fratres nisi in scribendo vel illuminando aut tantum notando communitati aut et sibimet ipsis proficere sciant.

2　*Ibid.* fol. 145. ...precentorem et succentorem quibus committitur armariorum custodia. Cantor habebit cathedram suam ante armarium in claustro stantem et carulam suam iuxta desuper lapidem inter columpnas. Succentor vero super scannum iuxta armarium carulam et sedem suam habebit, ut hii duo vel saltem unus eorum possint semper esse parati ad respondendum fratribus seruicium petentibus.

3　*Observances in use at the Augustinian Priory of S. Giles and S. Andrew at Barnwell, Cambs.*, ed. John Clark, M.A., 8vo. Camb. 1897. Glossary, s.v. Tabula. 可以比较 Wattenbach, *Das Schriftwesen im Mittelalter*, 8vo. Leipzig, 1896, pp. 51–89。

我所知的唯一一本古老的图书目录出现在《文学旅程》中；该书的作者于 1710 年 6 月 2 日到达克吕尼，说到了当地的图书馆时，有下面的一些话：

Dans la bibliothèque on voit encore un assez bon nombre de manuscrits, beaux et anciens, mais qui ne sont qu'une bièn petite partie de ceux qui y étoient autrefois, dont a encore le catalogue ecrit il y a cinq ou six cens ans, sur de grandes tablettes, qu'on ferme comme un livre. [1]

在图书馆内，我们还见到相当数量的写本，既古老又漂亮。它们不是我们过去见过的小本子，而是抄写的图书目录，在那里已经有五六百年了，写在大幅的木板上，装订成书的样子。

不幸的是，作者没有告诉我们木板上涂的是什么材料。这样的木板涂上腊、装订成书的样子，并不罕见；在大英博物馆里就有两块。[2]

达勒姆的回廊，至少是用作图书室的那一部分，是装上了玻璃的；但装的是白玻璃还是彩色玻璃，我们无从获知。在寺院建筑内人们最常去的地方采用这样的措施，既可增加舒适感，又可增进美观；无疑在许多别的寺院里也会这样做。在伯里的圣埃德蒙寺院，至少有一部分回廊上"有彩绘的玻璃窗户，上面画着太阳、月亮、星星以及每个月份的象征"。在福塞林盖（Fotheringay）的学院教堂内，利兰（Leland）[3] 作了这样的记录：

学院的美好回廊建于爱德华四世国王的时期 [1461—1483 年]，有一位**先生**（Felde）当时担任院长。

这位**先生**（Felde）把一本名叫《埃塞俄比亚的土地》（*Æthiopum terras*）[4] 的书内的诗句写在窗户玻璃上，字迹非常工整。

94

1　*Voyage Littéraire*, I. 227.
2　MSS Add. 33, 270, 33, 368. 两者均发现于埃及。
3　Leland's *Itinerary*, ed. Hearne, 1745. I. 6. 这条引语我得自詹姆斯博士。
4　10 世纪著名诗人狄奥多鲁斯（Theodulus）写了一首田园诗，其中有"真理"和"虚假"的一段对话，开头的一句就是：*Æthiopum terras jam fervida torruit æstas.*

在坎特伯雷的基督教堂，塞雷因院长（1472—1494 年）"把回廊的南通道装上了玻璃，供研读图书的弟兄使用"。在彼得伯勒（Peterborough），回廊的窗户——

既漂亮又完美，玻璃上装饰着极好的图画。南回廊里是《旧约》的历史故事，东回廊里是《新约》的历史故事；北回廊是皮达国王（King Peada）以后继任诸王的形象；西回廊里讲述的历史从皮达创建修道院开始，直到埃德加国王（King Edgar）修复修道院为止。所有窗户的下方都有解释历史的文字……用的是诗体。[1]

在威斯敏斯特大教堂，前面已经提到，安装玻璃窗的痕迹也可以观察出来。

在后期，修道院里都建立了正规的图书馆，玻璃上偶尔会出现一系列人像，其体系与罗马和罗马以后图书馆的体系相同（画在别的材料上）。有的时候，画的不是人像，而是其他的主题，表示附近所藏著作的性质。但是回廊的玻璃上是否也画过这些主题，我就不敢说了。

1　*History of the Church of Peterburgh*, By Symon Gunton: fol. 1686, p. 103. 作者讲述了九个窗户的主题与传说。我的引证来自霍普先生亲切的帮助。

第三章

　　修道院图书收藏的增加。圣利奎尔、博比奥、达勒姆、坎特伯雷。图书保存在回廊之外的地方。达勒姆、西多等修道院安放图书的应急措施。15 世纪达勒姆、西多、圣阿尔班、克莱沃等修道院建立单独的图书馆。巴黎郊区圣日耳曼修道院图书馆的逐渐扩张。大教堂附属的图书馆。林肯、索斯伯里、威尔士、努瓦永、卢昂等修道院。

　　在前面的一章里，我努力描述各会寺院安全保藏图书的办法，那时图书收藏规模还不算大，还可以容纳在回廊的一个或多个书柜里，或由西多会安放在几个小房间里。我现在必须把调查研究向前推进一步，显示一所分离的图书馆建立后，图书是怎样处理的。

　　不应当设想所有的寺院都把大型图书收藏视为必不可少的设备。许多寺院或者由于缺少资金，或者由于缺少研读的兴趣，所藏图书仅限于做礼拜以及弟兄们日常生活的需用。然而，有些地方的情况则完全相反，收藏图书很早就形成时尚，提倡者是某些有学问、办事能干的院长或教长，因此教士弟兄也懂得了以收藏图书

为荣耀，不论他们是否阅读这些书；在皇家图书收藏还很简陋，用一个箱子就能装满的年代里，寺院的庞大收藏就已经形成了。举例来说，公元 831 年，阿贝维尔（Abbeville）附近的圣利奎尔寺院（House of S. Riquier）应"宽厚的路易"（Louis le Débonnaire）的要求，编出一份所藏图书的目录，发现共有图书二百五十卷；目录的末尾还加上了注释：如果采用不同的编目方法，图书数量将超过五百卷，因为许多论著已经合并为一卷了。收藏的图书可以粗略地分类为神学、语法、历史、地理、布道书以及礼拜用书。[1] 在同一时期，圣盖尔寺院（S. Gall）也有类似的收藏。[2] 下一个世纪，我们在意大利北部博比奥（Bobbio）的本笃会寺院发现了接近

1　*Catalogi Bibliothecarum antiqui*; ed. G. Bekker, 8vo. 1885, pp. 24-28.

2　*Ibid.*, pp.43-53.

七百卷写本；[1] 在德国洛尔施（Lorsch）的同教派寺院发现了近六百卷。[2] 达勒姆修道院也属于本笃会，那里有一部 12 世纪早期的图书目录，载有 366 个书名，[3] 但是和圣利奎尔修道院的情况一样，实际上著作的数量可能超过六七百种。

我故意从欧洲不同的地方选出了上述的例子，还可以轻而易举再增加一些例子，足以说明图书收藏的扩张是何等迅速，只要收藏的兴趣已经形成。年复一年，稳步发展，通过购买、赠送、捐献，通过图书管理人对抄写人的培训，让他们不断热情工作，图书的数量不断增长。有些寺院里，图书的规模已经使收藏者感到困惑。例如在坎特伯雷的基督教堂，1285—1331 年期间出任院长的亨利·德·埃斯特里亚（Henry de Estria）编出一部图书目录，共计约有 1850 卷写本。[4]

按照老办法来安放图书，逐渐变得不可能，即使需要也办不到。图书中有许多重复的份数，还有一些珍贵的写本必须特别照料。因此，有些回廊以外的地方也用来保存图书。例如达勒姆修道院有一部 14 世纪末编写的图书目录，就列举了许多地方：（1）"把图书放在达勒姆回廊向阳处的公共书柜里"（386 卷）；[5]（2）"把图书放在'开销室'（Spendment）的公共书柜里"（408 卷）；[6]（3）"'开销室'内屋的图书收藏"（87 卷）；[7]（4）"食堂内阅读的书放在靠近贮藏室的入口处"（17 卷）；[8]（5）"为新来者使用的书柜在达勒姆回廊内"（23 卷）。[9] 图书目录中的第一类图书，显然是在回廊的白栎木大书柜内；第二类和第三类图书设有安置的空间，因此就放在回廊西边的一间屋内，那儿是分发工资和算账的地方，在《达勒姆教规》中称为金库（treasure-house）或档案室（chancery）。这房间被铁栅分为两部分，铁栅后面坐着主管人支付各种账目。图书似乎有一部分放在外面的半个房间里，另一部分放在铁栅里面。

1　*Ibid.*, pp. 64-73.

2　*Ibid.*, pp. 82-120.

3　*Catalogi Veteres Librorum Eccl. Cath. Dunelm.*, ed. Surtees Soc. 1838, pp.1-10.

4　见詹姆斯博士的一封信，载于 *Guardian*, 18 May, 1898。

5　*Catalogi Veteres Librorum. Eccl. Cath. Dunelm.*, ed. Surtees Soc. 1838, pp. 46-79. 这个图书目录的日期为 1395 年复活节。

6　*Ibid.*, pp. 10-34. 此书目之年代为 1391 年。

7　*Ibid.*, pp. 34-38. 年代同上。

8　*Ibid.*, pp. 80, 81. 这些卷册记录在上述图书目录的开头。

9　*Ibid.*, pp. 80-84. 年代为 1395 年。关于"开销室"的描写，见 *Rites of Durham, et supra*, p. 71。

西多会的原始发源地是一所宏大富有的寺院，在勃艮第（Burgundy）。那里的图书更加分散，15 世纪末该院的院长西雷的约翰（John de Cirey）编出了一部图书目录，[1] 显示的就是如此。这些图书有 312 部写本现在收藏在第戎（Dijon）的公共图书馆中。

图书目录写在羊皮纸上，分为两栏。各段的起首字母交替为红色与蓝色，共登录了一千二百册写本和印本，后者数量不多。目录的标题如下：

98

　　　　夏隆教区西多寺院的图书目录，由院长约翰兄弟等人编成，时在基督纪年 1480 年。我们花费了巨大的费用才把这些图书装订整理成型，两名至三名装订工不断工作了两年之久。[2]

接下去是这样的声明：

　　　　第一批书籍现在排列（existencium）在宿舍的图书室里，我们这样安排，是因为这个房间长期没有使用，过去曾用作裁缝工作室或祈祷室……但是近二百年来没有或极少放过东西。[3]

有一幅西多修道院的鸟瞰图保存在巴黎的国家图书馆内，年代为 1674 年。它显示在食堂与宿舍之间有一个小建筑。维奥尼·勒·杜克先生把它复制出来，[4] 加上注解：“通向宿舍的台阶”。这个房间大概位于台阶的顶层。我即将讨论的安排显示，

1　载于 *Catalogue général des manuscrits des Bibliothèques publiques de France* (Oct. Ser.), v. 339–452。

2　Inventarium librorum monasterii Cistercii, Cabilonensis diocesis, factum per nos, fratrem Johannem, abbatem eiusdem loci, anno Domini millesimc CCCC octuagesimo, postquam per duos annos continuos labore duorum et sepius trium ligatorum eosdem libros aptari, ligari, et cooperiri, cum magnis sumptibus et impensis fecimus.

3　Et primo librorum existencium in libraria dormitorii, quam ut est disposuimus, cum locus ipse prius diu fuisset inutilis et dudum arti sutorie et vestiario serviebat, sicut per aliquas annexas armariorumque dispositiones apparebat, sed a IIᵉ annis vel circa nichil vel parum ibi fuerat.

4　*Dictionnaire raisonné de I'Architecture*, I, 271. 杜克先生没有说出日期。我在审阅原稿（见 *Bibliothèque Nationale*）时，发现它只注明 1674 年。这是十分宝贵的记录，因为它显示出当年修道院建筑的原貌，而自上世纪初以来，修道院建筑已经大大改变了。

台阶的一端是宿舍，另一端是食堂。

房间里有六个书柜，当时称为"长凳"（banche），在英国中世纪图书目录中，相应的词为"座位"（sedilia）。作者按次序讲述这些书柜：

De prima banca inferius versus refectorium （13 vols.）.

（第一个书柜下方，面向餐室 [13 卷]）

In 2ª linea prime banche superius （17 vols.）.

（第一柜上部第二排 [17 卷]）

In 2ª banca inferius de latere dormitorii （18 vols.）.

（第二柜下方，靠近卧室 [18 卷]）

In 2ª banca superius de latere dormitorii （14 vols.）.

（第二柜上方，靠近卧室 [14 卷]）

In 2ª banca inferius de latere refectorii （15 vols.）.

（第二柜下方，靠近餐室 [15 卷]）

In 2ª banca superius de latere refectorii （18 vols.）.

（第二柜上方，靠近餐室 [18 卷]）

第三和第五书柜安放的书籍分别为 75 册和 68 册，描述的语言与上面相同。　99
但第四和第六书柜描述用语有所不同，必须直接引用如下：

In quarta banca de latere dormitorii （24 vols.）.

（第四柜靠近卧室 [24 卷]）

In quarta banca de latere refectorii （16 vols.）.

（第四柜靠近餐室 [16 卷]）

In sexta banca de latere dormitorii （25 vols.）.

（第六柜靠近卧室 [25 卷]）

Libri sequentes sunt in dicta sexta banca de latere dormitorii inferius

　　sub analogio （38 vols.）.

（其余图书放在上述靠近卧室的第六柜下方，书桌之下 [38 卷]）

在我看来，第一个书柜是靠宿舍墙边安放的，所以它正对着食堂，而且只有两层书架，提到第二层书架的时候，用词是"一排（linea）"（23卷）。[1] 第二、第三和第五书柜都没有靠墙安放，每面各有两层书架。我不能解释，为什么描述第四书柜时使用了不同的语言。很可能在编制图书目录时，每面只有一个书架上安放着图书。我猜想第六书柜是靠食堂墙边安放的，所以它正对着宿舍，而且只有一个书架，书架下面是一个书桌，书桌下还有一架书。

除了这些书柜之外，还有一些别的容器，称为"书橱"（armaria），还有一些箱子。这些东西用下面的语言来描述：

Secuntur libri existentes in armariis librarie.

（现有图书分别放在图书馆各书橱中）

In primo armario de latere versus refectorium （36 vols.）.

（第一橱，侧面面向餐室 [36 卷]）

In secundo armario （53 vols.）.

（第二橱 [53 卷]）

In tertio armario （24 vols.）.

（第三橱 [24 卷]）

Sequuntur libri existentes in cofro seu archa juxta gradus ascensus ad
vestiarium in libraria （46 vols.）.

（其余图书放在篮子或盒子里，靠近图书馆中通往祈祷室的楼梯 [46 卷]）

In quadam cista juxta analogium de latere refectorii （9 vols.）.

（靠近餐室的书桌旁的盒子 [9 卷]）

存放在这个房间的写本总数为 509 卷。除此之外，图书目录还计算了其他书籍："唱诗班、大教堂、回廊等地的书 53 卷；从图书室取出供教士们日常使用的书 29 卷；用铁链固定在教长会议室前面书桌（Super analogiis）上的书 5 卷；固定在第

1　我们可以把 linea 这个词和另一个词 rayon 作对照，后者现在常见于法语，指"架子"，尤其指"书架"。

二书桌上的 5 卷；第三书桌上的 4 卷；第五书桌上的 4 卷；从图书室取出、安置在回廊内或分派给弟兄的书 27 卷；回廊内小书桌上的书 5 卷；在教士中间公开宣读或供教士私人阅读的书 99 卷。"各种类型的写本加在一起，总数为 740 卷，这些书分散在寺院各处，只要有安放的地方就会有书。

　　这样的"安排"，或者说根本上没有安排，显然是很不方便的。它必然在修道院内引发纠纷与摩擦。我们可以想像，主管财务的人员必然对主管图书的兄弟干扰他们的工作感到不愉快，认为他们不够兄弟间应有的情谊。而且，人性中总有一种安于现状的倾向，不愿为改革而招惹麻烦，因此，直到 15 世纪以前，并没有为补救局面而采取任何实际步骤。只有在 15 世纪，多数的大修道院才建筑了专用的房间来安放图书。在此以前，阅览图书都在回廊内进行。我认为新图书馆储存的图书主要是供出借或参考之用。在达勒姆，教士们任何时间都可以到图书馆去。

　　这些修道院图书馆通常建在已有建筑或回廊的上方。有时，特别在法国，只要某个建筑的墙足以承受其重量，图书馆就加盖在它的上层，有时以独立的建筑形式出现。我可以举几个不同位置图书馆的例子。

　　在坎特伯雷的基督大教堂，一所长 60 英尺、宽 22 英尺的图书室由奇切利大主教（Archbishop Chichele）在 1414—1443 年期间建成，位置在教长会议室的上方。[1]院长威廉·塞雷因（1472—1494 年在任）"为它配上了白栎木的装饰，为醉心于阅读的人们提供了相当多的图书，热情而慷慨地鼓励他们从事学习"[2]。

　　在达勒姆，院长韦辛顿（Prior Wessyngton）约在 1446 年新建或重新翻修了一个房间，在圣器室的上层，位于教长会议室与南耳堂之间。《教规》说道："它处在教长会议室以及感恩赞辞窗户（Te Deum Window）之间，里面满是古老写本、早期神学家、历史学家和教会作家的著作。"[3]韦辛顿的工作想来宏大而彻底，包括修复图书在内，共花费了 90 英镑 16 先令，[4]根据现在

1　Godwin, *De Præsulibus Angliæ*, ed. Richardson, I. 126.

2　*Anglia Sacra*, I. 145. Librariam etiam supra Capellam Prioris situatam perpulcrá cælaturà adornavit, quam etiam nonnullis libris instaurari fecit, ad usum maximè literarum studiis deditorum, quos miro studio et benevolentia nutrivit et fovit.

3　*Rites of Durham*, p. 26.

4　Item structura ij fenestrarum in Libraria tam in opere lapideo, ferrario et vitriario, ac in reparacione tecti descorum et ij ostiorum, necnon reparacione librorum, se extendit ad iiijxxxl. xvj8. et ultra. *Hist. Dunelm. Scriptores tres*. Ed. Surtees Soc. p. cclxxiii.

的价值至少为 1100 英镑或 1200 英镑。图书室
的位置可以从图 32 的画面了解。房间长 44 英
尺 10 英寸，宽 18 英尺，两端各有一个窗户，
宽 13 英尺，装了五块玻璃。房顶是粗糙的橡木，
安置在石制的梁托上面。

　　在格洛斯特，图书室位于相同的地方，但建筑
的时间不能确定。霍普先生对它作了如下描写：

> 　　图书室是个有趣的房间，建于 14 世纪，
> 保留了它原来开放的大部分屋顶。北面有十一
> 个窗户，每个窗户为方顶，由两片玻璃组成，
> 非常朴素……[南面没有窗户]尽头的垂直大
> 窗户有七块玻璃，带一个横档。有一些不同之
> 处，比如说，美丽的木制梁托承载着屋顶，大
> 约与回廊的工程同时，那时建筑了通向图书室
> 的西台阶，房间就变样了。

102

图 32　达勒姆图书室，由院长
韦辛顿建于 1446 年

　　在温切斯特（Winchester），图书室选择了完全相
同的位置，在教长会议室与南耳堂之间，处于从回
廊走向大教堂东南角地面通道的上方。

　　在圣阿尔班的本笃会寺院，图书室由院长约翰·维沙姆斯提德（John
Whethamstede）动工于 1452 年，第二年完工，共花费 150 英镑，[1] 相当于今天的
2000 英镑。但是图书馆的位置没有记载。

　　在伍斯特，寺院也属于本笃会。看来图书室很早就占据了一个狭长的房间，在
教堂中殿南通道的上层，1866 年又恢复了原来的用途。这个房间从教堂西端的耳堂
延伸出来，长 130 英尺 7 英寸，宽 19 英尺 6 英寸，南边高 8 英尺 6 英寸。房间内有

1　*Regist. Abbatiæ Johannis Whethamstede Abbatis monasterii sancti Albani iterum susceptæ*; ed. H. T.
Riley, Rolls Ser. Vol. I. p. 423.

十二个窗户，其中十一个都由两片玻璃组成，靠近耳堂的一个窗户有三片玻璃。由大教堂的西南角，沿着环形的石阶，可以走进这个房间——只有从外面才能走进房间去。[1]

在圣埃德蒙寺院，院长威廉·柯蒂斯（William Curteys，1429—1445 年在任）建了一座图书室，但位置不清楚。他的工作是值得纪念的，在 15 世纪修道院为图书提供特别房间的伟大运动中，这又是一个例子。

巴黎的圣维克多修道院属于奥古斯丁会，那里的图书室建于 1501—1508 年，我想它是建在圣器室的上层。布鲁塞尔附近的格隆恩达尔（Grönendaal）修道院也属于奥古斯丁会，图书室建在整个北回廊的上方，长度为 175 英尺，它的所有窗户都朝南边。克莱蒙附近的神座圣罗贝尔修道院（S. Robert de la Chaise Dieu），图书室延伸在大教堂旁边回廊上方的一部分。[2]

伦敦的方济各修道院（Franciscan House）俗称"基督医院"，那里有一所高雅的图书馆，1421 年 10 月 21 日由伦敦市长兼绸缎商理查德·惠廷顿爵士（Sir Richard Whittington）动工兴建。第二年的圣诞节，这个建筑完成了屋顶；不到三年，铺上了地板，抹上了灰浆，装上了玻璃，摆上了书桌、栎木家具以及图书。费用为 556 英镑 16 先令 8 便士；其中 400 英镑由惠廷顿支付，剩下的余款由他的朋友、教士托马斯·温切尔西（Thomas Wynchelsey）承担。[3] 这个图书馆延伸在整个回廊通道的上方（图 33）。斯托（Stow）告诉我们，它长 129 英尺，宽 31 英尺。[4] 根据亨利八世于 1547 年 1 月 13 日的旨令，这个地方由伦敦市管理，它共有"28 个书桌和 28 个高背白栎木长椅"。[5]

我在前面讲述了西多修道院的教士在图书太多、回廊里放不下时勉强采用的应急措施。现在，我将描述他们的永久性图书馆了。在 1674 年的一幅鸟瞰图上显示过这个图书馆，我已经提到过；还有第二张类似的鸟瞰图，时间为 1718 年，

103

---

1 *Hist. and Art.* of *Worcester*. By V. Green, 4to. Lond. 1796. Vol. I. p. 79. 文中的测量是我在 1895 年完成的。

2 *Monasticon Gallicanum*, 4to. Paris, 1882. Pl. 27.

3 *Monumenta Franciscana*, ed. J. S. Brewer, Rolls Ser. Vol. I. p. 319. 摘自文件 "Prima fundatio fratrum minorum Londoniae，" MSS. Cotton, Vitellius, F. xii。

4 Stow's *Survey*, ed. Strype, fol. Lond. 1720, Book 3, p. 130.

5 *History of Christ's Hospital*, by Rev. W. Trollope, 4to Lond. 1834. App. p xxiii, 图 33 的图书馆景象是从这部作品中借用的。

图 33　伦敦灰衣修道院（Grey Friars House）的图书馆，该院俗称为
"基督医院"（Christ's Hospital）
摘自特罗洛普的《历史》。

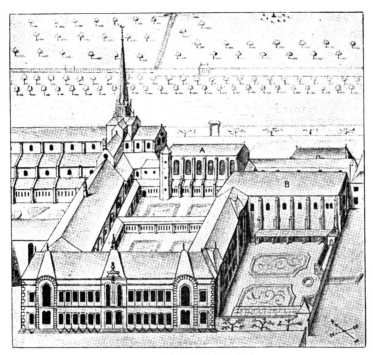

图 34　西多修道院的部分鸟瞰图

取自 1713 年的一幅画。A. 图书馆；B. 农具室。

保存在第戎市的档案馆内，[1] 我有幸在 1894 年发现了它。它还伴随着一幅整个寺院的平面图，还有一幅图书馆的特别平面图（图 36）。[2] 建筑物在此时已经发生了许多变化，按文艺复兴后期的古典模式部分重建了；但是图书馆在变化中仍旧受到了尊重。我复制了图书馆及邻近建筑物的鸟瞰图（图 34），以及和它相当的平面图（图 35）。

104

《文学之旅》的作者于 1710 年访问了西多修道院，对那里的图书馆作了如下描述：

Citeaux sent sa grande maison et son chef d'ordre. Tout y est grand, beau et

---

1　我必须感谢档案馆主任加尼耶（M. Joseph Garnier），他不但允许我仔细考查这珍品，而且把它交给一位摄影师，亲自督促他复制一份给我使用。

2　这个平面图没有注明年代，但它与鸟瞰图和总平面图都是一整套材料的一部分。这些材料都是在讨论方案时画出来的。其中之一增加了一个图书室，在原建筑规划右翼东端增加了一条长廊。

magnifique, mais d'une magnificence qui ne blesse point la simplicité religieuse...

　　Les trois cloîtres sont proportionnez au reste des bâtimens. Dans l'un de ces cloîtres on voit de petites cellules comme à Clervaux, qu'on appelle les écritoires, parce que les anciens moines y écrivoient des livres. La bibliothèque est au dessus; le vaisseau est grand, voûté, et bien percé. Il y a bon fonds de livres imprimez sur toutes sortes de matières, et sept ou huit cens manuscrits, dont la plupart sont des ouvrages des pères de l'église.[1]

　　西多修道院显示了它的宏大建筑与秩序。它很宏伟、美观、壮丽；但是它的壮丽并不妨害宗教的纯朴……

　　三个回廊与其他建筑物按比例匀称排列。在其中的一个回廊内，可以见到一些小屋，就像在克莱沃修道院见到的一样，古代的僧侣在里面抄写书籍。图书馆就建在这些小屋的上层，阅览厅宽敞，带着拱顶，照明很好。有大量的书籍印在各种材料上，还有七八百部写本，大部分是天主教神父的著作。

　　平面图（图35）显示了大教堂东侧的缮写室（scriptoria），显然是六间；而鸟瞰图（图34）则显示了缮写室上层的图书馆。不幸的是，我们对它建造的年代毫无所知。图书馆占了一个回廊北边的大部分——这个回廊名叫"小回廊"（petit cloître）或"农具室回廊"（Farmery Cloister），在东边一个大建筑的附近，那个大建筑原本是用作农具室而建造的（图34，B）。沿着西南角的螺旋形楼梯可以走进图书馆（图34、图36），这个楼梯能引我们进入一个前厅，它的西边有一扇门，通向一间屋，名叫"小图书馆"（petite bibliothèque），显然是建筑在缮写室与大教堂东端之间通道的上层（图35）。我们不知道它的用处何在。图书馆本身长83英尺，宽25英尺；[2] 带拱顶，由南北两边的六个窗户照明。在东边大概还有一个窗户，但是在绘制这幅图画的时候，在这一端打算建立一个新的图书走廊，所以拆卸了。

　　下面我开始讲述克莱沃（Clairvaux）修道院的图书馆。这个寺院可以称为西多修道院的长女，由圣贝尔纳（S. Bernard）创建于1115年。那里图书馆的位置

_____

1　*Voyage Littèraire*, 4to Paris, 1717, I. 198, 221.

2　我把一个 toise 折合为 6.39 英尺。

和西多修道院图书馆完全相同——在大教堂的东边，第二个回廊的北侧，建于缮写室的上层。它始建于 1495 年，完工于 1503 年，显然被认为是一座特别美好的建筑，值得修道院加以庆贺。在一份图书目录的首页上，有一首诗纪念图书馆的

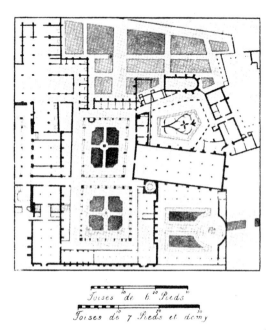

图 35　西多修道院的部分平面图
取自 1718 年的一幅平面图。

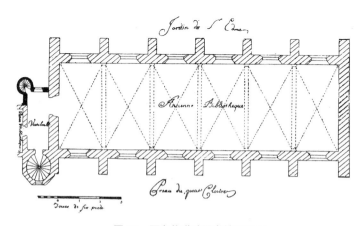

图 36　西多修道院图书馆平面图

完工。这份目录产生于 1496 — 1509 时期，现在保存在特罗耶（Troyes）图书馆。[1]

La construction de cette librairie.

Jadis se fist cette construction

Par bons ouvriers subtilz et plains de sens

L'an qu'on disoit de l'incarnation

Nonante cinq avec mil quatre cens.

Et tant y fut besongnié de courage

En pierre, en bois, et autre fourniture

Qu'après peu d'ans achevé fut louvrage

Murs et piliers et voulte et couverture.

Puis en après l'an mil v^c et trois

Y furent mis les livres des docteurs:

Le doux Jésus qui pendit en la croix

Doint paradis aux dévotz fondateurs.

Amen.

这栋图书馆建筑

从前建了这栋建筑

经过工匠的灵巧与辛劳

据说落成之日

是在一千四百九十五年。

以及更加努力的工作

---

1 我应当感谢巴黎国家图书馆的多雷（Léon Dorez）先生，他不仅把这份图书目录的复制本借给我，而且在我研究过程中不断给予帮助。

用石头、木材和其他工具

几载之后

完成了墙壁、柱子、拱顶与屋顶。

接着在一千五百有三年后，

摆上了神父们的著作：

温柔的耶稣挂在十字架上

虔诚的创建者得以升入天国。

阿门

我有幸获得一小段对克莱沃修道院的描述文字，写于新图书馆完工后不久，作 107
者是西西里女王的秘书，他到访的日期是 1517 年 7 月 13 日。据其所述，显然他到
过寺院各处。[1] 对于图书馆的记载如下：

Et de ce même costé [dudit cloistre] sont xiiii estudes où les religieulx escripvent
et estudient, lesquelles sont très belles, et au dessus d'icelles estudes est la neufve
librairerie, à laquelle l'on va par une vis large et haulte estant audict cloistre, laquelle
librairie contient de longeur lxiii passées, et de largeur xvii passées.

En icelle y a quarante huic banctz, et en chacun banc quatre poulpitres fournys
de livres de touttes sciences, et principallement en théologie, dont la pluspart desdicts
livres sont en parchemin et escript à la main, richement historiez et enluminez.

L'édiffice de ladicte librairie est magnificque et massonnée, et bien esclairé de
deux costez de belles grandes fenestres, bien vitrés, ayant regard sur ledict cloistre et
cimitière des Abbez. La couverture est de plomb et semblablement de ladite église et
cloistre, et tous les pilliers bouttans d'iceulx édiffices couverts de plomb.

Le devant d'icelle librairie est moult richement orné et entaillé par le bas
de collunnes d'estranges façons, et par le hault de riches feuillaiges, pinacles et

---

1　载于 Didron, *Annales Archéologiques*, 1845, III, 228. 文章的标题是：《16 世纪的一所宏大寺
院》。这资料来自我的友人、古物协会的副秘书霍普（W. H. St John Hope）先生。

tabernacles, garnis de grandes ymaiges, qui décorent et embelissent ledict édifice. La vis, par laquelle on y monte, est à six pans, larges pour y monter trois hommes de front, et couronné à l'entour de cleres voyes de massonerie. Ladicte librairerie est toute pavée de petits carreaulx à diverses figures.

同侧柱廊上有十四个学习室供修道士写作与学习之用。在上述学习室顶上有一个新图书馆，从上面的柱廊通过一个宽而高的螺旋形楼梯登上去。这个图书馆长六十三步，宽十七步。其中有四十八张长椅，每个长椅上都放有四个书架，上面装着各类书籍，主要是神学书籍。这些书大都是羊皮纸的，手工抄写，饰以华丽的人物肖像和彩色插图。

这栋图书馆建筑宏伟壮观，由石头建成，由两个大窗户照明，窗户上安装着玻璃，可以俯瞰楼下的回廊以及过去寺院院长的基地。图书馆屋顶和大教堂、回廊的屋顶一样，在立柱末端安装铅条。

图书馆窗户正面装饰丰富，底部是圆柱，顶部是树叶状的花纹。上楼的旋转式台阶有六个弯，可以容纳三个人并排前进。图书馆的地面铺上了各种形状的小块彩砖。

《文学之旅》的作者在 1709 年春天访问了克莱沃修道院，看一看两百年后对同一地方的第二次描述，也许是有趣的：

Le grand cloître...est voûté et vitré. Les religieux y doivent garder un perpétuel silence. Dans le côté du chapitre il y a des livres enchaînez sur des pupitres de bois, dans lesquels les religieux peuvent venir faire des lectures lorsqu'ils veulent...

Du grand cloître on entre dans le cloître du colloque, ainsi appellé, parce qu'il est permis aux religieux d'y parler. Il y a dans ce cloître douze ou quinze petites cellules tout d'un rang, où les religieux écrivoient autrefois des livres: c'est pourquoy on les appelle encore aujourd'hui les écritoires. Au-dessus de ces cellules est la bibliothèque, dont le vaisseau est grand, voûté, bien percé, et rempli d'un grand nombre de manuscrits, attachez avec des chaînes sur des pulpitres, mais il y a peu de livres imprimez.[1]

　　宏大的回廊……为拱顶，安装着大块玻璃。教士在那里必须保持永久安静。阅览室的两侧有大量的书籍，用书链拴在木制的阅览台上，教士可以在任何时间到那里研读……

　　从大回廊走进举行讨论的回廊，就允许教士互相谈话了。在这个回廊里，十二间或十五间小屋列为一排，教士在里面抄写书籍，到今天我们仍然可以见到这些缮写室。在小屋子的上层就是图书馆，很宽敞，拱顶，窗户照明很好，储藏着大量写本，用书链拴在阅览台上，也有少量印刷的图书。

　　维奥尼·勒·杜克画出了克莱沃修道院的平面图，[2] 和西多修道院的平面图（图 34）完全相同，只是规模更大一些。进入图书馆也是从西南角登上一个旋转式的台阶，台阶为六角形，其宽度可容三个人同时上楼。图书馆很宽敞，长约 206 英尺，宽 56 英尺——如果我假设一步（passée）相当于现代长度一米（mètre）没有错误。建筑为拱顶，照明很充分。使女王的秘书感到印象深刻的，是窗户装饰优美、规模宏大。地面铺上了釉面的彩砖。

108

　　提到下面的一点也很有趣：在某些修道院里，图书馆逐步发展，慢慢占据了每一个有利的角落。巴黎郊区的圣日耳曼修道院就是个绝好的例子。我们很幸运，见到了几幅寺院的图像，制作于法国大革命前的不同时期，可以从这些图像追踪图书馆的不断发展。我在这里举出两幅：第一幅（图 37）的年代为 1687 年，显示在回廊的南通道上方有个图书馆，建置时间为 1555 年。但这并不表明在此之前不存在图书馆，相反，寺院似乎早在 13 世纪兴建的时候就有了图书室，修道院以外的人也可以进来查书或借书。第二幅画（图 38）的年代为 1724 年，显示了图书馆的进一步扩大。它已经占据了回廊的西部，接收了整个上层。甚至受到尊重的饭厅，在历次修道院的重建工程中都保持了古典的原貌，现在也为了图书馆而作出了牺牲。三间图书室的联合长度为 384 英尺差一点。凡是愿意使用图书馆的学者都可以充分享受

1　*Voy. Litt.* I. 101, 102.

2　*Dictionnaire de l'Architecture*, I. 267.

图 37　巴黎郊区圣日耳曼寺院

采自 1687 年的印刷图，复制于《巴黎的古老图书馆》，Alf. Franklin 著，Vol. I. p. 126。

1. 寺院大门	4. 圣器室	8. 图书馆	
2. 庭院	5. 静修室	9. 宿舍	
3. 长方形大厅	7. 宿舍	10. 医院	12. 餐厅

图 38　巴黎郊区圣日耳曼寺院

采自 1724 年《巴黎圣日耳曼皇家寺院史》的印刷图，Dom Jacques Bouillart 著, fol. Paris, 1724,
Lettered "L'Abbaye...telle qu'elle est pré-sentment"。

A. 大门	H. 大回廊
B. 庭院内房舍	I. 图书馆
C. 教堂前广场	K. 宿舍
D. 大教堂	L. 餐厅
F. 圣器室	M. 厨房
G. 小回廊	Z. 客人宿舍

它的服务。革命发生时，它藏有印刷书籍 4.9 万余册，写本 7000 余册。[1]

110　　我现在转题谈到教区主教所在的大教堂（Cathedral），那里也和修道院一样，争先恐后地想拥有图书馆；而且，两套不同的建筑也便于互相参照说明。我很遗憾，像约克主教教堂这样的地方，早在 8 世纪中叶就储存了大量书籍，但要发现其图书馆的原址或规模，现在已经不可能做到。巴黎圣母院（Notre Dame de Paris）的情况

111　　也是如此，那里过去既是学术中心也是教育中心。然而，在别处找到几个图书馆的良好范例还是可能的，而且这些图书馆也大部分兴建于 15 世纪。我打算从林肯大教堂（Lincoln Cathedral）说起。这个教堂的某些部分现在还存在着。[2]

　　林肯大教堂建于 11 世纪末期；在 12 世纪中期，它就把属于它的图书储存在一个书柜（armarium）里。我们得知这个信息，是来自一个书单的标题，[3] 书写在一部通俗拉丁文本《圣经》的扉页上；当时要把这批书交给教区秘书哈莫（Hamo, Chancellor，1150—1182）来管理：

Quando Hamoni cancellario cancellaria data fuit et librorum cura commissa, hos in armario invenit libros et sub custodia sua recepit, scilicet：

Bibliothecam in duobus voluminibus [etc.]

　　当哈莫接手秘书工作以及照管图书的职责，他在书柜发现这批书，并妥善保管，所以才有下面文字：

在两卷书上，图书馆……[等等]

　　接下去，书单开列了 42 卷书，还有一份世界地图。在哈莫任职的时期内，这小小的收藏又增加了 31 卷，有的是他本人的捐赠，有的是别人的恩惠。到了他去世的时候，书柜里已经有 73 卷书，在当时也许算是不少了。除此之外，在金库

1　关于这个图书馆的历史，见图 38 下面所引的著作；亦见 Franklin, *Anciennes Bibliothèques de Paris*, Vol. 1. pp. 107–134。

2　有关历史叙述，原载于 1895 年 2 月 18 日 *Camb. Ant. Soc. Proc. And Comm*, ix. 第 37 页的一篇论文。我的资料来自 1892 年 4 月 2 日 *The Builder*, pp. 259-263 的文章，作者为我的已故友人维纳布勒斯神父（Rev. E. Venables）。

3　这个书单印在 *Giraldus Cambrensis* (Rolls Series) 的附录中，Ⅶ. 165-171。

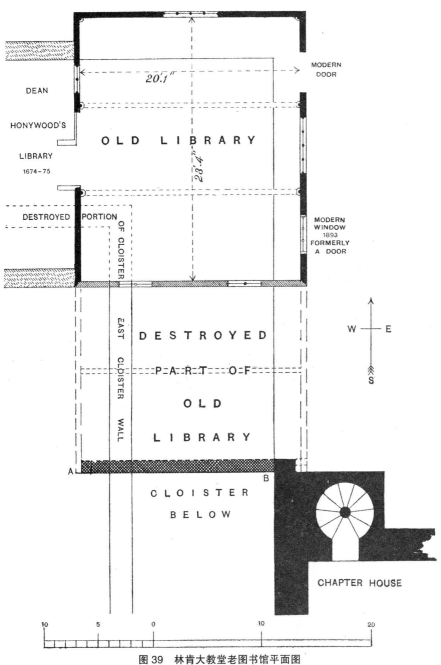

图 39　林肯大教堂老图书馆平面图

(thesaurarius) 管理之下还有一批礼拜仪式用的书籍，在唱诗班领队管理下还有一批歌曲集。整个大教堂内共收藏了 3 套图书。

第一次提到有一个单独存放图书的房间，是在菲利普·里品顿（Philip Repyndon，1405–1419 年期间任主教）赠送的一卷书中。那是在他辞去职务的那年赠送的：他把书送给了"林肯大教堂即将修建的新图书馆"。然后，托马斯·杜菲尔德（Thomas Duffield，曾任教区秘书，死于 1426 年）又把一册书赠送给"大教堂的新图书馆"。由此可以推断，新图书馆的建立大概发生在 1419—1426 年期间。

有一本图书目录现在保存在林肯大教堂的契约档案室内，从它的内容可以断定它产生于 1450 年。书目列举了 107 部著作，其中大约 77 部发现现在仍旧收藏在图书馆中。我下面即将翻译的一段话，涉及把图书用书链拴起来的措施，不久前刚采用。有关这件事将在后续的章节中描述。

在这份契约档案中登录了林肯圣玛丽大教堂图书室内、用书链锁上的全部图书，其中一部分装订进了大教堂的黑色书册，其他部分仍然留在……[1]

图书室是个木结构，位于回廊东通道北半部的上方；现在只存北头的三个开间，原先在南边还有两个开间，位于现存结构和教长会议室之间；这部分房屋在 1789 年被拆掉了。那年 5 月 7 日，教长会议作了如下决定：

拆掉教长会议室旁边的老图书室，改建它下面的回廊，建成一道墙，把阶梯移过去，再建一个新阶梯，一切都按计划和预算执行。

我在下面将简要描写这个图书室，主要借助于平面图（图 39）[2] 以及图书室内部的一张图像（图 40）。

墙壁从地面到承梁架的顶部高 9 英尺 8 英寸。墙面由立柱划分为若干开间，每

112

---

1 Memorandum quod in ista indentura continentur omnes libri existentes in libraria ecclesie beate Marie Lincoln de novo sub seruris cathenati, cuius quidem indenture una pars consuitur in fine nigri libri dicte ecclesie et altera pars remanet in... 省略号以后的文字已无法辨认。我必须感谢马迪逊神父（Rev. A. R. Maddison）把他这份珍贵写本的复制本借给了我。
2 我应当感谢友人、剑桥的建筑师阿特金森（T. D. Atkinson）给了我这个平面图。

图 40　林肯大教堂老图书馆内景
开着的门通向霍内伍德教长图书馆，见第八章描述。

间宽 7 英尺 9 英寸。主柱承受屋顶的重量，并由斜柱合力支撑；斜柱在离地面 5 英尺 9 英寸的地方向上斜出。屋顶的横梁为粗大的橡木，略呈拱形，其位置在图 39 中用虚线表示。整个屋顶是 15 世纪工程的精彩典型，有精细的雕刻装饰其间。每个横梁的中部都有鲜明的雕饰；每个开间中部的屋椽比较粗一些，有雕饰，而其他椽子则朴实无华。有一个天使从墙面横伸出来。在檩条与中央椽子交汇之处，也有雕饰：一个弹奏乐器的天使，一只鸟儿，一朵玫瑰，一个怪物——等等。墙壁的承梁架下方是檐板，深 12 英寸，装饰着一列雉堞式装饰墙，下面有一列四叶形，似乎意味着墙壁曾经装上过墙板或抹上过灰泥。

113
114

很可能，东西两面墙上都各有一排窗户，等距离地分布在每个开间。但是，如果窗户曾经存在过，现在已经没有任何痕迹了。南北两端想必也各有一扇窗户。当前的窗户都是近代建成的。我们知道图书室遭受过一场火灾，传说发生在 1609 年，后来需要重建的时候，窗户的原来模样就改变了。

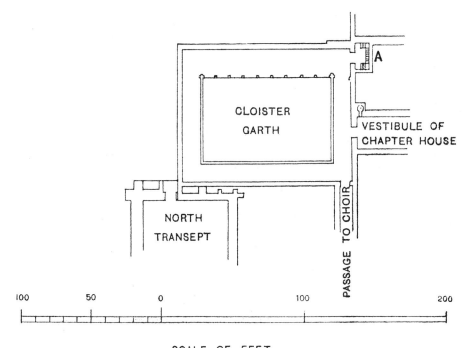

图 41　林肯大教堂回廊及其他部分平面图

很难确定当初人们怎样走进图书室。有人设想：教长会议室西北角的螺旋形石梯是为此而修建的，如果事情确定是这样，那么我们又如何解释前面提到的"决定"："把阶梯移过去"？1789 年大教堂的账目中有一项："拆卸原来的老阶梯、斜梁、扶手，共 14 先令。"这又如何解释呢？我仔细考察这个建筑之后认为：图书室的东墙上曾经开过一道门，现在已被窗户代替了（图 39）。1789 年拆卸的阶梯可能是通向这道门的；门正好位于图书室各开间的中央。1789 年修建的阶梯就是现在仍旧留存、位于老图书室东北角的那一个（图 41，A）。

115

在索尔斯伯里大教堂，据说奥斯蒙德主教（Bishop Osmund，1078—1099 年在任）"收集了相当数量的图书，因为他本人既乐于写书，又乐于把写出的书装订成册"。[1] 但是大教堂的图书室直到 15 世纪才出现，这一点与各地相同。建立图书馆的决定清楚记录在全体教士会议的决议中，日期为 1444 年或 1445 年 1 月 15 日。出席会议的人员认为："由于各种原因，有必要开办讲座、讲习学校，同时建立一个图书室来保存书籍，也便于希望阅读者在其中浏览——大教堂迄今还没有这些设施。讲习学校和图书室必须尽快在大教堂回廊的一侧建立起来，由索尔斯伯里主教威廉·艾斯科夫（William Ayscough）、教长及教士出资兴办。"[2] 根据这个决议，一个建筑树立起来了，延伸到整个回廊的东侧，由南耳堂西南角的阶梯可以很方便地到达（从前这个阶梯只通到屋顶）。但是，由于 1758 年 11 月 25 日教士会议的决定，图书馆被压缩到现在的规模，进行了改建。我把《决定》的部分内容引录如下：

> 图书室南半部必须拆卸，室内收藏的写本必须分别存放，因为整体的图书太沉重，回廊无法承受，超过了它原先设计的能力……
>
> 图书室北半部原来用于收藏神学著作，是过去的教长所捐献，现在它的屋顶也必须拆卸，墙要降低，代之以比较轻的新屋顶。今后室内的藏书要简

1　William of Malmesbury, *Gesta Pontificum*. Rolls Ser. p. 183.

2　Ex eo quod visum est eis vtile et necessarium diuersis causis eos mouentibus habere quasdam scolas competentes pro lecturis suis vna cum libraria ad conseruacionem librorum et vtilitatem inibi studere volencium qua hactenus caruerunt statuerunt...quod super vna parte claustri eiusdem ecclesie huiusmodi scole edificentur..cum libraria [etc.]. 出自教士会议决议汇编。我应当感谢教士会议秘书马尔顿（A. R. Malden, Esq.）提供的友情协助。

图 42　索尔斯伯里大教堂图书室外景，从东北望

便整洁、减轻分量，增加新书时也应如此。

执行上述决定后产生的图书室，从图42 可以了解到它的外貌，那是从回廊邻近建筑顶部描画下来的。就内部来说，它长66 英尺，宽 20 英尺，高 12 英尺 9 英寸。房间的天花板为平顶的灰泥，那是"比较轻的新屋顶"的一部分，于 1758 年建在降低后的墙上。室内的设施是全部现代的。

伦敦圣保罗大教堂（S. Paul's Cathedral, London）即通常称为"老圣保罗"（Old S. Paul's）的中世纪大教堂，它附属的图书室也处在同样位置。图书室的历史由达格代尔（Dugdale）简要地记录了下来；在描写了回廊环绕的墓地（Pardon Church Hawgh）之后，作者写道：

图书室

在上述回廊的东部四分之一上方，有一个漂亮的**图书室**，为瓦尔特·谢林顿（Walter Shiryngton）出资兴建，他是亨利六世时代兰开斯特公国的总理大臣。但是在 1549 年 4 月 10 日，回廊、小教堂、纪念塔，除了**图书室**所在的一侧之外，全部都被夷为平地，那是根据当时爱德华六世的摄政王，索莫塞特公爵（Duke of Somerset）爱德华的指令。所有建筑材料都运到伦敦的滨河大道

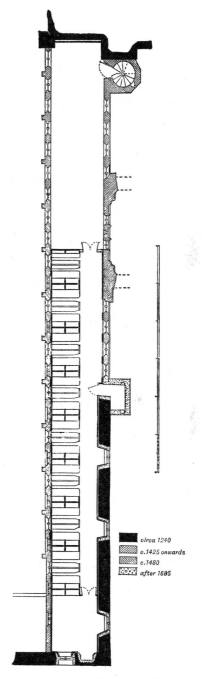

circa 1240
c.1425 onwards
c.1480
after 1685

117

图 43　威尔士大教堂图书馆平面图
采自 *Archaeologia*, Vol. LVII. p. 206。

(Strand)，为的是兴建他主持的宏伟工程索莫塞特大厦。原来留下的空地按小教规改建成一个花园。[1]

　　关于上述图书室的规模与内部安排，我们都一无所知，但是，它既然建在回廊上方，想必是狭长形的，就像现在仍旧存在的威尔士大教堂（Wells Cathedral）相同位置的图书馆那个模样。我在下面就即将作简要介绍。

　　威尔士大教堂的图书馆占据了回廊东侧楼上狭长房间的北部，从南耳堂的旋转阶梯可以到达。这个房间大约 162 英尺长，12 英尺宽；分配给图书馆的部分长 106 英尺（图 43）。屋顶原来由橡木材料分隔为 13 部分，非常轻微地呈拱形，安置在石质的梁托上。每一部分的两边各有两扇窗户。形成图书馆的房间，屋顶木材经过粉刷，模仿成石质的样子，还安装了天花板。图书馆开办于 1424 年以后不久，那一年尼古拉斯·布勃威瑟（Nicholas Bubwith，1407–1424 年任主教）去世。遗嘱"留下一千银币，虔诚地使用在修建一个新图书馆方面，位置就在威尔士大教堂回廊的东侧"。该馆的现有设施，我将在此后的几章中加以描述，那都是在王政复辟以后、图书馆充满了书籍并重新装修时设置的。[2]

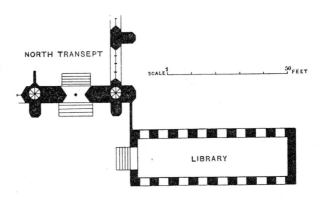

图 44　利奇菲尔德大教堂图书馆平面图
采自 *History and Antiquities of Staffordshire*, by
Stebbing Shaw, fol. Lond 1798, Vol. II. p. 244。

1　Dugdale, *History of S. Paul's Cathedral*, fol. 1658, p. 132.

2　我描写了这个图书馆及其设施，刊登于 *Camb. Ant. Soc. Proc. and Comm.* 1891, Vol. VIII. pp. 6-10。但是威尔士的副教长丘奇神父（Rev. C. M. Church, M. A）于 1900 年 12 月 6 日在古物协会宣读了一篇更为优秀的论文，刊登于 *Archaelogia*, Vol. lvii。我感谢古物协会理事会允许我在此使用丘奇先生所作的平面图（图 43）。

上述四个例子——林肯，索尔斯伯里，圣保罗，威尔士，都是典型的大教堂图书馆，位置在回廊的楼上。下面，我将把注意力放在几所独立位置的图书馆上：

利奇菲尔德大教堂（Lichfield Cathedral）图书馆[1]位于教堂的北方，在北门以西，与教堂之间有一段小小的距离（图 44）。它始建于 1489 年，教长托马斯·海伍德（Thomas Heywood）"捐献四十英镑兴建一所砖砌图书室"，工程结束于 1493 年。它大约长 60 英尺，宽 15 英尺，入口处是一列长台阶。1759 年 12 月 9 日教士大会通过旨令，批准将它拆毁，旨令谈到"图书馆、书记工作房、回廊"，我由此猜想，图书馆是美丽的柱廊式建筑，其外貌很像努瓦永（Noyon）大教堂的图书馆，那是在法国东部，离亚眠（Amiens）不远。

我到那个图书馆去仔细考查过两次。它是根据 1506 年 11 月 16 日全体教士通过的指令而建筑的：

Le 16 iour de Nouembre audit an, l' affaire de la Librairie se remet sus. Le sieur Doyen offer cent francs pour cet œuuure. Et le 20 iour de Nouembre, ouy le Maistre de Fabrique et Commissaires à ce deputez, fut arrestée le long de l' allée qui meine de L' Eglise à la porte Corbaut ; et à cet effect sera tiré le bois à ce necessaire de nos forests, et se fera ladite Librairie suiuant le pourtrait ou patron exhibé au Chapitre le sixiesme iour de Mars 1506. Le Bailly de Chapitre donne cent sols pour ce batiment, à condition qu'il en aura une clef.[2]

在上述那年的 11 月 16 日，图书馆问题获得解决。杜瓦扬先生捐赠了一百法郎用于该工作。11 月 20 日，院长法布里克和代表委员会决定修一条直达科尔博门的教堂长过道，并用我们所拥有的森林来获取必需的木料。而建上述图书馆的意向是 1506 年 5 月 6 日沙皮特雷贵族公开宣布的。巴伊·德·沙皮特雷捐赠了一百苏来作为建筑费用，条件是拥有一把图书馆的钥匙。

---

1 我对利奇菲尔德图书馆的描述，材料出自 *History and Antiquities of the Church and City of Lichfield*, by Rev. Th. Harwood, 4to Gloucester, 1806, p. 180; 也来自教士会议决议汇编，我的朋友、教长勒科克牧师（Rev. H. M. Luckock, D. D.）善意地允许我审阅了上述材料。

2 Levasseur, *Annales de L'Eglise Cathédrale de Noyon*, 4to. Paris, 1633, p. 1111. 一条简短的注释告诉我们，巴伊·德·沙皮特雷（Bailly de Chapitre）的赠送是在 1507 年 6 月 14 日接受的。

图 45　法国努瓦永教堂图书馆

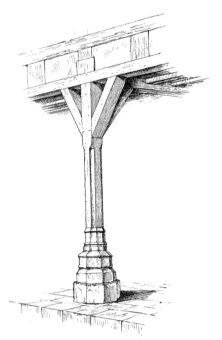

图46　努瓦永教堂图书馆下方回廊的单独立柱

　　那个图书馆（图45），就我所知，是一个独一无二的特别类型，整体由木料建成；房屋由木柱支撑，木柱的基础为石料；房屋建在石地上，高达10英尺，大概是为了保持干燥。传说过去这里是一个市场，但是现在南边各木柱之间已经填上了墙。图46显示的是在北边的一个单独立柱，位置在图书馆和大教堂之间的小院中：　　　　　　　　　　　　　　　　　　　　　　　　　　　　119

　　建筑的位置选择在大教堂唱诗座的南边，最长的轴线为南北朝向。它长72英尺，宽17英尺；原本还要更长些，后来在南端被切割下来一段，成为现在的入口，图书馆到此结束，建了一堵古典风格的石墙。按照传统，入口本应在相反的一端，由外部的阶梯进入馆内，这样的安排对教士会议的成员可能更加方便，因为他们可以穿过祈祷室（在高坛南侧）走进图书馆。东边现在有九个窗户——原来至少有十　　120
个；但西边没有任何窗户，因为与其他建筑物靠得太近，开了窗户也没有用。图书馆内的陈设都是近代的，引不起兴趣。

在拜约（Bayeux），教士的图书馆也是一所两层楼的单独建筑，由石料建成；长约 40 英尺，宽 26 英尺；我现在还不能发现它建筑的年代。在约克（York），一所单独的图书馆在 1414 年稍后就兴建了；位于南耳堂的西南角，从那里有石阶相通。这个两层楼的建筑至今还存在。上层的图书馆长约 44 英尺，宽 24 英尺；两边各有四个窗户，每个窗户各有两片玻璃；西边一个窗户有三片玻璃。[1]

特罗耶大教堂的图书馆建于 1477–1479 年，创建者为拉基埃主教（Bishop Louis Raguioer），为的是代替一所陈旧的建筑。它的位置与众不同，安排也不寻常，处在南耳堂的东南角，有入口可通；几乎是四方形，长 30 英尺，宽 24 英尺，拱顶有中央立柱支撑。从中央立柱放出 6 个书桌，桌内存放图书（图 47）。房间称为"神学

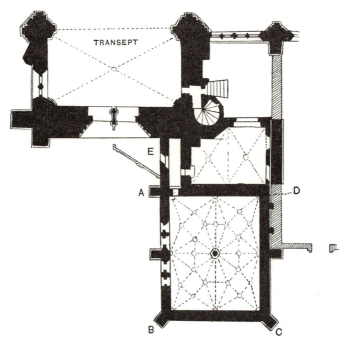

图 47　特罗耶大教堂南耳堂东南角图书馆平面图
A、B、C、D 为图书馆。E 为由南耳堂进入的入口。通道东边的房间用于储存档案记录。

1　*Catalogue of the printed books in the library of the Dean and Chapter of York*, 8vo. 1896. Preface, p. iv.

室"（La Théologale），因为常在这里举行神学讲座，这一点与索尔斯伯里大教堂的图书室一样。书桌于 1706 年搬走了，整个建筑也在 1841—1842 年被建筑师以"彻底复原"的名义拆毁了。[1]

在这里，我禁不住要提到伍斯特的一所不合常规的图书馆，为卡彭特主教（Bishop Carpenter，1444—1476 年在任）凭热情所建，现在这个建筑连同其基础都已经不存在了。[2] 1464 年这位主教为殉道者圣托马斯修建了一座单独的小教堂兼藏骸所，位于大教堂的北侧，并且连带赠送了一个图书馆。记载这件事的材料中有不少有趣的细节，我将把最重要的内容简要地陈述如下[3]：

主教说，根据古代的安排，大教堂的司事有责任在上述藏骸所（或小教堂）主持每天的弥撒仪式，由一位神父协助；他必须保持小教堂的整洁，供应仪式所需的装饰与法衣。为了这个目的，每年都要捐助 15 个银币。然后，主教描述了他本人的贡献。

根据前任各主教的意愿，也为了增加有关神圣信仰的知识，他在上述藏骸所建立了一个图书馆，在馆内用书链存放了一批书籍。为了避免这些书籍无人照料、受到损害，他在图书馆的一端为管理人安排了一个住处，而且在原有的 15 个银币之外，又拨付了一项新酬金。

图书管理人必须是神学学者、优秀的传道师。他应当住在馆内，每天在小教堂内主持弥撒。他要照料图书馆的所有书籍，每周工作日都开放图书馆，时间在第五祈祷时（None）前后各两小时，容纳所有愿意进来读书的人。只要有人请求，他就应当解释经文中艰深、有疑义的段落，每周一次在图书馆举办公开讲座。不仅如此，他每周星期四还要在大教堂或墓地的十字架前传道。

为了防止图书馆的书籍携出馆外或被偷窃，必须为所有图书编制三份清单，并注明每册图书的价值。一份清单由主教保存，另一份由教堂司事保存，第三份由图

122

1 *Voyage archéologique… dans le Départmente de l'Aube*. A. F. Arnaud, 4to. Troyes, 1837, pp. 161-163. 也见于 *Les Manuscrits de la Théologale de Troyes*, by Léon Dorez, 载于 *Revue des Bibliothèques*, Nov. 1892。

2 关于属于寺院的图书馆，见 p.102。

3 材料抄写于 *MSS. Prattinton* (Soc. Ant. Lond.), Vol. VIII, p. 379. 有关资料，我应当感谢伍斯特大教堂图书馆馆长弗洛耶神父（Rev. J. K. Floyer, M. A.），可参阅他的文章《一个大教堂图书馆的千年岁月》（Thousand Years of a Cathedral Library），载于 *Reliquary*, 1901 年 1 月，p. 7。

书馆管理人保存。每次图书馆收到一册捐赠的书，都要登记在三份书单上，注明其价值。

每年圣骸节（feast of Relics，1 月 27 日）后的星期五，教堂司事和图书管理人都要仔细核对书单和图书。如果由于管理人的疏忽导致某些图书失踪，他必须把它找回来，或在一个月内罚款 40 先令，其中 20 先令交给主教，20 先令交给教堂司事。在一个月到期之时，教堂司事必须在自己薪金中拿出足够的罚金，尽快买到同等价值和材料的书籍，用书链保管在图书馆内。

图书管理人每年从教堂司事那里收到的薪金为 10 英镑，还收到 5 码棉布，用来缝制长袍和风帽。

123

教堂司事的责任是保持小教堂、图书馆、图书、书链、管理人住房处于完好状态，还要维持小教堂的法衣以及照明处于完好状态。所有这些责任，他都要手持《圣经》宣誓，认真尽力执行。

如果我不谈到卢昂大教堂（Cathedral of Rouen）附属的辉煌建筑，我所列举的大教堂图书馆就太不完全了。[1]早在 1120 年，这个寺院就拥有了可观数量的图书收藏。它逐年增长，到 1424 年 7 月 29 日，才决定建立一个"书斋或图书馆"（quoddam studium seu unam librariam），于 1428 年完工。五十年后——1477 年，又决定图书馆应当扩大。寺院最初的想法是建立木质结构，购买了一批粗大的好木材（bona et grossa ligna），但是计划拟定后不久就放弃了。两年后（1479 年 4 月 20 日）再提到"已完成的图书馆"时，它只能是指现存的建筑物——完全由石料建成。一星期后（4 月 28 日）石匠领班威廉·彭蒂斯（William Pontis）应邀设计一个阶梯通向图书馆，他第二天就完成了设计。同年 6 月，寺院与石匠领班发生了严重的意见分歧，认为他改变了设计，超过了工程预算。然而，他们终于达成了聪明的妥协，寺院同意他继续干下去，尽早完成工程。

第二年春天（1480 年 3 月 20 日），寺院决定把图书馆一直延伸到街边；1481 年 9 月 18 日又决定修建美丽的石大门，大门上面是镂空的细雕，由此进入院内。这项

1　有关大教堂图书馆的历史，我所知的主要权威资料是卢昂大教堂教士会议及教长的记事册，现在保存于卢昂市档案馆，我有幸于 1890 年 9 月进行过研究。它的摘要刊登在 *Inventaire-Sommaire des Archives Dèpartementales* (Seine Inférieure)，4to. Paris, 1874, Vol. II。我也查阅过 *Recherches sur les Bibliothèque...de Rouen*, 8vo., 1853。

图 48　图书馆庭院内景，卢昂，显现了通向街道的入口大门和图书馆

124　　工程完成于 1482 年末。整个建筑花费了五年的时间。

图书馆和大教堂旁边的某个早期建筑挨在一起，后者形成了它的门厅；两个建筑占据了现在称为"图书院"（La Cour des Libraries）的西部（过去这里曾开设过一些书店，因此得名）。整个结构长 105 英尺，宽 25 英尺。图书馆本身的东墙上开了六个窗户，北墙上有两个窗户。窗户下方墙上的石匠工艺以及两个尖头拱门显示：早期建筑曾被充分利用，充当了图书馆的下层结构。西墙想来一向是空白。从耳堂直接进入图书馆，要借助于两段美丽的石阶，那是彭蒂斯于 1479 年建筑的。阶梯尽头是一扇门，上面标志着"图书馆"（BIBLIOTHECA），通向前面说到的门厅。1788 年，图书馆的上面又开辟了一个房间，用来存放教堂的档案。因此，石阶又延长了，可以到达图书馆的上层。

不幸的是，寺院的记录没有告诉我们这个房间内原有的陈设。[1] 在 1718 年，书籍都存放在柜子里，柜外有金属网保护。书柜上方是图书馆捐助人的肖像。[2]

现在档案都不复存在了，只有少量书籍留在图书馆的上层作为代替。图书馆被用来充当第二个圣器储存室。插图（图 48）显示了"图书院"的内景，从街上进入院子的大门很优美。下层是一些拱门，过去安排过一些书店，上层就是 1788 年的图书馆。

---

[1] 教士们于 1479 年 5 月 28 日进行了长时间的辩论，"de ambonibus sea lutrinis in nova libraria fiendiset collocandis"终于决定使用老图书馆的家具，一直到现在。

[2] *Vayage Liturgique de la France*, par le Sieur de Moléon, 1718, p. 268. 关于这句引语，我应当感谢詹姆斯博士。

第四章

前面几章提到的图书馆是如何装备的？举例说来，1414 年奇切利大主教摆进坎特伯雷图书馆的书柜是什么样子？ 1496 年"能工巧匠"是怎样供应克莱沃寺院院长的需要的？早期的原始书柜已经破损消失了，后来的中世纪设备也遭受同样的命运。然而，缺少实物材料无须令我们丧气。我认为，我们颇有把握地发现，中世纪寺院的设施是什么样子：我们可以把牛津或剑桥图书馆内现存的、多少完整的书柜和中世纪寺院图书目录的记载对照比较——这些图书目录不只登录了书名，而且还详细记载了它们的安排。

学院的体系和寺院完全不是一回事，事实上，它的建立在某种程度是对寺院的反抗；但是，要设想年轻的团体完全不借助于古老团体的经验，那也是荒谬的。我们可以想一想，在瓦尔特·默顿（Walter de Merton）创建学院的至少七百年前，圣本尼狄克就完美地建立了寺院系统，长期存在着；学院建立后，许多创建人又多少与寺院有密切关系。而且，圣本尼狄克还特别要求寺院的僧侣从事学习研究，正是在学习方面我们可以发现两个系统有共同之处。只要我们仔细考查牛津和剑桥某些早期学院有关图书馆的规定、章程，我们就会毫无疑问地得出结论，它们是来自寺院的常规与实践，使用的专门词语意义相同。相似之处十分明显，决非偶然。

因此，我将在下面尽量简短地介绍上述某些学院的规章，按年代先后为序；[1] 我还要翻译其中的一些段落。

首先让我说一说，收取抵押品向学生出借图书的原则早就在牛津大学实行了，甚

---

1 牛津、剑桥各学院的规章中关于图书照料的规定已经威利斯教授的透彻分析，登载在他的论文《图书馆》中（*Arch. History.* III. pp. 387–471），我对此文完成了编辑工作。因此，我认为不必要对每一处引证分别表示感谢，但是我希望大家了解：我这本书中有大量材料是从他的著作中借来的。

至在这些学院创建的多年之前。据记载，约克的教长罗杰·利斯特（Roger L'Iste）"把若干《圣经》的样本提供牛津的学者使用，但要收取抵押品，"时间在 13 世纪初期。据说这些书籍以及其他图书"锁在柜子里，或者用书链拴在圣玛丽教堂的书桌前，供学生在得到允许时使用"，有专职人员掌管书柜的钥匙，接收借书的抵押品；这些图书在这样的管理下一直保存到"学院图书室在聚会厅的楼上建立起来。那时，图书才从柜中取出，按系别排列在桌子上的座位前，加上书链，并指定专人管理"。[1]

127   在牛津默顿学院（Mertan College）1274 年的规章里，提到语法教师（grammaticus）享有足够数量的图书供应，费用出自学院，但是规章里没有在别处说起图书。[2] 1276 年，坎特伯雷大主教罗伯特·基尔瓦比（Robert Kilwardby，1273—1279 年在位）发出指令：集体的图书必须妥加保管，加三道锁，由院长和副院长按收取抵押品的原则出借给研究员使用。[3] 在大学学院（University College）的第二个规章（1292 年）里规定："任何研究员，不经全体研究员的同意，不得转让、出卖、典当、出租或出赠学院的房舍、钱财、图书或其他物品。"在专门说到图书方面，还有下面的文字：

> 学院的每一册书，不论已有的或今后得到的，在出借时都必须收取高价的抵押品，以促使借书人畏惧丢失图书。图书出借时必须签订契约，一份保存在公共书柜，另一份由借书人保管。学院的任何图书，不经全体研究员同意、不经价值高于图书的抵押，都不得携带出学院以外。
>
> 学院的每一种书，都应当放一本在安全的公共场所，使各位研究员在全体研究员的同意下获得它的利益。
>
> 每一位神学讲解人、句法讲师或讲课的校务管理人（regens et legens communiter）在需要的时候，都能得到必需的图书；当他使用完毕后，必须送还，交给之前为他挑选图书的人。[4]

---

1 Wood, *History and Antiquities of the University of Oxford*, ed. Gutch. 4to. Oxford. 1796, Vol. II. Part 2, p. 910.

2 *Commiss. Docts.* (Oxford), Vol. I. Statutes of Merton College, Cap. 2, p. 24.

3 *Sketch of the Life of Walter de Merton*, by Edmund [Hobhouse], Bishop of Nelson, New Zealand, 8vo. Oxford, 1859, p. 39.

4 *Annals of University College*, by Wm. Smith, 8vo. 1728, pp. 37-89. 我把史密斯先生的规章版本和安斯蒂（Anstey）印行的规章（Munimenta Academica, I. 58, 59）作了比较，进行了几处修正。

奥利尔学院（Oriel Callege）的规章（1329 年）为管理图书作出了下面的规定：

学院的公共图书（communes libri）每年必须拿出来检查一次，时间在纪念众灵的节日（Commemoration of Souls)[即 11 月 2 日]，院长或其代表、学者[研究人员]都来参加。

每个人按年资的顺序为先后，选择一本他正在研究的学科的书籍或他需要使用的书籍。如果他愿意，可以把此书保留到第二年相同的日期，届时进行同样的选择，如此反复进行，年复一年。

如果碰巧图书的数量超过了出席的人数，那么多余的书籍还可以按同样方法选择。[1]

128

最后一段文字表明：在规章制定的时候，图书的数量很小。关于图书的安全，院长和研究员后来又作出了规定，这个规定根据教育督察的指示（日期为 1441 年 5 月 13 日），获得了规章的同等权威。有意丢失图书，不按期交回图书，将受到极为严厉的惩罚，这表明当时图书被视为十分珍贵。前面的规章描述了院长和研究员的年度会议，后来的新规定又补充了下面的条文：

任何人不出席那天的会议，因而他选择的书籍不能送回；或者他虽然出席会议，但不愿交回图书；或者他不肯全价支付赔偿他丢失的书籍（如果是确实丢失了）；那么，他就没有权利为下一年选择图书。任何人故意拖延时间，在圣诞节还不交回图书，那就实际丧失了作为研究员的资格。

更有甚者，任何学者违反学院的公意，把学院的书籍或珍贵物品（jocale）带出校外典当，或帮助支持、建议上述的行动，他就会实际丧失作为本社团员的资格。[2]

剑桥彼得豪斯学院（Peterhouse）的章程制定于 1344 年，把学院的图书、重要

---

1 *Commiss. Docts*. (Oxford), Vol. I. Statutes of Oriel College, p. 14.
2 *Ibid*. p. 22.

执照与证件归为一类，并规定了妥善保管的办法：

> 为了妥善保管学院公有的图书（communes libri）、执照、证件，我们决定在大多数学者出席的场合下，将全部上述材料登录在案，注明图书的名称，属于什么科系；登录文件一份交给院长（Master）保管，另一份交给教务长（the Deans），作为办理交接手续的记录。

> 上述图书、执照、证件安置在公共书柜中，每个书柜上有两重锁，其中一重锁的钥匙交给院长，以保证安全；另一重锁的钥匙交给正教务长，他有权把图书分发给需要使用的学者，按照规章确定的教务长职责行事。[1]

129

规章确定教务长的职责如下：

> 把它们［图书］在一定的时期内分发给学者；如果他认为适当，可以让每一位学者宣誓，不转让借来的书，尽一切可能保护图书，并在借阅期满后将书归还给院长和教务长。[2]

1473 年，约翰·瓦克沃斯（John Warkworth）出任院长。他显然是个爱书人：他把 55 册自己的图书捐赠给了图书馆；还按照古老的风俗来保护图书——对偷盗转移图书的人实行诅咒。1480 年他担任院长期间，学院采用了特别的规章，名为《学院图书管理规定》（De Libris Collegii）。翻译如下：

> 以上帝的名义，阿门。所有的图书皆为学者最珍贵的财富，必须加以最细心的照料与爱护，否则这些图书就会朽坏或遗失，此种教训从来就存在。因此，剑桥圣彼得学院院长与研究员共同商议、决定：图书馆内以书链固定的任何书籍，一律不许转移出图书馆外，除非有院长与全体驻院研究员（resident Fellows）的特殊允许与同意——"驻院研究员"指学院大多数成员。

1　*Commiss. Docts.* (Cambridge), II. 38. De omnibus libris Domus, Munimentis, et Chartis custodiendis.

2　*Ibid.*, p. 17. De Duobus Decanis et eorum officio.

凡是以永久装上书链为条件赠送给图书馆的书籍，根据本规定一律不得以任何借口移出馆外，除非这些书需要修补。

图书馆内允许选择、分派的书籍，每一本都必须由校长和两位教务长确定其价值，登录在案，为此必须载入有关的文件。

每两年一次，在秋季学期开始的米迦勒节（Michaelmas Term）前后，图书馆内不加书链的书籍将进行重新选择与分派，具体的日期由院长和正教务长确定。

这些重新选择、分派的图书，一律不许带出学院以外过夜，除非取得院长、主管教务长、非主管的教务长的特殊允许；即使经过允许，有关书籍也不能在院外连续保留六个月。

如果在图书重新选择与分派的那一天，某一部书没有带进会场交回，那么对此有责任的人应当全额赔付这部书的价值，赔金交给院长，院长缺席时交给正教务长；他们将受罚，不得在公共食堂用餐，直到交回图书为止。

每一位不能出席上述集会的研究员应当指定一位代表，由他准备好交回借阅的任何图书，以便在那天重新分派；否则，该研究员将受罚不得在公共食堂用餐。[1]

剑桥三一堂（Trinity Hall）的规章由它的创建人威廉·贝特曼（William Bateman）于 1350 年制定，他在 1344—1356 年期间还担任诺里奇主教（Bishop of Norwich）。这个规章比前面引用的规章更加严格，而且显然考虑到数量更加庞大的图书。他本人赠送给三一堂的一批图书清单附加在规章后面。规章中有专章（De libris collegii）谈及图书馆。现将它翻译如下：

在指定为图书总清查的日子[米迦勒节与复活节]里，所有已经接受或即将接受的图书，不论出于我们的捐献或他人的慷慨捐赠，都要分别摆放在院长以及全体驻院研究员的前面，让每一本书都能看得清楚；通过这样的安排，每年两次让大家知道是否有图书遗失或被人拿走了。

任何属于学院的图书，皆不得在任何借口之下出卖、赠送、交换或转让给他人；除了本院的成员外，任何人不能借阅这些图书；也不允许把图书拆成零

1　*Commiss. Docts*. (Cambridge), II. 44. Statutum de libris Collegii anno. 1480.

篇，为本院成员或外人在院内外抄写复制；院长或任何人皆不得把整书或零篇携出剑桥市或学院以外，除非是带到教学的地方，但不能在学院以外过夜；需要装订或修补图书的情况可以除外。如果发生此种需要，必须在装订、修补完成后立即送回学院。

所有属于学院的图书都必须保存在安全的房间内，交给学院图书馆，供学院的学者共同使用。然而，我们对学院的贫穷学者提供一定的照顾，他们可以在一定期限内借出有关教会法以及民法的书籍供自己使用，期限由院长或三位资深研究员确定，这些书不得携出学院；民法及教会法博士的著作则必须继续保存在图书室内，由书链加以固定，供研究员共同使用。[1]

很明显，上述规章被视为较完整、满意的文字表达，它被许多其他规章袭用，并根据有关创办人的品味稍加补充或省略。这些规章包括：牛津的新学院（New College，1400），万灵学院（All Souls'，1443），麦格达伦学院（Magdalen，1479），基督圣体学院（Corpus Christi，1517），布拉森诺斯学院（Brasenose，1521），红衣主教学院（Cardinal College，1527），圣约翰学院（S. John's College，1555），还有剑桥的国王学院（King's College）等单位的规章。

在这些规章发生的变动中，有一些相当重要的改变值得特别注意。在新学院，威克汉姆的威廉（William of Wykeham）允许民法与教会法的学生保存两本教科书，"供他们在本学院本系钻研学问的全过程中专用，但是他们不得把这些书占为己有"；"其余的教科书如果还有剩余，还有民法与教会法博士所作的评注，都可以通过年度选择的方式出借给本系的人员"；"研究员进行选择后仍有剩余的图书，可以用书链固定，留存在公共图书馆中，供大家使用"；[2] 书籍捐赠人的愿望，不论是遗嘱或未死前的意愿，都必须尊重。图书馆的安全要用三道锁来保证——两道大锁，一道名叫"弹簧锁"的小锁。大锁的钥匙分别由主管教务长和财务司库保管；弹簧锁的钥匙，每位研究员都各有一把。夜间，大门要用三道锁来锁上。[3]

1　*Commiss. Docts.* (Cambridge), II. 432. De libris Collegii.

2　原文是："in libraria communi...ad sociorum communem usum continue remanere."

3　*Commiss. Docts.* (Oxford), Vol. I. Statutes of New College, p, 97. De libris collegii conservandis et non alienandis.

在万灵学院，创建人亨利·奇切利（坎特伯雷大主教，1414–1443 年在位）作出规定：某些特定主题的图书必须加上书链。年度选择的原则维持不变，但有些书"要按照赠送人的愿望，或按照院长、副院长、教务长的指令，加上书链后供研究员和学者共同使用"。此外，规章指定要编出图书目录，每本书按照扉页书名的第一个单词进入目录，扉页上或别的地方要书写图书赠送者的名字。图书每年都要进行清点检查，按照贝特曼和威克汉姆所提供的方式来分配。每一位研究员在借书时要立下小的字据。在字据上按扉页第一个单词写下书名，承认已收下了图书。小字据交给院长管理，院长缺席时交给副院长。[1]

在麦格达伦学院的规章中，创建人威廉·韦恩弗利特（William Waynflete，温切斯特主教，1447–1487 年在位）保留了威克汉姆和奇切利的规定，但也引进自己的指令。其大意是：每位研究员和学者在图书馆查阅书籍后，必须把书本合上，同时要关上窗户；在晚上，最后使用图书馆的人必须走遍整个房间，注意门窗是否关闭严实，否则要受到严厉的惩罚。[2]

在基督圣体学院，创建人理查德·福克斯（Richard Fox，温切斯特主教，1501–1528 年在位）坚持安全保存图书的原则，把书籍不加区别地加上书链：

> 任何图书，除非有相当价值与用处，赠书人有特别指示，皆不得进入图书馆或被带上书链。任何图书皆不得带出图书馆，除非同样主题的书籍存有相当数量，或存有版本更佳、价值更高的同样书籍。要放在原地，由一些捐赠人赠送。

> 这就是说，有较高价值的图书，或对各系学生有较大意义及用处的图书，必须保存在图书馆内；不适于图书馆的书籍，或已保存了足够数量的书籍，则可能分发给学院的研究员，在借出人与学院院长，在他缺席时由副院长或教务长之间立下借书的字据。[3]

1　*Commiss. Docts.* (Oxford), Vol. I. Statutes of all Souls' College, p. 54. De custodia bonorum ad capellam pertinentium.

2　*Ibid.* Vol. II. Statutes of Magdalen College, p. eo. De custodia librorum, ornamentorum, jocalium, et aliorum bonorum Collegii.

3　*Ibid.* Statutes of Corpus Christi College, p. 89. De custodia bonorum Collegii.

133   这位主教显然害怕图书馆过度拥挤了，他甚至还允许出售一些图书，如果这些
书的数量太大，借给研究员使用也有多余，就可以照此办理。

       最后，我还要翻译下面的一份规章，是剑桥彭布鲁克学院（Pembroke College）
通用的。可惜这份文件没有证明年代，但是从内容看，它可以算是最早期的材料，
与前面已引用的规章同时。

       在学院中设立图书保管人，负责管理属于集体的全部图书。每年一次，在
殉道者圣托马斯的升天节（7月7日），或至迟在八天以后，他要向学院集体报
告图书清点的结果，或者把每一本书展示给院长和研究员看。

       图书展示后，经过研究员的考虑，图书保管人可以按照研究员的需要分发
给他们。保管人要准备好若干大木板（tabulas magnas，木板上涂蜡），或准备
好羊皮纸，在上面书写借书人和所借图书的名字。他们交回图书以后，这些名
字就被抹掉，他们的责任宣告中止，但是保管人仍对图书负有责任。他应当永
远关心这些图书和它们的借阅者。

       任何书籍都不许在任何借口下带出或借出学院以外，除非学院的大多数成
员认为有相当的理由。凡是出借任何书籍，都要收取适当的抵押品，抵押品应
当向图书管理人展示。[1]

       从上述各学院规章制度的分析中，我们可以十分清楚地知道图书馆管理的各个
要点。我们知道，学院的"公共图书"（这个词是指供给学院成员共同使用的书籍）
和学院的重要执照、证件以及珍品材料（jocalia）处于同样地位。它们被安置在加
了两三层锁的柜子里，柜子要由两三个负责管理的人员才能打开。这些书籍不能无
134   区别地出借给任何人，只有学院的研究员或学者才能选择他所需要的书，并写下正
式声明他收到了这些书，并按期归还；否则将给予赔偿，接受严厉的惩罚。每年一
次，全部图书要在院长和全体研究员面前进行清点，重新分配。没有借出的图书则
安置在"某个安全的公共场所"，这样的安排后来发展为参考书阅览室，把一些书选

---

1   这一段话引自关于彭布鲁克学院图书馆的简要记述，由雷恩（Mathew Wren, D.D.）执笔，
    是1617年编写的一本书的序言。他在文中记录了赠送图书给图书馆的名字。章程末尾的话
    是：Sub cautione idonea custodi librorum exposita sine fraude.

出来，用书链固定在"为研究员共同使用的图书室内"。

牛津默顿学院的登记簿上记载了许多有趣的项目，表明有关选书和借书的规章得到忠实遵守。我在下面将译出若干项[1]：

10 月 24 日 [1483 年]，研究哲学的研究员进行了哲学书籍的选择。

11 月 11 日 [1483 年]，在院长的住所，从事神学研究的研究员进行了神学书籍的选择。[2]

3 月 18 日 [1497 年]，逻辑图书的选择在公共大厅内举行。[3]

下面一个项目特别有价值，它证明，不论某个主题的图书多么丰富，到一定的时候，都要分派给大家：

本月 [1500 年 8 月] 的第二十六天，进行了哲学书籍的选择。经清点共有 349 册，都在研究哲学的研究员中进行分派。[4]

1498 年（12 月 14 日），学院院长想从图书馆内借出一本书，有关此事作了如下记录[5]：

135

同一天，一册《教令集》（*Decreta*，扉页有 ter posita）从图书馆中取出，该书经全体研究员同意，在四位资深研究员出席的场合，借给了院长，使用期为一季。作为这本书的抵押品，[6]院长把另一本书存入了图书馆；圣哲罗姆

1　默顿学院的历史由我的朋友亨德森（Bernard W. Henderson, M. A.，研究员兼图书馆馆长）写得十分精彩，被收入罗宾逊（Robinson）先生的学院历史丛书中。他的研究给图书馆增加了许多新材料，特别讲明了内部设施的日期。我要感谢他，感谢院长和司库允许我充分利用图书馆以及涉及它的有关文件。

2　*Reg. Vit*. fol. 7b. Vicesimo quarto die Octobris celebrata erat eleccio librorum philosophie inter philosophicos collegii socios. Undeclmo die mensis Novembris celebrata erat eleccio librorum theologie in domo custodis inter Theologos collegii socios.

3　*Ibid.* foll. 110. 18° . die eiusdem mensis [Marcii] fuit eleccio librorum logicalium in Alta Aula.

4　*Ibid.* fol. 125 b.

5　*Reg. Vet.* fol. 118.

6　原文是：qui quidem liber jacuit pro caucione alterius libri decretorum collegii.

关于马太福音以及保罗书信的注释（扉页有 sunt）——此书作为抵押品留在我们手中，但并不足够，因此，又存入了另一本书作为补充抵押：圣哲罗姆对以赛亚、耶利米与以西结等书的注释。

院长把借来的书保留了一年。一年期满时我们找到了如下的记录[1]：

> 同月的倒数第二天 [1499 年]，院长把一册《教令集》（扉页有 ter posita）交还给副院长，这是他从图书馆借用的，为期一季，并存入了足够的抵押品。
>
> 此时，副院长把抵押品退给了他，即圣哲罗姆论马太福首（扉页有 sunt）以及另一本书：圣哲罗姆关于以赛亚、耶利米与以西结书的注释（扉页有 Audi cela）。

最后，我还要引用一则图书馆庄严接受赠送图书的记录：

> 同一天（1493 年 8 月 2 日），一册漂亮的图书通过学士戈德修（John Godehew）赠给了图书馆；赠书人为可尊敬的罗伯特·奥布里（Robert Aubrey）与罗伯特·菲尔德（Robert Feyld）。该书将用书链安置在学院公共图书馆内，供学者永久使用；书名《维也纳的休（Hugh of Vienne）论启示录》，扉页有 quod possessio eius。让我们为赠书人祈祷吧。[2]

以上的记载和寺院回廊的情景很相似。"公共图书"很像我们熟悉的回廊里的"公共书柜"。书柜上两重或三重锁令我们想起"公共书柜"的安全保护规定；每年对图书实行清点与分派在兰弗朗克为英国本笃会制定的规章中也有记载；借书必须交抵押品，在寺院是普遍做法，至少图书管理人必须把书名和借书人的姓名登录下来；把一定数量的图书放在单独的房间里，允许大家查阅，在文化较高、规模较大的寺院里也成为必须的措施。最后一条，奥古斯丁会寺院特别重视，要对图书赠送

1　*Ibid.* fol. 121.

2　*Ibid.* fol. 100 b.

人有纪念的表示。[1]

寺院的规定和俗世学院的章程十分相似，并不使我们感到惊异。我在前面的第三章已表明，本尼狄克为学习制出的规定得到所有教派寺院的遵守；我也不知道，图书管理还能够从哪个别的地方得到指导。在某些场合，我提到的学院规章的作者本人就从寺院图书馆的工作中获取了经验。瓦尔特·默顿据说曾在默顿的奥古斯丁会修道院接受教育；彼得豪斯学院的创建者休·巴尔沙姆（Hugh de Balsham）就是伊利的主教；瓦尔特·贝特曼写的图书馆规定曾经受到广泛使用，他曾在诺里奇的本笃会修道院接受教育，而且他的哥哥是一位修道院长；亨利·奇切利是坎特伯雷大主教，如我所示那里聚集了非常丰富的图书，他为了保存这些图书才亲自出马建设了图书馆。

其次，寺院对牛津大学和剑桥大学产生直接影响，主要是经过僧侣学者。牛津大学被选择为包罗一批教会学院的大学。早在 1283 年，本笃会就建立了格洛斯特学院，现在称伍斯特学院。学院在小教堂南侧有一个图书馆，它的建筑和图书收藏完全靠圣阿尔班寺院院长维沙姆斯提德提供经费。[2] 这位院长兴建图书馆的工作已经被人记录下来了。[3] 达勒姆学院由达勒姆的本笃会主办，它的图书由同教派的"母亲学院"供应，图书目录保存至今。[4] 以后，一所图书馆建立了起来，为的是保藏理查德·德·伯里（Richard de Bury，1333—1345 年期间任达勒姆主教）于 1345 年赠送的书籍。[5] 利兰（Leland）告诉我们，牛津大学坎特伯雷学院图书馆的家具（tota bibliothecœ supellex）都是从坎特伯雷基督教堂（Christ Church）的图书馆搬过来的。[6] 我认为，这些图书馆的设施若是不同于圣阿尔班、达勒姆、坎特伯雷等寺院，那反而是无法理解的事情了。

还应当注意到，在许多古老的学院，建立图书馆都是后来才想到的事，这也和寺院里的情况相同。例如，牛津的默顿学院创立于 1264 年，它的图书馆到 1377 年才开始运作。大学学院创立于 1280 年，图书馆运作于 1440 年。巴利奥尔学院创

137

1　见上文，p. 61。

2　Dugdale, *Mon. Angle*. IV. 403–406.

3　见上文，p. 102。

4　*Cat. Vet. Libr. Eccl. Cath. Dunelm*. ed. Surtees Soc. pp. 39–41.

5　Wood. *History etc*. Vol. II. p. 910.

6　Leland, *Comm. de Script. Brit*. Ch. 131. 我感谢詹姆斯博士提供这条重要的引语。

立于 1282 年，图书馆开始于 1431 年。奥利尔学院创立于 1324 年，图书馆兴办于 1444 年。剑桥的彭布鲁克学院创立于 1347 年，图书馆兴办于 1452 年。威克汉姆的威廉创建牛津大学新学院于 1380 年，他也是想到在校园四方院内同时兴建图书馆的第一人；有了他树立的榜样，后来的学院在创建计划中都包括了足够规模的图书馆在内。这个做法直到宗教改革时代还在继续，一直延伸到现在。

上述兴办图书馆的时期至少占了 15 世纪的三分之二，表明学院图书馆与寺院图书馆都兴起于同一个时期。这种时间上的巧合，在我看来提供了进一步的论据，支持了我的说法，即寺院图书馆和学院图书馆在内部设施上是相同的。再说，家具这类东西的形状，比任何东西的形状更加不会变化。一个工匠自从学会了制作一件家具之后，便一成不变地照章办事，把这一切传授给他的后辈。

在我们讨论这些设施为何物之前，我还要简要地谈谈有关学院图书馆的其他问题，诸如规模、位置、总体安排等等。首先，谈谈图书馆保存书籍的数量。

138　　不幸的是，上面介绍的规章中很少提到图书目录。但是，从我们已知的一点统计材料来看，我们可以作出若干估计：学院图书馆的书籍数量是非常少的。例如，贝特曼主教制定于 1350 年的规章后面附带了一份图书目录，[1] 一共才登录了 84 本书，分为两大类：[2]（A）供学院研究员直接使用的；（B）供主教本人生前使用的，其科目如下：

	A	B
民法图书	7	3
教会法图书	19	13
神学图书	3	25
教堂礼拜用书	7	7
	36	48

1　印于 *Camb. Antiq. Soc. Comm.* Vol. II. p. 73。作者为科里博士（Dr. Corrie）。

2　两部分的标题分别如下："Libris per nos de presenti dicto nostro collegio dati et in dicto Collegio ex nunc ad Sociorum communem usum perpetuo remansuri."

"Libri vero de presenti per nos dicto collegio dati, quorum usum nobis pro vitae nostræ tempore quamdiu nobis placuerit duximus reservandum, immediate inferius describuntur."

1394 年，在国王学院，只登录了 87 本书。[1] 甚至，在大学图书馆，1424 年也只登录了 122 本书，[2] 其分类安排如下：

[一般神学图书][3] ································54

经院神学图书（Thcologia disputata）·············15

道德哲学图书 ·································5

自然哲学图书 ·································12

医学图书（medicinalis philosophia）···········5

逻辑学图书 ·································1

诗歌图书 ···································0

诡辩术图书（Libri sophisticales）·············1

语法图书 ····································6

历史图书（Libri cronicales）·················0

教会法图书 ·································23
　　　　　　　　　　　　　　　　　　———

总计 ····································122

　　女王学院图书馆的目录，由该院第一任院长安德鲁·多克特（Andrew Doket）制定于 1472 年，共登录了 199 册书。[4] 大学图书馆的第二册图书目录制定于 1473 年，登录了 330 册书。[5] 圣凯瑟琳学院图书馆的一份早期目录共有 104 册书，其中 85 册为学院创建人所赠送。[6] 国王学院老图书馆的一份目录制定于 1452 年，登录了 175 册书。[7] 这些图书目录登录的图书都不按书名排列，而只按学科类别进行大体的安排。[8]

139

1　*Arch. Hist.* Vol. II. p. 442. History of Trinity College.

2　*Camb. Antiq. Soc. Comm*. Vol. II. p. 239.

3　图书目录中，书单的第一部分没有标题。

4　*Camb. Antiq. Soc. Comm*., Vol. II. p. 165.

5　*Ibid.* p. 258.

6　*Camb. Antiq. Soc. Quarto Publ*., No. I. 这本图书目录反映了 15 世纪末图书馆的状态。它包括了纳尔逊（Richard Nelson）赠送的一批书。他在 1503 年建立了一项奖学金，赠书大概也在此时："sub ea condicione quod semper remanerent cum tribus sociis."

7　印于《国王学院图书馆所编的写本目录》，编者为 M. R. James. Litt. D., 8vo. 1895。

8　引自我对威利斯教授论文《图书馆》的补充，p. 404。

　　在 1418 年的彼得豪斯学院，我们发现了较大型的收藏，380 册图书，分为 17 个科目。图书目录的标题上[1]说：它包括了"剑桥圣彼得学院的全部图书，其中一部分用书链收藏在图书馆，另一部分在研究员中分配；一部分打算出卖，还有一部分锁在书柜中"。这段文字显示，在上述图书目录编写过程中，图书已经分为供研究员使用的书籍（libri distribuendi）和加上书链的书籍（libri cathenati in libraria），换言之，一部分供出借，另一部分供众人参考查阅。我们不知道这种分类起于何时，是怎样定下来的；但显然在 1418 年已成定局，不再凭研究员的品味或研究内容行事了。一类书供他们选择借阅，另一类供他们查阅，两者是分得很清楚的。[2]

140　　　下面我将对这份图书目录进行分析，以显示共有哪些科目，每种科目有多少册书。首先，供参考查阅的图书内容：

神学……………………………61

自然哲学………………………26

形而上学………………………3

道德哲学………………………5

天文学…………………………13

炼金术…………………………1

数学……………………………1

音乐……………………………1

几何学…………………………1

修辞学…………………………1

逻辑学…………………………5

语法学…………………………6

诗歌……………………………4

编年史…………………………4

医学……………………………15

1　这份书目，开头用老羊皮纸写着学院登记，刊于詹姆斯博士的 *Catalogue of the Mss. in the Library of Peterhouse*, 8vo. Camb., 1899, pp. 3-26。

2　引自我对威利斯教授论文《图书馆》的补充，p. 402。

民法……………………………………9

教会法…………………………………18

公爵赠书………………………………1

M. Joh. Sauage 赠书…………………2

Mag. Edm. Kyrketon 赠书……………7

M. W. Lichfeld 赠书…………………2

M. W. Redyct 赠书……………………4

M. Joh. Fayre 赠书……………………3

M. Will. More 赠书…………………13

M. John Ledes 赠书…………………14
　　　　　　　　　　　　　　　────
　　　　　　　　　　　　　　　220

在研究员中分配的图书分类如下：

神学……………………………………63

自然哲学、形而上学、道德哲学………19

逻辑学…………………………………15

诗歌、语法学…………………………13

医学……………………………………3

民法……………………………………20

教会法…………………………………19

其他……………………………………8
　　　　　　　　　　　　　　　────
　　　　　　　　　　　　　　　160

　　在制作图表的时候，我列出了教会图书中（Libri cathenati）46 册图书，是某些人特意赠送给学院的，但没有按其所属学科分类。我还假定，有些学科的书籍，例如天文学、数学、音乐等，如果不属于出借的图书，那就属于参考查阅的部分。这一类共计 220 册，加上出借的 160 册，总数就达到了 380 册。

　　除了上述图表外，还可以列出第三个图表，显示两大类图书的学科与数量：

141

	使用书链的书	出借的书
神学	61	63
自然哲学	26	
形而上学	3	}19
道德哲学	5	
逻辑学	5	15
语法学	6	
诗歌	4	}13
医学	15	3
民法	9	20
教会法	18	19
	152	152

　　第三个图表列举的学科与图书数量显示了 14、15 世纪彼得豪斯学院的学者们研究的科目，这是十分清楚而有趣的。1344 年制定的规章指出，学生们可以学习艺科（Arts）、亚里士多德哲学或神学；但是他们必须首先专心学习艺科课程，直到院长和研究员（至少是大多数研究员）判断，他们已经具有足够修养，才能从事神学的研究。[1] 可以有两名学生研究民法或教会法，但是在同时间内不能超过两人。可以有一名学生研究医学。[2] 学习这些科目都必须得到特别批准。

　　艺科课程包括语法学、逻辑学、亚里士多德、数学、音乐、几何学、天文学。在这第一类学科，包括诗歌在内，出借的图书数量多于参阅的图书，在逻辑学方面多出了两倍，在哲学方面（亚里士多德及其评注者）也有充分供应，但是音乐、几何学和天文学方面则根本没有。神学方面出借图书为 63 册，参考图书为 61 册；民法方面，20 册对 9 册；教会法方面 19 册对 18 册。医学方面，只有 3 册对 15 册。两类图书的总数恰好相同，是偶然的巧合。需要数量最多的是神学方面的书籍，这是在意料之中的；其次是民法与教会法书籍。读医学书的人显然很少。我也无法解释，为什么参考书图书室内，数学、音乐、几何学、修辞学的书籍都各自只有一册，这真是奇怪的事实。[3]

142

1　*Commiss. Docts.* (Cambridge), Vol. I. p. 21, Stat. 24.

2　*Ibid.*, p. 22.

3　关于彼得豪斯学院图书室的这份图书目录的分析，引自我为我的友人詹姆斯博士《图书目录》一书所写的引言。

　　我们没有理由把上述的范例看作特殊的情况。这些范例显示，只需要一间普通的厅堂，就足以把一所学院拥有的全部图书装下来，而且还可以把一批常用的书籍用书链固定在书桌上，供学生参考使用。

　　威利斯教授（Professor Willis）称："一所真正的图书馆，就是指一个房间，其目的显然是为了收藏图书而设计的。"[1] 这样的房间在学院创建了一个多世纪以后才开始采用。他指出，这一类房间往往立刻可以辨认出来，因为它的窗户都是等距离的，而且相互的间隔比较小，和通常的房间有所不同。这样的例子现在还可以在剑桥大学的圣约翰学院、耶稣学院、女王学院看到。然而最富特征的典型是在彭布鲁克学院的大厅楼上，由劳伦斯·布思（Laurence Booth，1450—1480 年期间任院长）建成。学院的外貌保存在洛根（Loggan）的一幅木刻画上，现在加以复制，刊登在下面（图 49）。[2]

　　托马斯·科布汉姆（Thomas Cobham）于 1317—1327 年任伍斯特主教；约在 1320 年，他开始在牛津圣玛丽教堂北侧的老礼拜厅楼上（solarium）兴建图书室，为的是容纳他打算赠送给牛津大学的书籍。这要算是现存这类图书室中最古老的一个了。它在南面仍旧保留着一排等距离的单页窗户，形状非常朴素，标志着这个房间的用途。房间长 45 英尺，宽 18 英尺，原先大概在两面都有七个单页窗户，东头还有一个双页窗户（图 50）。[3] 牛津大学与奥利尔学院之间的长期纠纷使得这些赠书闲置无用，达四十余年。直到 1367 年，大学当局才通过规章，指令把科布汉姆主教的图书用书链固定下来，凡是愿意使用这些书的学者都可以在适当的时间内（temporibus opportunis）进行阅读。有一些价值较高的图书出卖，售价达到 40 英镑，为的是支付每年 60 先令的管理费；这笔钱支付给一位牧师，他的职责是为托马斯·科布汉姆以及其他赠书人的灵魂祈祷，并且管理好他们赠送的书籍以及此后大学陆续收到的赠书。[4] 这个规章也许可以视为牛津大学第一次设立图书馆管理机构的指令。然而，尽管有了这个规

144

145

1　*Arch. Hist.*, The Libary, p. 404.

2　*Arch. Hist.*, Vol. I. p.138.

3　我应当感谢友人杰克逊（T. G. Jackson）建筑师借给我关于科布汉姆主教图书馆的资料。有关这个建筑的历史，可参阅他的 *Church of S.Mary the Virgin, Oxford*, 4to.1897, pp. 90-106。有关窗户的数目，他写道（p.102）："本来应当有八个窗户，两个窗户构成一组，但是西边半组的地方被支撑塔楼的墙占据了。"

4　Anstey, *Munim. Acad.* I. 227.

图 49　剑桥彭布鲁克学院，由洛根的木刻画缩印而成，原画作于 1688 年前后
A. 教堂；B. 图书馆；C. 大厅；D. 院长住宅；E. 厨房；
F. 院长花园；G. 研究员花园。

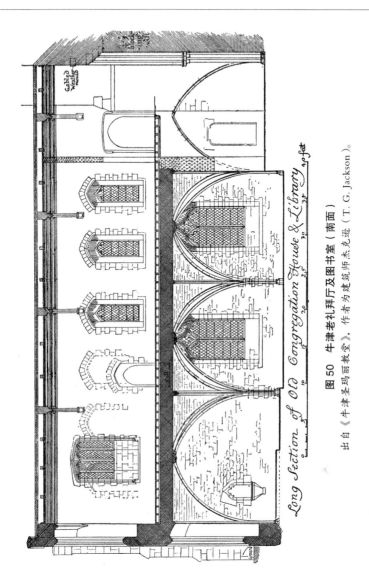

图 50 牛津老礼拜厅及图书室（南面）

出自《牛津圣玛丽教堂》，作者为建筑师杰克逊（T. G. Jackson）。

章，大学仍旧未能平安地支配这些图书，直到 1410 年，在大学校长理查德·考特尼（Richard Courtenay）的领导下，纠纷才得到完全解决。[1]

    我还要选择剑桥女王学院的老图书室，作为学院图书室的一个典型。这个房间位于一个长方形院子北面的第一层，楼房建于 1448 年；图书室长 44 英尺，宽 20 英

1   Jackson, *ut supra*, p. 98.

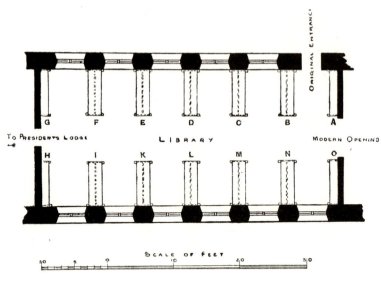

图 51　剑桥女王学院图书室平面图

尺，共有 11 个窗户；南墙上 6 个，北墙上 5 个，都是双页窗（图 51）。南墙上的

窗户已经失去了尖顶装饰，北墙上的窗户还保留着。比

较起我所熟悉的其他图书室，这个房间在各方面遭受现

代化干扰最少。室内的书橱已经变动了不止一次，为的

是给图书提供更大的空间。但是，在这些现代书橱的底

部，至少还能够看出若干中世纪书桌留下的痕迹。如果

仔细观察，在每个书橱的内部都能见到沟槽，显然是过

去用来固定书桌的，长度为 6 英尺 6 英寸；高度适于坐

着读书使用（图 52）。[1] 书籍平放在书桌上，用书链加以

保护，方法我在后面说明。两个书桌之间安放着长凳。

在图 51 的平面图上，我还在西墙上增加了过去存在的

半个书桌；而且根据 1472 年的书籍目录，我给所有的书

桌都编上了字母标志。[3]

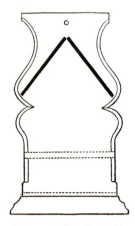

图 52　图书室书桌立体
示意图 [2]

146

1　整个书桌的高度为 66 英寸，从地面到沟槽起点的高度为 31 英寸。每个书桌长度为 19 英寸。

2　可参阅本书第 171 页图 63。

3　见上文，p. 139。

观察这个平面图的时候还应当注意到，每两个窗户之间的距离都只有 2 英尺，而书桌的宽度恰好占满了这个空间。如果我们在考查别种陈设的图书馆时记住这个事实，我们就可以发现这些房间原有的陈设。

我建议把这种陈设称为"阅览台系统"（Lectern-system）。我将在后面显示，这种体系在英国、法国、荷兰、德国、意大利都普遍采用，但有不同的变化。

很幸运，在荷兰的祖特芬（Zutphen）就仍然存在着这种陈设的一个例子；1894年 4 月，我曾去访问过。访问后不久，我就对这个古代方式独一无二的遗存作了如下的描述[1]：

具备如此陈设的图书室附属于祖特芬镇的主要教堂——圣彼得与圣瓦布尔加教堂（the church of SS Peter and Walburga）。据说，从很早的年代，这里就有一个图书馆，[2] 但图书放在何处，已经无法知道了。1555 年，有人建议要在此建立一套真正优秀的图书收藏，供公众使用。现在的这个建筑奠基于 1561 年，完工于 1563 年。《比利时城市剧场》（*Theatrum Urbium Belgicæ*）一书的作者约翰·布莱欧（John Blaeu）成书于 1649 年，他描述这个图书馆"收藏的书籍很贫乏，但是市议会的自由派众议员每天都在充实着它的内容"。[3]

图书馆建在教堂南部唱诗廊的外侧，有一道门与唱诗廊相通。由于它的位置，房间的形状是不规则的——因为教堂是半圆形的，唱诗廊处在半圆形的延续部分。图书室的西面长 60 英尺，宽 26 英尺。房间的中央有四根八角形的立柱，底座为四方形，支撑着四块朴素的穹顶。因此，整个房间被分为两部分，东面的部分形状不规则。

下面登载的平面图（图 53）将有助于说明，但它是根据笔记记录画成的，并没有追求画面的绝对准确[4]：

房间的西面有两个窗户，每个窗户有三行玻璃；南面有四个窗户，形状相同，窗子之间各占一定距离。东南角上还有第五个窗户，现在已经封闭。有些窗户上还残留着彩色的图案，其中一只绿色的大鹦鹉十分显眼。这些图案是原来教堂带来

147

148

1　*Camb. Ant. Soc. Proc. and Comm.* Vol. VIII. pp. 379-388, 7 May, 1894.

2　现存的图书馆仍旧称为"新图书馆"。

3　*Novum ac Magnum Theatrum Urbium Belgiæ*, fol. Amsterdam, 1649, s. v. Zutphania. 关于这些历史事实，我要感谢祖特芬的友人金伯格先生（Mr. Gimberg）的著作 *Archiuarius*。

4　我应当感谢建筑师 T. D. 阿特金森先生画了这幅平面图。

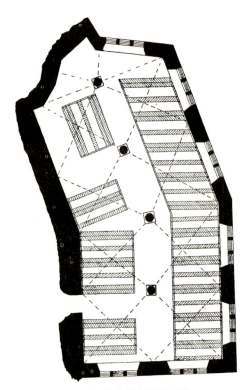

图 53　祖特芬图书馆平面图

的，还是建图书室时的装饰，现在已无证据可寻了。大多数的窗户是部分封闭的，受到不同程度的损害，据说是由于祖特芬过去多次遭受到围攻。大教堂的位置与城市的堡垒很接近，由布莱欧鸟瞰图所示，这个说法看来是可能的。图书馆的地面铺的是红砖。房间的面貌可以从一张照片（图 54）上获得印象，拍摄的是北面的几排阅览桌。[1]

149

　　室内共有十八个书橱或书桌，南面有十个，北面有八个，（图 53）。材料为橡木，做工非常粗糙。我先描写南面的书桌：每个书桌长 9 英尺，从地面到立柱的尖顶高 5 英尺 $5\frac{1}{4}$ 英寸；从地面到放书的下层高 2 英尺 $6\frac{1}{4}$ 英寸。书桌的全貌及各部分的相对规模可以从两幅图上看出来，一幅（图 55）是照片，表现一位读者坐在一个书桌前面，另一幅是书桌的立体示意图（图 56，A），我在旁边放的是剑桥女王学院图书馆书桌

150

1　我应当再次感谢金伯格先生拍摄了这张照片，由于光线不足，拍照是不容易的。

图 54   祖特芬圣瓦布尔加教堂图书馆北部的景象

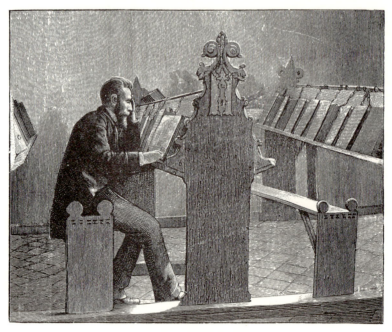

图 55　祖特芬图书馆南部的书桌和一位读者
采自一幅照片。

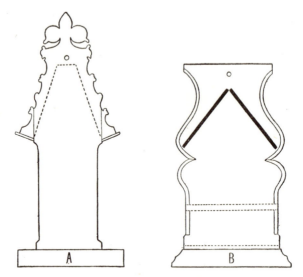

图 56　（A）祖特芬图书馆一个书桌的立体示意图；
（B）剑桥女王学院图书馆一个书桌的立体示意图[1]

1　其大小可见第 157 页图 63。

的立体示意图（B），两者可以进行比较。图55的照片
显示，在决定书桌的高度时，读者的方便得到了细心
的考虑。携带书链的铁条直径为半英寸；它穿过有装
饰的立柱，离书桌的上层一英寸，中间有一个支撑物，
用来防止它弯曲。它的固定方法如下：一根带有装饰
的铁片固定在立柱上，外形有点像锁，实际上只是一

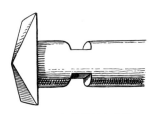

图 57　祖特芬铁条末端

块金属，其舌片看来可以移动，其实只是个装饰，中间有个钥匙孔。锁设在木料的深
处，在铁片的后面。铁条的末端有一个柄，旁边有两个缺口。钥匙转动的时候，锁的
栓子就夹住这两个缺口（图57）。在每两排书桌之间是读者的座位。

151

　　房间北部的书桌形状和南部略有不同，稍大一些，两头没有装饰（图58）。挂书

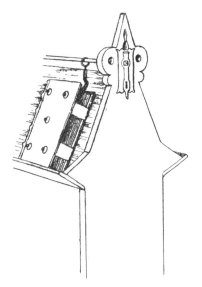

图 58　祖特芬图书馆北部一个书桌的一端

链的铁条与书桌上层的距离要大一些。在我看来，装饰较多的书桌在图书室开始陈设
的时候可能就搬进来了，其他的书桌是新书逐渐增加之后一次又一次搬进来的。

　　书本被拴在书桌上，其方法如下：链条约有12英寸长，由狭长的熟铁环结连而
成。这些铁链与萨里（Surrey）吉尔福德文法学校（the Grammar School at Guildford）

152　　图书馆内仍在使用的书链完全一样。[1]书链的一环可以
在图 59 见到。在祖特芬，它大概建于 1586 年，距离
图书室完工的时间只有二十三年。它的一端套在一个
转动的铁环上，铁环又挂在铁条上（图 60），以防止
互相纠缠在一起。书链的另一端固定在书本上，方法
是将一片金属弯成环状，套在书链的末端；环状物用
钉子固定在一本书封面的木板上。这种固定的方法可
以在图 61 上看得很清楚，图上的书是 1487 年印于纽
伦堡的一本传道书。据信该书一度属于班贝格多明我
会学院（Dominican House, Bamberg），用书链存放于
图书馆中。

　　这种形状的铁环固定在书的右侧封面板上（图
61）。所谓"右侧封面板"，我是指书打开以后，那块
封面板会位于读者的右侧。但是究竟是选择右侧还是
左侧，这要凭读者的口味而定。再说，书链装订的形
式各不相同，铁环与铁钉往往很粗糙，对书页产生损
害，使篇页变形，或因铁锈而污损了篇页。

153　　这种形式的书链装上之后，便没有打算从桌子
上的书本上取下来，不会像意大利稍有改变的体系那
样，当书不需要的时候，取掉书链，把书放在书桌
下层的架子里。每本书都要装上书链，摆在书桌上
面，就像寺院的读经台上摆放《圣经》一样。祖特芬
的书桌上最少要放 6 本书，最多每桌 11 本，总数为
316 本。图书室南部的书籍大多数印制于 16 世纪的
前半期；北部的书籍印制的时间晚得多，有些书晚在
1630 年。我在图书室内没有见到任何写本。[2]

图 59　书链的一环套在铁条
转环上的模样，其中一个书
链是实际尺寸，吉尔福德

1　我描述过个图书室，载于 *Camb. Ant. Soc. Proc. and Comm.*Vol. VIII. pp. 11–18。
2　这本书现在存于剑桥的大学图书馆。

如果我们现在再阅读剑桥女王学院
保存的那些文字规定，我肯定，上述祖
特芬图书馆的书桌一定会对那些规定作
了解释，使我们理解装备一所学院或修
道院图书馆内最古老的方式。当一所修
道院需要建立图书馆的时候，人们一定
会对家具问题争论不休，这时阅览台会
在日常使用过程中冒出来，证明自己是
阅读书籍最方便的支撑用具。

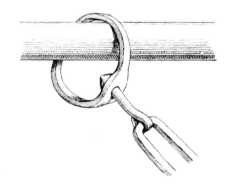

154

图 60　套着书链的铁条，
祖特芬

图书室设备的另一种样式，过去一度可以在剑桥彭布鲁克学院见到，就在大厅
楼上的图书室（图 49）。在马修·雷恩博士（Dr Mathew Wren）对图书馆的描述里，
有一段话可以翻译如下：

我要告诉您，1617 年，图书馆经历了完全的改变，外貌焕然一新。这种

图 61　装上书链的一本书，德国南部，班贝格多明我会学院

改变是必要的，因为我们很悲哀地发现，图书遭受了严重的损害，而且越来越重。造成损害，部分是由于书桌的斜面，部分是由于书链不适当的重量（tum ex declivi pluteorum fabricâ, tum ex ineptâ mole catenarum）。[1]

这种书桌的样式在剑桥大学圣约翰学院也受到模仿。1516 年 6 月 20 日的一份合同上有这样的记载；合同承包人必须：

图 62　林肯大教堂老图书馆的一张书桌

1　*Arch. Hist.*, The Library, III. 429. 很显然，沉重的书链是固定在封面木板的下方。悬挂书链的木条是在书桌的下面，而不在上面。

为学院图书馆制造所有的书桌，使用良好、结实的橡木材料，按照……彭布鲁克学院图书馆装备的式样，适合于本学院的方便。[1]

上述图书馆位于学院大门南边的第一层，现在已分割为几个房间，但是它的原来规模仍旧能够辨认，因为有距离相等的一排窗户。窗户之间的墙面宽 $28\frac{1}{2}$ 英寸，和女王学院图书馆的情况完全相同。1544 年 9 月 23 日编成的图书目录记载：房间的两边各有一排书桌，每排书桌七个。

在彼得豪斯学院也有相同的安排，一直到 1418 年的图书目录编出的时候仍旧存在。最早的一本书是《圣经》，据称是"放在西边第六张讲台上"（lectrino 6° ex parte occidentali）。讲台（lectrinum）这个词使用得不寻常，但它表明了书桌与众不同的形状。

155

在林肯大教堂可以见到这种类型书桌的精彩范例（图 62），属于图书馆的三张"大书桌"至今还保存着，图书馆在前面已经描述过。[2] 每个书桌约长 7 英尺，宽 3 英尺，从地面到斜面顶部高 4 英尺 4 英寸。书桌两端和中部是庞大的立板，高 7 英尺 2 英寸，顶端是突出的尖形雕刻。这三个立板靠一条镂空细雕的木板来连结在一起，其花纹与图书馆檐板相同。这条木板与书桌斜面顶部之间，是挂着书链的木条，现在是木质，过去当然是铁条；下面是放书的架子，宽 18 英寸，比斜面稍微向外突出。书桌斜面有一个边保护着，下面又是一个架子扩展到家具整个宽度。这一层架子有什么用处？由于挂书链的铁条位于书桌上方，不在下方，书籍通常都会放在斜面上，而不会在不需要的时候平躺在下层的架子上，再说，书链的长度也不够，不能作其他的安排。我认为，这下层的架子大概只是起结构上的作用，能把三块立板连结在一起。上层比较狭窄的架子倒是为了读者的方便而服务的，他可以把不读的书暂时放在上层架子上，免得这些书在他读书时碍事。在他作摘录的时候，也可以在架子上放墨水瓶。

156

这几个书桌，过去在老图书馆内显然是立在屋顶椽子的下面，因为它们的一端空出来一部分，为的是与椽子对接。立板的一面没有花纹，稍微弯曲一点，为的是与屋顶相合（图 40）。

我已经描述了阅览台系统的三种样式，现在我要把这三种书桌的立体示意图按

[1] *Arch. Hist.* II. 244.
[2] 见上文，pp.112-115。

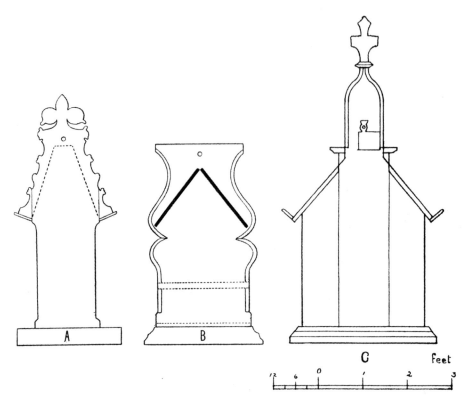

图 63 （A）祖特芬图书馆的书桌，（B）剑桥女王学院书桌
（C）林肯大教堂图书馆书桌的立体示意图

相同比例并排呈现在读者面前（图 63）。可以看出来，在本质上它们是相似的。

这种形式的书桌已经被欧洲各地视为图书馆陈设的典型。我在开始这项研究

157 时，很幸运地在大英博物馆找到波依提乌所著《哲学的慰藉》一书一章的法文译
本，其中也有这种形式的书桌出现（图 64）。这个写本于 15 世纪末年写于佛兰
德（Flanders）。[1] 它展示图书馆需要通用的陈设，其他怪异形式的陈设被视为不
能接受。

在纽伦堡的州立图书馆，有些最早期的法律著作至今仍用书链保藏。每本书都

158 有一条短短的书链，长约 12 英寸，固定在左手封面木板的上方。书名写在右手封面
上方的中间。显然，书是放在斜面阅览台上，书名在阅览台上可以看见。[2]

---

1 MSS. Harl. 4335. 墙上的图画表现哲学给予一个病人安慰。
2 关于这些材料，我要感谢友人，牛津默顿学院研究员亨德森（Bernard W. Henderson, M. A.）。

很可能，巴黎索邦大学的图书馆也使用类似的陈设。该馆建于 1289 年，图书都安上了书链，供研究员公共使用（in cummunem sociorum utilitatem）。[1] 图书分为两个分离的部分，实际上是两个不同的图书馆。第一个称为"大图书馆"或"公共图书馆"，收藏的是最常用的书籍。书都装上了书链，除非特殊情况不能带出馆外。1312年制定的一份规章类似前面介绍过的学院规章，其中明确指示：最好的图书都必须装上书链。第二个被称为"小图书馆"，收藏的是复本或较少查阅的书籍，在一定

图 64　书房内景

采自波依提乌《哲学的慰藉》第一卷法文译本的一个写本。
写于 15 世纪末佛兰德。

1　Delisle, *Cabinet des manuscrits*, II, 186, *note*.

的条件下可以批准出借。[1] 下面有关图书馆的描述由克劳德·埃默里（Claude Hémeré，1638–1643 年任馆长）保藏在他的写本历史记录中。我把它翻译出来：

老图书馆包容在一个屋顶之下，建筑坚固结实，长 120 英尺，宽 36 英尺。两边都开辟着 19 个同等大小的窗户，大量的日光从东西两面照射在书桌上，充满了整个房间（房间朝西）。室内共有 28 个书桌，按字母编号，高 5 英尺，互相保持适当的空间距离。书桌上装满了书，全部都配上书链，没有任何窃贼能将其偷出馆外。[书链装在每本书的右手封面上]，以便阅读，也便于放在一边，把书打开或关上也不感困难。读者坐在高 5 英尺的两个书桌之间，既看不见别的读者，也不会通过谈话去干扰别人阅读或写作，除非他有意这样做。他也不会去注意可能出现的各种问题。根据图书馆古老的规则，阅读、写作、翻动图书等活动都必须在完全安静中进行。[2]

以上描述表明，书桌与祖特芬的设施相同，甚至高度也相同。

1506 年巴黎的纳瓦尔学院（Collège de Navarre），即现在的工学院（École Polytechnique），[3] 建立了一所图书馆，和上面的描述非常相近似；它的一面有 19 个窗户，另一面的窗户数大约也相同。我提供的插图取自一幅照片（图 65），是在 1867 年它被破坏之前不久拍摄的。我估计它大约长 108 英尺，宽 30 英尺。

巴黎奥登学院（Collège d'Autun）的图书馆，安排也相似。1462 年 7 月 29 日编出的图书目录上有如下的记载："dix bancs doubles, à se seoir d'une part et d'autre, et ung poupitre; esquelz bancs et poupitre ont esté trouvez enchaisnez les livres qui s'ensuyvent, qui sont intitulez sur la couverture d'iceulx."（有十个双面讲台，分别位于两侧，并有一个书桌。在讲台和书桌上可以看到带书链的书，它们有所谓的双层封皮。）[4] 图书目录上共有 174 册图书，也就是说，每个"讲台"（banc）上有 17 册或更多。"bancs doubles"的说法很有趣，似乎意味着那时还有些图书馆使用"bancs simples"，就是指只有一个斜

160

1　这一段记述主要译自德莱尔先生（M. Delisle）的同一作品。

2　Bibl. Nat. Par. MSS. Lat. 5493. 有关这个图书馆的历史，可参阅 Delisle, *ut supra*, pp. 142–208; Franklin, *Anciennes Bibliothèques de Paris*, I. pp. 221–317.

3　Franklin, *ut supra*, Vol. I. p. 399.

4　Franklin, *Bibliothèque de Paris*, II, 70.

图 65　巴黎纳瓦尔学院图书馆

面的讲台，而不是两个斜面。

　　巴黎奥古斯丁会的圣维克多修道院于 1513 年编了一份图书目录，编者为修道院的僧侣克劳德·格兰德吕 (Claude de Grandrue)。研读这份目录可以知道，那里也施行着同样的制度，而且，目录也是极好的典范，表明大修道院费了很大的工夫来描述它收藏的图书。简短的序言告诉我们，图书馆内的书桌分为三排，按三次重复的字母编号。也就是说，第一排书桌编号为 A，B，C……第二排书桌为 AA，BB，CC……第三排书桌为 AAA，BBB，CCC……每一个编号书桌上的书，再按数字 1，2，3，4……编号，以显示它的位置。随便举一个例子，有一本书 *Abælardi conffesio* 编号为 P. 13，它就是第一排编号为 P 的书桌上的第 13 本书。图书目录对每一个写本都作了仔细描述，目录本身结束后，编者又在末尾附加了按字母编成的索引，又提高了使用的方便。[1]

　　有人会问我，从图书目录里怎样推想出书桌 (pulpitum) 的形状呢？我回答：首先，书桌内并没有书架的编号，图书馆员注明书桌的字母编号和每本书的位置。其次，每个书桌上写本的数量都是很小的。室内总共有 50 个书桌，写本的总数为 988 册，平均每个书桌上只稍多于 19 册。而祖特芬图书馆的平均数是恰好 18 册。这项证明十分重要，因此我要详细介绍。下面的图表是我从图书目录中摘要编列的，字母表示书桌，数字表示每个书桌上的书本数量：

A	13	AA	13	AAA	15
B	21	BB	16	BBB	16
C	13	CC	19	CCC	17
D	18	DD	18	DDD	19
E	17	EE	21	EEE	17
F	20	FF	17	FFF	29
G	18	GG	18	GGG	24
H	16	HH	17	HHH	29
I	16	II	23	III	25
K	17	KK	21	KKK	29
L	22	LL	21	LLL	23

1　Delisle, *ut supra*, III, 228–231; Franklin, *ut supra*, I. 135–185. 克劳德·格兰德吕所编的图书目录现存于国家图书馆：fonds latin, No, 14767, 按字母的索引现存于 Bibliothèque Mazarine, No. 1358.

M	21	MM	20	MMM	26
N	18	NN	20		269
O	14	OO	13		
P	19	PP	23		
Q	22	QQ	27		
R	14	RR	26		
S	14	SS	28		
T	21	TT	24		
	334		385		

上面的几栏总数加在一起为 988 册，除以 50，平均数为 19.76，即每个书桌上书本的约数。

再进一步，我的理论还得到德莱尔先生（M. Delisle）对这个图书馆描述的支持。他说："Les livres estoient couchez et enchaisnez, sur de longs popitres, et une allée entre deux."（这些书都带有书链，放在一张长阅览台上，它们位于一个两扇窗户间的过道里。）[1] 显然，英国的体系是在每两个窗户之间放一个阅览台，这里没有照英国的办法安排。

在剑桥的女王学校，1472 年的图书目录登载了 192 本书，分别安放在 10 个书桌和四个半边书桌（称为 gradus）上面。每个半边书桌上放 8 本书（免于分开），每个完整书桌上放 15 本书。我们把图 51 的平面图、图 52 的书桌立体示意图对比祖特芬图书的景象，就可以得到 15 世纪学院图书的清晰观念。

在我离开有关阅览台系统的话题之前，我还要描述两个奇特的典型，第一个在剑桥的三一堂，在今天仍旧能够见到；第二个过去存在于莱顿大学（University of Leyden）。

三一堂图书馆在设计上完全是中世纪式的，是一个狭长的房间，位于第二个院子北边的底层，长 65 英尺，宽 20 英尺。每个边墙上有八个同等距离的窗户，西边山墙上有一个四行玻璃的窗户。它大约建于 1600 年，但是室内的陈设更晚一些，是在 1626—1645 年期间托马斯·艾登（Thomas Eden，L. L. D.）任院长时置备的。那

162

163

1　Delisle, p. 228. *note.*

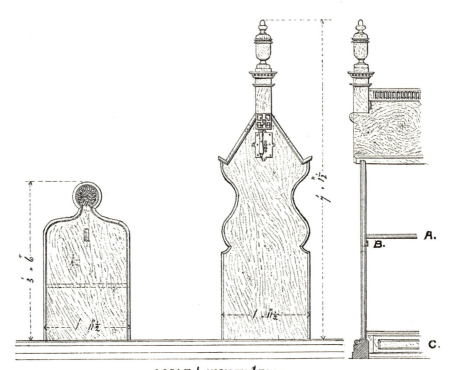

SCALE $\frac{1}{2}$ INCH TO 1 FOOT.

图 67　剑桥三一堂图书馆书桌及座位的立体示意图

个时期，别处已经流行各种不同的样式，但这个图书馆的设备还故意要回到古代的模样。

　　房间的两边各有五个书桌和六个座位，按惯例与边墙形成直角，有的安放在两个窗户之间，有的就在一扇窗户之前。它们的安排与结构的细节可以从总图（图66）和立体示意图（图67）获得了解。

　　书桌是橡木的，长6英尺7英寸，从地面到带装饰的顶端高7英尺。最上层是书桌的斜面，斜面下方是一层书架（图67，A）。安装书链的长条在书桌的下方，穿过桌子垂直的两端。在离墙最远的那一端，装上了锁和搭扣，由两把钥匙控制着（图68）。在书架下方的两端各有一根木条，说明那里曾经有过一个可移动的桌子（图67，B），需要时可以拉出来。读者可以随他的方便，站着或坐着读书（图66）。两种姿式读书，书桌的高度都能够适应。书桌的底部是一条踏脚板，读者可以把脚放在上面（图67，C）。两排书桌之间的座位当然是同时配置的。它有靠背，可以两面坐人，显示在舒适方面有改进。

图66　剑桥三一堂图书馆总视图

图 69　1480 年的法国图书馆
取自剑桥菲茨威廉博物馆 164 号写本。

图 68　三一堂书桌一端的锁

同样的书桌出现在一个写本的精美插图中（图 69）。这个写本约在 1480 年抄写于法国，现在保存在剑桥的菲茨威廉博物馆（Fitzwilliam Museum）。[1] 这些书桌看来很结实——在斜面阅读台的下方可能有放书的柜子。看不见座位，只有一个读者站着读书，也许可以由此推断，这些桌子是供学生站着使用的。 164

最后，我复制了一幅沃丹努斯（Jan Cornelis Woudanus）的木刻画，表现的是 1610 年莱顿大学的图书馆（图 70）。[2] 图中的书橱，显然是为了室内能容纳最大量图书而设计的。每个书橱内摆放着一排书，都用书链拴在橱前的架子上。为了节省空间，没有安排座位，读者只能站着查阅图书。图书馆每边各有 11 个书橱，每个藏书 40 至 48 册。房间的尽头还有两个带门的柜子，可能是存放写本的。在看图者的右手边还有第三类书柜，柜子上标着斯卡林杰（Legatum Josephi Scaligeri）的名字，此

1　稿本图画（No. 164）的作者为卡斯特尔（Frère Jehan de Castel）。

2　这个复制品出自保存在剑桥菲茨威廉博物馆的一幅木刻画。它也登载于 *Les Arts au Moyen Age et à l'Époque de la Renaissance* par Paul Lacroix, 4° . Paris, 1869, p. 492; 并载于 *Illustrium Hollandiae et Westfrisiae Ordinum etc.*4° . Lugd. Bat., 1614。

人逝世于 1609 年 1 月。我还要请大家注意图上那些地球仪和地图，这些东西是那个时代图书馆内常有的设备，供研究者使用。

我在这个时刻介绍上述的书橱，心中缺少自信，因为这类书橱很难代表阅览台系统。但是它们也不代表任何别的体系，因此，我把它们放在这里供大家观看，作为一种过渡性的类型，介于我们已经见到过的那些书桌以及下一章我们将要见到的书桌之间的桥梁。

第五章

简要的回顾。书柜体系的发明。牛津基督圣体学院图书院 —— 一个典型。赫里
福德大教堂的书链系统。牛津默顿学院、剑桥克莱尔学院的图书馆。威斯敏斯特、
威尔士、达勒姆大教堂等仿行的书柜体系。此体系可能出自寺院。坎特伯雷、多佛
小隐修院、克莱沃的图书馆。

如果前一章所举的材料为大家所接受，那么，15 世纪的寺院或学院建立的图
书馆通常是一个狭长的房间，由几排距离相同的窗户提供照明。偶尔，如果相邻的
建筑物允许，在狭长房间的尽头也会有窗户。室内陈设是木制的阅览台。书籍摆在
阅览台上，每册用书链拴住；悬挂书链的铁条通常设置在书桌的上方，偶尔也设在
书桌的前方或下方。读者坐在窗前不能移动的长凳上。很显然，只要读书的人数不
多，在这样的条件下阅读是很方便的。但是，如果人数很多或使用书链的图书挤得
太紧，必然会引起烦恼。1444 年，牛津大学向格洛斯特公爵汉弗莱（Humphery）请
求帮助，要建立一所新图书馆，他们就特别提到旧图书馆由于拥挤而引起的学习障
碍。他们说，"如果有个学生想专心阅读某一本书，他就必然要把三四本别的书放在
一边，因为这些书用书链拴得太近了。"[1]

再说，阅览台体系在使用空间上太浪费，如果书籍越来越多，就必须找别的家
具来盛放。书桌是不能抛弃的，因此，聪明的木匠会突然想到，为了满足需要，可
以把书桌的两半分离开，使之相距较远（而不是只有几英寸），中间装上宽阔的书
架，甚至较多的书架。这样，一个书桌可以至少有四个书架，分布在书桌两边，一
边两个。只要图书馆有足够宽度，就可以这样做。阅览台的斜面还保留着供读者
使用。我建议把这样的系统称为"书柜体系"，出自词语 staulum（有时写为 stalla,
stallus 或 stallum），这个词常用来指中世纪图书馆的盛书家具。

---

1 Macray, *Annals of the Bodleian Library*, p. 7. 原文是：Jam enim si quis, ut fit, uni libro inhæreat,
aliis studere volentibus ad tres vel quatuor pro vicinitate colligationis præcludit accessum.

在牛津，至少有五个这样的例子；但是，很遗憾，在剑桥一个也没有。克莱尔学院的老图书馆里曾经有一套，时间大约在 1627 年前后，但后来发生了变化，这些书桌被搬走了。牛津的五个系统分别设在基督圣体学院（1517），圣约翰学院（1596），托马斯·博德利爵士图书馆（1598），默顿学院（1623），耶稣学院（1677—1679）和麦格达伦学院（年代不详）。

我将要以基督圣体学院图书馆作为这种系统的范例，它始建于 1516 年，建立人是温切斯特主教理查德·福克斯（Richard Fox）。第二年的 3 月底，工程完毕，可以安装家具了，我们从赫恩（Hearne）保存的记载中得知下面的情况：

> 8 亨利八世。从 3 月 15 日开始到 3 月 30 日 [1517 年]，书桌制作完成。
>
> 主教与科默尔·克拉克（Comell Clerk）商议，同意为图书馆制作十六套书桌，形状与样式仿照麦格达伦学院，只是两边顶端的罂粟花纹不要采用，安排木匠去完成。主教还要求寻找各种家具的样式给他看。[1]

167 这些十分有趣的设备的外貌和安排可以通过图 71 的全景以及图 72 的立体示意图获得了解，但是我还要作一些比较细致的解释。

图书馆位于学院大门内长方形大楼一层的南部，长 79 英尺 6 英寸，宽 21 英尺。每边有 10 个等距离的窗户，间隔相距 3 英尺 6 英寸。大房间的西头有一个内室，位于长方形大楼的西南角。房间内两边各有 9 个书柜，每个高 8 英尺 6 英寸，宽 2 英尺，长 7 英尺 6 英寸，分为三个部分，形成三个分隔间。

我曾经有几次仔细考查了这些书柜。在我看来，与原来的结构相比，主要的变

168 化有几方面：（1）书柜的上层增加了 2 英尺，以扩大放书的空间；（2）读者阅读的桌面安排略有变化；（3）增加了安放图书目录的框架，其风格显然是詹姆斯风格的。原先的结构只有两层放书的地方。一层与阅读台面的高度相同（图 72，G，H），另一层在前者与书柜顶部之间（图 72，E，F）。在书链停止使用之前，书柜加高了，又增加了一层放书的空间（图 72，C，D）。现在，又在最上面增加了一层（A，B），在底部增加了两层（I，K，L，M）。书柜的变化还包括托架位置的改变以及书链铁

---

1 Hearne's *Glastonbury*, ed. 1722, p. 286.

图 71 牛津基督圣体学院图书馆的书桌和座位
采自 1894 年拍摄的一张照片。

条位置的下降，我在后面将进一步说明。

　　原先讲台使用的书链系统，由于书籍增加而重新安排，需要变化发展。在基督圣体学院，大多数书链的铁制设备还保留着（图71），但已经不再使用；要寻找别的地方来考查它的实际使用。在这方面，据我所知，赫里福德大教堂的教士图书馆（Chapter Library in Hereford Cathedral）是最好的例子。我将用它来描述这个书链系统，并说明在基督圣体学院以及别的地方，同样的系统都一度使用过。

　　赫里福德大教堂的教士图书馆原本建在西回廊的上方；有证据表明它的设备制作于1394年，在那年，瓦尔特·拉姆斯伯利（Walter de Rammesbury, B. D.）拿出十英镑来做书桌。[1]原有的建筑物早已毁掉了，图书也迁移过几处地方。直到1897年在原址建成了现在这所美丽的房子，图书才又搬回来。

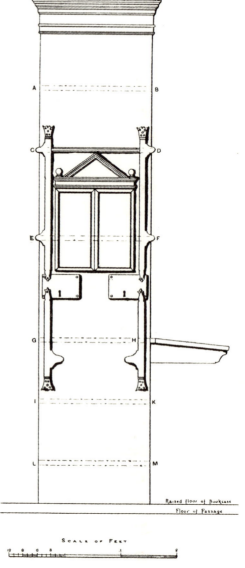

图72　牛津基督圣体学院图书馆书桌
的立体示意图

　　尽管经过这些变化，有几个非常古老的书柜仍旧保存了下来。它们曾经被拆成碎片，几经改变，但又基本上恢复了1394年的原貌。其中的一个书柜还保留了完

1　*Fasti Herefordenses*, by Rev. F. T. Havergal. 4° . 1869. p. 181. 有一份教士会议的指令，日期为1589年2月16日，指示将图书移至圣母小教堂（the Lady Chapel），在图书馆原址上建立一所学校。

整的书链系统，能够实际应用。我们研究的牛津大学的书柜，在这里也能见到部分相同之处。本书提供的插图中，第一幅（图73）显示了最完整的书柜全貌，这个柜子现在仍存放着写本。第二幅（图74）显示同一个书柜的一个分隔间，装备着图书、书链、阅读台面等。这个书柜长9英尺8英寸，宽2英尺2英寸，高8英尺（不包括檐板）。材料是未经打磨的橡木，非常粗糙。两边的木板厚两三英寸，由三块木板用坚硬木榫联结在一起。阅读的台面变化很大，现在安装得太低，很不方便。显然，当书链仍在使用时，每个书柜上都有阅读台面，悬挂台面的钩子仍然在几处地方可以见到。放图书目录的框架与牛津大学很相似，据说是在17世纪由驻院教士托马斯·桑顿（Thomas Thornton, D.D.）增设的。

169

图 73　赫里福德大教堂图书馆的书柜
取自 1876 年的一幅素描。

由于书本都是直立在书架里，而不是平躺在台面上，那就需要用不同的方式给书本装上书链。一块狭窄的黄铜片钉在书的左手封面木板边上，留下一点空隙正好套上直径 1.25 英寸的一个套环（图 75），那就是书链的末端。书本直立在书架里，书口朝外；书链的另一端也有一个套环，比前面那个套环稍大一点，套在铁条上面可以移动（图 76）。在书柜的上面

170

图 75　书的一角，显示安装书链使用的套环；赫里福德
采自作于 1876 年的一幅素描。

图 74　赫里福德大教堂书柜的一部分

两层，铁条的直径为半英寸，安装在书架的
前方，距离足以让套环容易移动（图74）。
铁条的长度只够一个分隔间，所以每一层书
架需要安装三个铁条。在书柜的下面几层，
铁条固定在书架边缘的后面2英寸，这样就
可以使书链和套环离桌面较远，彼此不妨碍。
上层的铁条，末端插入凹形的插座，插座是
铁质的，钉在木架横竖交汇的地方。在书柜
靠墙的一边，插座由一块铁片固定着（图
77），防止铁条向外移动。在另一边，通常是
两排书柜之间的通道，铁条由锁和钥匙来固
定，方式如下：一块铁片钉在书柜边上，正
好在上层书架的上方（图78）；铁片上安装着
活动的搭扣——2英寸宽，长度足够两层之
间的距离；对着每个书架铁搭扣的一部分呈
半圆形，可以容纳铁条插座的头部；在中层、
它扣在一个锁上，由钥匙来固定。另一个结
构相同的搭扣用来固定下层的三根铁条；但
是，由于铁条是在书架边缘的后方，而不在
前方，因此，安排正好反过来。每一套锁和
钥匙足够三层书架使用。

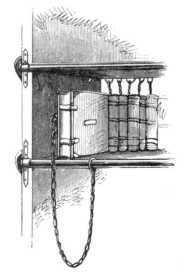

图76　一册书本直立在书架里，
用书链联结在铁条上，赫里福德

171

　　书链由煅铁的环结组成，如图79所示，
图中书链与实物的大小相同。在链条中部，
通常有一个可转动的轴承，用来防止纠缠。链条长度与环结长度各不相同，根据书
架内图书安排的情况而定。显然有必要考虑到读者查阅图书时将书本放在桌面上的
方便。常见的书链长度为：3英尺4英寸，3英尺6英寸，4英尺3英寸。

图77　铁条和插座，赫里福德

　　要把一本书从书柜中取走，或新增一本书，想必要经过很复杂麻烦的过程。必
须把铁条抽出来，解开所有的书链。如果这种变动涉及距离锁较远的地方，那就要
把每个有关的链条都抽出来，才能移动那本需要的图书。　　172

如果我们仔细考察牛津基督圣体学院的书柜图像（图71，图72），可以看出那里的铁制设备与赫里福德完全相同。我们发现在书柜木架横竖交叉的地方，有同样的插座可以容纳铁条；为了防止铁条被抽出，安装了同样的搭扣系统。

图 78　上锁后的铁条，赫里福德

读者阅读时使用的桌面当然根据各人的品味而有所不同。通常的惯例是：它被坚固地铰接在书柜两端。当书柜的铁活需要变动时，桌面可以向上翻起，或者卸下来。支撑桌面的铁钩是很常见的，这里图80画出了博德利图书馆的一个设备。同样常见的是，在桌面与书架之间有一道2英寸宽的裂缝，为的是安装在书本上的书链通过。这个景象在牛津默顿学院的一幅画面（图84）上可以看得很清楚。

下面，我将要描述牛津默顿学院的图书馆。关于这个图书馆内某些书柜的年代，还存着一定的疑问；但是，图书馆的外貌非常庄重，不同于任何我所熟悉的图书室，它总是引起人们的羡慕，值得认真研究。[1]

173　　　图书馆占据了莫布四方院（Mob Quadrangle）周边大楼第一层的整个南侧以及西侧的大部分（图81）。它的入口在院子的西南角，通过一段楼梯进入前厅（图82）。前厅与图书馆的两个房间之间有高耸的橡木屏障，上面按早期文艺复兴的风格进行了优美的雕饰。

图书馆的两个房间宽度都是20英尺6英寸。西边的一间按传统称为"老图书室"，长度为38英尺6英寸（图82，A、B）；南边的一间称为"新图书室"，长度为56英尺6英寸（图82，C、D）。

西边房间在东墙和西墙上各有七个尖顶窗等距离分布着，提供照明；在朝院子一边的屋顶上还有形状奇特的两个屋顶窗。南边房间在南墙和北墙上也各有十

1　关于下面记述中的历史事实，我得益于亨德森先生（Mr.Henderson）所著的《历史》，它的优点我已经说到过。我也从学院的财务账本中进行了许多摘抄。此外，我还几次对图书馆作了仔细研究，得益于我的友人阿特金森建筑师（Mr. T. D. Atkinson）在专业上的帮助甚多。

个尖顶窗等距离分布着；在朝院子一边的屋顶上同样有着两个屋顶窗。但是，南边房间的东头，另外还有一块空闲的地方，长度大约 10 英尺，它的南墙和北墙上各有一个窗户照明，东墙上还有一个五扇窗格的凸形窗。在两个房面里，天花板都由五个斜面构成，镶板呈拱形，衔接的地方有小小的装饰（图 83）。

西室北头的墙上没有窗户，装上了橡木镶板，高约 12 英尺，上面是优美精致的花纹；镶板的上方装饰着灰泥的图案（图 83）。中央的方形图案是学院的纹章，它西边的圆形图案是坎特伯雷大主教（1583—1604）约翰·惠特基夫特（John Whitgift）的纹章；东边的圆形图案是院长（1585–1621）亨利·萨维尔爵士（Sir Henry Savile）的纹章。

南室东头的墙面也同样对待，但是橡木镶板没有那么精致。镶板上方的灰泥图案，中央仍是学院的纹章，它北边是坎特伯雷大主教（1611–1633）乔治·阿博特（George Abbot）的纹章，南边是院长（1621–1651）纳萨尼尔·布伦特爵士（Sir Nathaniel Brent）的纹章。

174

图 79　一段书链，中间有一个可转动的轴承赫里福德
实际大小。

175

图 80　牛津博德利图书馆紧扣着书桌的铁钩

两个房间都铺上了粗糙橡木的地板。地板上装上了四行地梁，每个 5 英寸，与边墙平行。中间两行的边削成斜面，书柜和座位就榫接在其上。中间的通道宽 5 英尺，在两个房间都铺了彩色的瓷砖。

西边房间内有 12 个完整书柜和四个半边书柜；南边房间内有 20 个完整书柜和两个半边书柜（图 82）。两个房间里，书柜的安排方式，它们和墙壁以及窗户的关系，都是通常见到的模样。

图 81　牛津默顿学院图书馆外景，从 "莫布四方院" 所见
取自汤特（H. W. Taunt）拍摄的一张照片，1899 年。

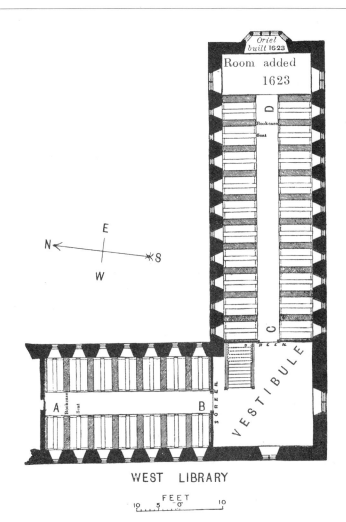

图 82　牛津默顿学院图书馆平面图

　　为了尽可能生动地表现这些美好的书柜，我在这里复制了西室里一个书柜的照片，旁边坐着一位读者正在工作（图 84）。这个书柜看上去比实际更高，但如果把坐着的读者高度与书柜立板的高度进行对比，误会就容易纠正了。

　　在西边房间里，每个书柜（图 83，图 84）长 7 英尺 5 英寸，宽 1 英尺 5 英寸，从地梁顶部到书柜顶都高 6 英尺。书柜的材料为橡木。立板的厚度近 2 英寸，靠墙的一边由扁斧削成。每个书柜都在中间隔开，分为两部分；书柜的两边原来都有桌面，宽 1 英尺 3 英寸，钉在架子上不能移动。每个书柜原来只有两层书架，一层恰好在桌面的上方，第二层在第一层与书柜檐板之间（图 85）。

图 83　牛津默顿学院图书馆西室内景

取自汤特（H. W. Taunt）拍摄的一张照片，1899。

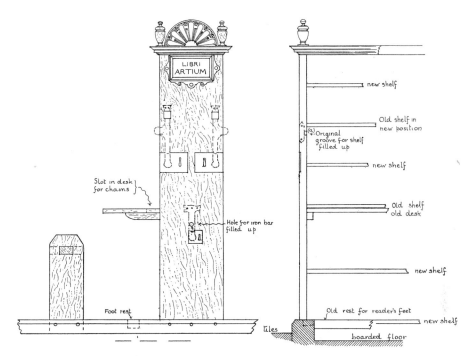

图 85　牛津默顿学院图书馆西室内一套书柜和座位的立体示意图
建筑师阿特金森（T. D. Atkinson）测量后画出。

　　拴住书本的铁制品已经脱落了，但是仔细考查中央通道旁边书柜上留下的疤痕，很容易在想像中恢复它的原貌。书柜立板的下方，距离地面 2 英尺高的地方，曾经有一根铁条，它携带的书链拴住了所有立在稍高于桌面的架子上的书籍；不论从哪一面取阅这些书，都不受阻碍。那根铁条是用单独的搭扣和锁来固定的。高层书架的铁条，在书柜的两边各有一根，其安装的方式显然和前面描述过的赫里福德或基督圣体学院相同。整个系统在图 85 的立体示意图上看得很清楚，还可以与西边房间一个书柜的复制图（图 84）作对照。原来在桌面下方没有放书；考虑到读者的舒适，在座位与书柜之间的地面上还安装了一根木条，读者可以把脚放在上面（图 85）。

　　南屋的书柜在总体结构上与西层书柜相同，但书链系统稍有不同，更接近于我称之为赫里福德类型的模样。

　　两个房间的书柜，在立板上端的檐部都有美丽的装饰，装饰下方有个长方形的小框子，盛放着书柜内图书的目录。西屋内专放"LIBRI ARTIUM"（艺科

176

图 84 牛津默顿学院图书馆西室的书柜

取自汤特（H. W. Taunt）拍摄的一张照片，1899 年。

书籍），唯一的例外是东边北端有三个书柜和一个半边书柜里放着"CODICES MSS."（经典写本），这些材料用柜门保护起来。南屋内南边的书柜标志着 177
"L.THEOLOGIAE"（神学书籍）；北边的前三个书柜标志着"L. MEDICINAE"（医学书籍）；然后是"L. MEDIC. IURISPP."（医学、法学书籍）；最后五个书柜标志着"L. IURIS PRVDENT IÆ."（私法书籍）。南屋东头最后几个书柜上也安装了柜门，和西屋的几个书柜相似。

图书馆的建筑记载在四个不同的卷册里，时间开始于理查二世在位的第一年至第三年，也就是 1377—1379 年。从这些文件看，建筑的费用似乎是 462 英镑 1 先令 11½ 便士。

从图书馆初建到 16 世纪初，足足有一百二十五年的时间，文件记录没有给我们任何信息。从我们后来获得的材料看来，图书馆的内墙没有涂上灰泥，屋顶的木材没有加保护，室内唯一的光源只是狭窄的尖顶窗。

在 1502—1503 年，两边图书室的屋顶加上了镶板（Celatura），费用 27 英镑 6 先令。记录还包括了装饰镶板（nodi）衔接处的费用。亨德森先生（Mr. Henderson）指出，这些装饰证明现存的天花板安装于 1503 年，因为图案中有都铎王朝的玫瑰，有菲兹詹姆斯（Fitzjames，1483–1507 年任院长）的海豚，还有亨利四世至伊丽莎白时期的王室纹章，但被詹姆斯一世更换了。

此后又经历了长期的间歇，没有任何改造图书室的记录。但是在 1623 年接收了南图书室，发生了多方面的变化。记录中把南室称为"新图书室"（Nova Biblitheca），这个名称一直保留到现在。

首先，在南室的东头增加了一块空间，开辟了凸形窗（图 82），又在靠庭院的一边开辟了两个屋顶窗（图 81）。这样就大大增加了光明，也表明在这些措施采用前，室内是多么阴暗。其次，在墙面和地板经过重要修整，东端的灰泥装饰完成以后，原有的书柜都卖掉了，细木工匠本内特（Benet）提供了二十个新书柜和一个半 178
边柜。唯一按传统留下来的老柜子是前厅入口处靠在北边屏障上的一个半边书柜。

因此可以肯定，南屋的那些书柜与座位的制作年代是在 1623 年。但不幸的是，我们同样可以肯定，我们对西屋家具的制作年代毫无所知。我们无法说清楚，是在 1623 年南屋的书柜模仿了西屋书柜的样式呢，还是在某个不明的年代西屋的书柜模仿了南屋。如果我们乐观地假定，西屋的书柜制作于非常古老的时代，很可能与建造图书馆的时间相同，我们就必须承认这些古老的遗物在后来被更换了，以求与南屋的家具样式相配，因为在两个房间里，书柜的檐板以及放图书目录的筐架都是完全相同的。

前面我们已经说过，两套书柜在使用书链的方法上有不同之处，这对于确定年代也颇有联系。随着时间的推移，书链系统总是朝简化的方向改进。用两根铁条来替换单一的中央铁条就是朝这个方向迈进的一步，因为这样做，增加或减少一本书就可以省去许多麻烦。此外，还应该认识到，不论书柜是年代久远或比较近代，它们在许多细节上与我们在别处遇到的书柜不相同。它们比较轻，比较狭窄，样式更加优雅。再进一步，如果我们仔细审查图书馆的平面图（图82），就可以看到书柜的两头几乎占满了两个窗户之间的距离。在别的书柜体系范例中，情况并不是如此。

对于这整套的难题，我能提供的唯一解释只能是这样：图书馆原本是为阅览台体系而建造的，墙上留下的空间不超过 2 英尺宽，装备的家具也曾经是这样宽。当图书越来越多的时候，西边房间开辟了，阅览台换成了书柜，但书链的中央铁条依旧保留了下来。大概与此同时，增开了屋顶窗。这些改变在开支账本中都没有记录，很可能是由于某次特殊的捐赠而导致的结果。[1]1623 年在西屋采用了书柜体系，人们觉得很方便，于是在南屋也照此模仿。

下面，我将简要地介绍牛津另外几个书柜体系范例的值得注意之处。

浸礼教派圣约翰学院的图书馆建于 1596 年。据我们推测，它很快就装备齐全了，因为伍德（Wood）记录说：在此后的年代，图书馆接受了大量捐赠的图书，并在 1603 年任命了一位管理图书的保管人。[2] 图书馆位于第二个方院南面的第一层，长 112 英尺，宽 26 英尺，两边墙上各有 8 个双格玻璃窗。书柜摆在窗户之间，每边 8 个，靠西墙还有两个半边书柜。书柜高 10 英尺，宽 2 英尺 6 英寸，比基督圣体学院的书柜更大一些，装饰着古典式的檐板，顶端呈三角形。柜子的顶部漆上了图书科目的标题，这和默顿学院相同。使用书链的若干痕迹仍旧能够看出来，阅读桌面也没有更换。每个桌面分为两部分，中间有一个托架隔开，还有一根铁

1　在 1605 年的财务账本中，关于图书馆的开支有这样的项目："pro pari cardinum ad sedem in bibliotheca 12ᵈ." 如果我设想不错：这是为西室的读者制造书桌，那么它足以证明现存的书柜都是在 1605 年以前制作的。

2　Wood, *Colleges and Halls*, p. 551.

条容纳书链。长长的铁搭扣显然也是原有的。座位与基督圣体学院的座位相似。

三一学院的书柜设置于 1618 年，耶稣学院的书柜可能设置于 1679 年，都没有值得特别评述的地方。

在 1598 年到 1600 年期间，托马斯·博德利爵士（Sir Thomas Bodley）重新装备了神学院楼上的图书馆。这个高雅的房间长 86 英尺，宽 32 英尺，其形状与我们熟悉的狭长形房间大不相同。也许是由于房间的宽度较大，两边墙上各有 10 个窗户，每个窗户都是两个窗格。与朝南与朝北的墙摆成直角，两边各有 9 个书柜，东头各有一个半边书柜。这些情况与基督圣体学院非常相似，所以不需要专门描述。然而值得一提的是，和圣约翰学院一样，书柜都很高（8 英尺 4 英寸），以便在桌面上方安置两层书架。书架都是原来就有的，因为在书架与竖板交界处还残存着铁片，用来安装插入铁条的凹形插座。其他铁制品都已经拆掉了，很难发现原有的痕迹了，书柜两边后来也安置了新的书架。安装最低层铁条的洞眼还留在原来的地方，和基督圣体学院情况一样；由于支撑铁条的铁制品相同，可以放心地说，没有引进什么新东西。桌面都是后来新制的，但是支撑桌面的带装饰的大托架却是原有的，桌面翻起时用来防止其落下的铁钩（图 80）仍旧存在。这些铁钩的位置表明，每个桌面的宽度为 19 英寸。每一对书柜之间都有座位，本书的图 126 是洛根（Loggan）画的图书馆内景，可以看到这些书柜与座位的模样。

这个图书馆的特色是它的美丽屋顶——是 1599 年托马斯·博德利爵士安装的。主梁与次梁都装饰着阿拉伯风格的花纹。屋梁之间的平面划分为方形，上面画着大学的纹章。在这些方形平面的交界处也有博德利本人的纹章。

我在本章开始处曾讲到：书柜体系也存在于剑桥的克莱尔学院图书室。老图书室是一个狭长的房间，位于学院教堂的楼上。我们从威廉·科尔（William Cole）的记述[1]中得知，图书室"两边都安装着护墙板"。这些设备是在 1627 年之前不久安置的，那一年，大学校长白金汉公爵曾经前往参观过。1763 年老图书室被拆倒，原有设备迁移到二十年前就装置好了的新图书室，排列在室内新家具的前面。这些书柜是木工制作的精美典范，与圣约翰学院图书馆的书柜极为相似，就像是仿造的一

180

181

1　Add. MSS. Mus. Brit. 5803, MSS. Cole, II. 9.

样。[1]迁移到新图书室以后，它们经历了不少改变。几年前，在一个杂物柜中找到了这些书柜的零件。有一个侧边（图 86）带着桌面的托架，表明它曾经安装过书桌，后来拆卸了；拆卸的痕迹被一根古老风格的木条所掩盖。[2]我未曾发现任何书链的痕迹，但是图书室的一些座位与牛津基督圣体学院图书馆的座位非常相似，这里曾经使用过书链是极其可能的。

书柜系统不仅曾在牛津流行，而且在别处也被视为书柜的标准，被采用、复制。

我将要引用的第一个例子是威斯敏斯特大教堂。[3]1623—1624 年，那里的一部分宿舍被改造为图书馆，主持此事的是约翰·威廉斯（John Williams），曾任林肯教区主教、约克大主教，从 1620 年到 1650 年逝世任威斯敏斯特大教堂教长。他的传记作者哈克特主教（Bishop Hacket）写下了一段充满美妙修辞的文字：

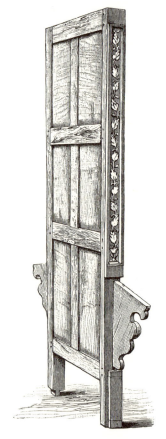

图 86　剑桥克莱尔学院图书馆书柜的一个侧边

他生性慷慨，乐于开拓学问的疆域，把寺院回廊东侧的一间废弃房间转化为柏拉图的圣殿——体面的图书室；它形态庄重，配备着书桌、书链以及所有必需用品，储藏着大量的充满知识的卷册。[4]

182

图书馆位于原本为宿舍的北部，自 1625 年以来没有实质性的变化。房间长 60 英尺，宽 33 英尺 4 英寸，室内有 12 个书柜（在威廉斯的记载中被称为"书桌"）。每个书柜长 10 英尺 10 英寸，宽 2 英尺，高 8 英尺 3 英寸，分为三个垂直的分隔间。

1　*Arch. Hist.* III. 453.
2　在 *Camb. Ant. Soc. Proc.*, Vol. viii. p. 18. 我对这些零星残片作过描述。
3　参阅我的论文，载于 *Camb. Ant. Soc. Proc. and Comm.*, Vol. ix. p. 37。
4　*Scrinia reserata: a Memorial...of John Williams, D.D...By John Hacket. Fol. Lond. 1693. pp. 46–47.

书架为三层，下面是供读者使用的桌面，安放在托架上，桌面旁带着裂缝让书链通过。桌面配备着铰链。这些书柜外观简朴，只有檐板是例外，在顶部有涡卷的装饰。在小框架里可以存放图书目录。在两个书柜之间，可能原本有供读者使用的座位。我未能找到任何书链的证据，但是"书链"却明确列入了教长的捐赠品之中。在有些书架的衔接处有一些痕迹，可能是螺丝钉钻出的小孔，但我对此不能确定。

我在前面已经提供了威尔士大教堂图书馆的平面图（图 43）。王政复辟以后，这个建筑物在罗伯特·克赖顿（Robert Creighton，1670—1672 年任主教）的主持下重新装备起来了；他得到著名的理查德·巴斯比博士（Dr. Richard Busby）、拉尔夫·巴瑟斯特博士（Dr. Ralph Bathurst）的捐赠。巴瑟斯特在 1670–1704 年曾任教长，还应该记得他曾任牛津三一学院院长，这个职务一直担任到他去世。图书馆内保存了一份捐赠人的名单，描述他在装备图书馆方面发挥了最杰出的作用（in Bibliothecâ hac instaurandâ ἐργοδιώκτης），因此，选择书柜很可能也是他的功劳。他主持的学院现在还保存着这样的书柜，想来当时一定是书柜系统的最好模范。

威尔士图书馆共有八个书柜，由朴素的松木制成，未加彩漆；突出在西墙边上，安排在窗户之间（图 43）。

这些书柜中，有五个可能是巴瑟斯特所制造，靠北边的三个则制作于 1728 年，原因是胡珀主教（Bishop Hooper）又捐赠了一批书籍，他死于 1727 年。那时，图书馆扩大了，把分散的几处合并到现在的地方。后来制作的一些书柜也做成原来的老式样，但是要略宽一点。巴瑟斯特制造的那些书柜，用不着详细描述，因为它们与牛津基督圣体学院的书柜非常相似（图 71），那就是它们模仿的来源，无可置疑。都是同样大小，两边都有桌面，在两个书柜之间是读者的座位。

书柜上有书链的通常设备：大量的书链分为三组，与三层书架相对应。许多书本上都有铆钉的印痕，书链就是用铁片铆接在书的封面木板上。[1] 书链都有一个中央的转轴，形状与吉尔福德的书链相似（图 59），那是 1586 年或以后不久制作的。威尔士的书链可能与书柜制作于同时。有一份沃顿（Walton）的多语种《圣经》（1657 年），上面还带着小铁片和圆环（图 87）。可以看出，铁片固定在靠近书脊的左手木板上，显然这本书是以正常方式放在书架内，而不是把书的前沿朝外。

183

1　参阅丘奇（Canon Church）的论文，*ut supra*. p. 227。

我最后的一个范例来自达勒姆大教堂。在那里，1661—1684 年任教长的萨德伯里（John Sudbury）把一个古老的餐厅改装为图书馆。房间长 115 英尺，宽 30 英尺，两边墙上各有 9 个窗户，窗台离地面足有 10 英尺高。

184

书柜（图 88）显然是熟悉书柜系统的木工制作的。在桌面的上方原来只有

图 87　安装书链的圆环，威尔士

两层书架；书柜的顶部结构绕四周一圈，而现在的书柜顶部只在两端才看得见。这些高书柜相互的距离为 10 英尺，两个书柜之间不是座位，而是一个矮小的柜子，顶部为阅览桌，柜子两边为读者安排了坐的地方，可以坐下来使用高大书柜的桌面。

我已讲过，书柜系统早在 16 世纪就出现于牛津；但是我未能发现是谁引进的。我的印象是它起源于寺院，而且我可以证明，它至少装备了两个寺院的图书馆。我的想法可以用来解释，为什么这样的书柜在牛津很流行，而在剑桥却见不到，因为寺院的影响在剑桥从来就不那么广泛。

我就从坎特伯雷说起吧。我以前说过，那里的图书馆设在院长小教堂的上面。[1] 威利斯教授描述小教堂的建筑如下：

> 罗杰·埃尔菲吉（Roger de S. Elphege）于 1258–1263 年任院长，在宿舍与病房之间建成了一个小教堂……它的下层建筑风格表明，工程是他的前任开始的。……[它] 位于病房回廊的南侧，在盥洗塔楼与病房之间。它的地板与上层走廊在同一平面，由下面拱形的回廊支撑，这个回廊代替了原来的南侧通道……但是，由于新的下层结构比老的结构宽了一倍多，小教堂就伸进了小小的院子，挡住了病房前厅的正面，缩小了原来就有限的面积，破坏了形态的对称。[2]

1　见上文 , p. 100。

2　*Arch. Hist. of...Monastery of Chr. Ch. Cant.*, 8vo. 1869. p. 65. 这个小教堂在 17 世纪末期被拆倒，在原址上建立了现在的图书馆，称为豪利—哈利逊图书馆（Howley-Harrison Library）。

图 88　达勒姆大教堂图书馆的书柜
采自一张照片。

在那个小教堂的上面，奇切利大主教建起了图书馆，塞林院长提供了装备。它是东西走向，面积与下面的小教堂相同。根据威利斯教授的说法，北边长 62 英尺，南边长 59 英尺，宽 22 英尺。门很可能在西南角，在楼梯的顶端。这楼梯原先只通向下面的小教堂。

185　　　根据上述测量结果，我画了这个图书室的平面图（图 89），包括我即将描述的那些书柜。窗户当然是凭想像画出的，但是，从中世纪图书馆的通常做法出发，也是有理由可循的。

我能够重新画出这个图书室，因为我的运气好，偶然碰上了一份非常奇怪的文件，它提供了有关的材料。[1] 它放在一叠手抄的文件中，现在属于坎特伯雷的全体教士。是几张对折的纸，钉在羊皮纸的封面里。它的作者可能是威廉·英格拉姆教士（Brother William Ingram），他 1503 年是监管人（custos martirii），1511 年 6 月晋升为 Pitancer。文件册叙述的事情很杂乱，有关图书馆的那个部分说的是 1508 年修复的一批书籍。它的标题如下：

　　　　对院长大人小教堂楼上图书室内书籍所作的修复工作：重新装订，安装上新的封面和订扣，包括院长捐赠的各类
186　　图书，捐赠于主历 1508 年，即国王亨利七世治下第二十三年。[2]

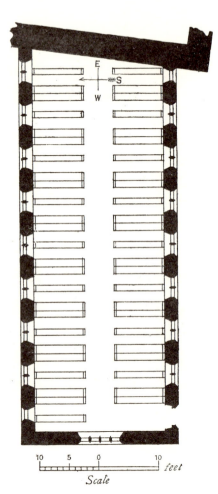

图 89　坎特伯雷基督教堂院长
小教堂楼上图书室的平面图

1　我应当感谢古物协会助理秘书、我的友人霍普先生（Mr. W. H. St. John Hope）首先引起我对文件的注意，也感谢坎特伯雷的教长与教士允许我使用此文件。

2　Reparaciones facte circa libros qui continentur in libraria supra capellam domini prioris videlicet in le new byndyng and bordyng cum coopertoriis and le claspyng and chenyng eciam cum diuersis libris ex dono eiusdem prioris videlicet Anno domini M° ccccc° viij° and Anno Regni Regis henrici vij° xxiii.

作者在房间内巡视，从西端开始，顺着北墙前进，再顺着南墙回到出发的地点；一路上他清点着书柜、柜内的书架，需要转移修理的图书、偶尔也记录下需要修理的项目。我现在只把他记录的第一个书柜转述下来就够了。作者这样开始："从第一个书柜东侧上层书架"（de superiori textu[1] ex orienti parte in prima [sic] sedile），取出 3 册。"从下层"（de inferiori textu），取出两册。"从同一个书柜另一侧的上层书架"（de superiori textu ex altera parte eiusdem sedilis），取出 7 册。"从下层"（de inferiori textu），取出 5 册。就这样，作者经过了房间北部的 8 个座位和书柜；然后把注意力转到南部，又经过 8 个座位，开始的词句是"从南部东侧上层书架出发"（de textu superiori ex parte australi incipiendo. In parte orientali）。显然，这样的检查是很周密的。由于房间内两边书柜的数目都一样，我们可以作出结论：图书室内共有 16 个书柜。

我引用的段落表明，这些书柜的两面各有一个上层书架和一个下层书架；书本都直立放在书架上，便于读者查阅。书籍都用书链拴住，因此，书柜的两面都必定有桌面，可能在书架的下方，还有读者的座位。我已在附图（图 90）提供了一幅素描，图内画的是一个书柜，其形状与牛津基督圣体学院的书柜相同。如果我们设想这样一个书柜宽 2 英尺，长 8 英尺，与默顿学院的书柜一样，那么我们就可以在房间的两边各放八个书柜（图 89），书柜间的距离也与默顿学院相同。

187

现在让我们考虑：像这样安排的图书馆是否有足够的空间来存放图书？每个长 8 英尺的书柜有 32 英尺的书架；16 个书柜共有 512 英尺的地方来存放图书。依斯特里的亨利（Henry of Eastry）担任院长时期（1285—1331）编了一本图书目录，共登录了 1850 册图书。[2] 如果我们设想 2 英尺半的书架能容纳 10 本书，存放上述数量的图书就需要 $462\frac{1}{2}$ 英尺的地方；或者换句话说，把全部图书放进 14 个书柜就够用了。剩下两个柜子用来放日后补充的书籍——从 14 世纪中叶开始，到英格拉姆教士考察的年代为止。

如果我们把此处提供的坎特伯雷基督教堂图书馆的画面和牛津默顿学院图书

1　这段话似乎是在坎特伯雷用来表示细木工的段落。我们已经看到它被用来装备一个小书房（p. 91）。

2　见上文，p. 96。这本图书目录已经由爱德华兹（Edwards）印出，*Memoirs of Libraries*, I. pp. 122–235；由詹姆斯博士编出的新版即将问世。

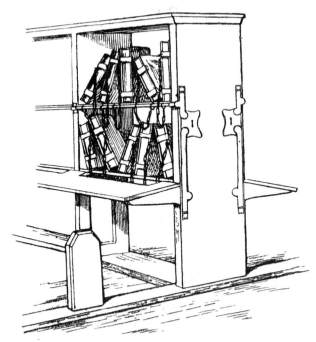

图 90　坎特伯雷基督教堂图书馆内书柜与读者座位的设想外貌草图

188　　馆（图 83）的画面放在一起，我们就会获得相当清楚的概念：一所大寺院的图
书馆是什么样子。只需要少许想像力，就可以把书柜稍微变动一下，然后把学院
的学生变为本笃会僧侣就行了。如果我们再想像那些书架上满载着写本，许多
都是在英国教会的早期抄写的，我们就会产生利兰在进入格拉斯顿伯里图书馆
（Glastonbury）时的感觉：

我刚跨进门坎，那些古老图书的景象就使我充满着敬畏的心情；我甚至
可以说，是充满着困惑，因此在一瞬间我不能前进一步。[1]

下面我将要转载一篇图书目录序言的译文，[2] 属于多佛（Dover）圣马丁小隐

1　Vix certè limen intraveram cum antiquissimorum librorum vel solus conspectus religionem, nescio
an stuporem, animo incuteret meo; eâque de causâ, pedem paullulum sistebam. Leland, *De Script.
Brit.* ed. Hall, I. 41.
2　此图书目录现存于波德利图书馆（MSS. 920）。我感谢詹姆斯博士将它译出，现在由我刊出。

修院（本笃会）；那是坎特伯雷教堂的一个附属分支。目录由惠特菲尔德（John Whytfeld）编于 1389 年。这个图书目录没有提到书柜系统，我也不知道图书馆设备是什么体系。我转载它是由于它的内容有趣：在 14 世纪的最后二十多年里，图书馆采取了什么措施使图书便于学者利用。

　　多佛小隐修院图书馆的这本目录编于主历 1389 年，在院长纽南（John Neunam）的主持下完成，共分三个主要部分。第一部分提供有关图书的数量以及完整的知识；第二个部分促进教士兄弟勤奋阅读；第三部分指引学者快速找到个别的论著。虽然每一部分都附有导言帮助了解其内容，第一部分附有的导言是为了对整个目录有全面的了解。

　　首先，整个图书馆分为九个书柜（Distinctions），分别标上字母表的前九个字母，A 表示第一个书柜，B 表示第二个，C 表示第三个，如此类推，这样有九个书柜。每个书柜又分为七个书架（grades），每个书架标上罗马数字，紧随在书柜的字母标记之后。我们把书架从底层开始计算，向上面进展，因此底层的第一个书架标上 I，[1] 第二个标上 II，第三个标上 III，一直到第七个。

　　在此基础上，图书馆内所有的书籍都按叶标上阿拉伯数字，以便确定书籍的内容。

　　由于许多书籍都包罗若干论文，这些论文的题目，不管命名是否正确，都写在每卷的下方，标上阿拉伯数字，以表示每篇论文是从哪个篇幅开始的。在这个阿拉伯数字的后面，还注上 A 或 B 字母，A 表示一叶的正页，B 表示一叶的反页。书籍本身还标上了书柜的字母标记以及书架的标记，不仅写在外边的封面上，还写在书内的目录表中。在书柜的字母标记旁边还加上一个小的阿拉伯数字，用来清楚表示这本书在有关书架上安放的次序与位置。

　　在书籍的第二、第三或第四叶上，下面边上写书名。书名前面是书柜和书架的标记，书名后面是叶开始的文字（隔一个狭窄的空间），我可以称之为调

189

1　原文是：Incipiendo graduum computacionem a loco inferiori in altum procedendo videlicet ut gradusinfimus qui primus est sic signetur I.

查的证据（probatorium cognitionis）。随后的阿拉伯数字表示整本书有多少叶。最后的一个阿拉伯数字表示这本书里包含了多少篇文章。

如果以很强的记忆力牢记上述的事实，那就会明白：整个图书馆的每一本书应当放在哪个书柜、书架，什么顺序与地位，在哪叶的哪一面能够找到某篇论文的开头。这本目录编纂者的意图就是要通过各种有关书柜、书架、次序、篇页、书册和论文的一整套标记来保证寺院图书的安全，避免各种可能发生的坏事，诸如损坏或私自出卖这些宝贵的财富，从而建立一座防卫的保垒。这个目录现在还存在多方面缺点，任何人能够加以改进，它的编纂者决不会怪罪，甚至乐于见到他把自己的名字放在整个目录册的首位。

因此，在目录的第一部分，我们在顶部的横行黑线之间，首先用红色标上书柜字母，紧接着用黑色字母（tetris signaculis）标上书架标记。然后，在另一套竖行红线之间，从左边开始，先用一个数字表示书本在书架上的次序，然后是书本的标题，第三是叶码的编号，第四是开头文字（在该情况下，道过一步方法，可查阅到正文），第五是整本书叶的数目，最后是书内论文的数目——全部都写在竖线之间。除此之外，每个书架的末端还要留下一些空白，以便填上此后获得的书籍的标题。[1]

上述描写中，distinction 这个词的意思是什么，构成了理解上的主要困难。我起初以为它只是指图书类别的不同，而 gradus 这个词则指阅览台的一侧（剑桥女王学院的图书目录就是如此）。但是文章指出 grades 的数字编号"从底层开始，向上发展"，这就与阅览台的安排不合。Distictio 大概是指书柜，分为七个书架，靠墙摆放；而 gradus 则指一个平面书架，与前面所讲的情况不同。如果这样的解释是正确的，我们就获得了书架早期摆放的一个例子。

按书柜系统装备的寺院图书馆，我要举的第二个例子是在克莱沃的图书馆。我

1　詹姆斯博士指出（*Camb. Ant. Soc. Oct. Publ.* No. xxxii.），在剑桥基督圣体学院，有六个写本来自在多佛小隐修院帕克大主教的写本收藏。第一项是圣经的两卷本，载入寺院的图书目录的位置为 A. I. 2，3——就是说：在书柜 A，书架 I，两卷书在架上排列的次序为 2，3。

已经在前面对它作了充分的描述，[1] 这里不需要再做什么，只把有关它装备的一个段落翻译出来就够了：

> 图书馆长 189 英尺，宽 52 英尺。[2] 室内有 48 个座位（bancs），每个座位有 4 个书架（poulpitres），装满了各类主题的图书，但主要是神学类书籍……容纳图书馆的建筑很雄伟，由石头建成，照明很充分；房间的两边各有五个大窗户，安装上漂亮的玻璃。

由于室内书柜多达 48 个，每边有 24 个，因此，书柜的安排不能考虑窗户的位置。窗户可能离地面很高。

有一本图书目录，我曾经从其中引用过一首诗，是纪念建立这所图书馆的。图书目录中还有涉及图书安排的许多有用材料，下面的介绍就紧接在那首诗的后面。

191

Repertorium omnium librorum in hac Clarevallis biblioteca existentium a fratre Mathurino de cangeyo eiusdem loci monacho non sine magno labore editum.

Lege

Pro intelligentia presentis tabule seu Repertorii, sciendum est quod a parte aquilonari collocantur libri quorum litere capitales nigre sunt, quorum vero rubre a parte australi. Et omnes in ea ordine alphabetico scribuntur.

Utriusque autem partis primum analogium per litteram A signatur, secundum per litteram B, tercium per litteram C, quartum per litteram D, quintum per litteram E. Et consequenter cetera analogia per sequentes litteras alphabeticas.

Quodlibet autem analogium quatuor habet partes, quarum prima signatur per litteram A, secunda per B, tercia per C, quarta per D.

---

1 见上文，p. 107。

2 原文是：Contient de Longueur LXIII passées, et de Largeur XVIII passées. 我把一步折合为 3 英尺。

Prime partis primi analogii primus liber signatur per A. a, I, secundus per A. a. 2, tercius per A. a. 3, et consequenter.

Secunde partis primus liber signatur per A. b. I, secundus per A. b, 2; et de consequentibus similis est ordinatio.

Tercie partis primus liber signatur per A. c. I, secundus per A. c. 2; et consequenter.

Quarte partis primus liber signatur per A. d. I, secundus per A. d. 2; et consequenter.

［用这个方法五个书柜（analogia）都数到了。］

Et eadem est disciplina et ordinacio de ceteris analogiis prout habetur in novissimo quaternione eiusdem tabule, immo et in fronte cuiuslibet analogii in tabella eidem apppendente.

Hanc tabulam seu repertorium scripsit quondam frater Petrus mauray de Arecis oriundus. Vivus vel defunctus requiescat in bona semper pace. Amen.

介绍的主要内容可以翻译如下：

请阅读

为了正确了解这本目录，明白找寻图书的方法（tabule seu repertorii），你必须知道：北边排列的图书，标记的大写字母为黑色，南边图书的大写字母为红色。所有图书都按字母的顺序。

192　　两边的第一个书柜（analogium），标记为字母 A；第二个书柜，标记为字母 B；［如此类推］。

每个书柜分为四个书架，第一个书架，标记为字母 a；第二个书架为字母 b；第三个为字母 c；第四个为字母 d。

第一个书柜的第一个书架上，第一本书的标记为 A，a，i；第二本书为 A，a，ii；［如此类推］。

图书目录以及对图书馆的描述都说得很清楚：每个书柜有四个书架；而且，由于《文学之旅》（1708 年）的作者们提到了书链，[1] 可以肯定在两个书柜之间设置有桌面和读者的座位。如果我们设想书架是安排在书柜两边，一边两个，那么我们见到的家具就和坎特伯雷使用的书柜一模一样了。

---

1 *Voyage Littêraire*, ed. 1717, Part I. p. 102.

第六章

　　意大利的阅览台体系。切塞纳的图书馆；佛罗伦萨圣马可女修道院的图书馆；奥利维托山的图书馆。西克斯图斯四世的梵蒂冈图书馆。乌尔比诺的公爵图书馆。佛罗伦萨的美第奇图书馆。那些地方采用的书链系统。中世纪图书馆的特点。中世纪书柜与书架的名称。

　　当"书柜体系"在英国和法国普遍采用的时期，在意大利却发展着一种不同的体系。它又回到了"阅览台体系"，但在阅览台的下方增加了一个书架，书籍不用的时候就平放在上面；还增加了一个巧妙的结合体，把读者的座位和阅览台以及书架联结在一起。

　　我发现这种方式装备起来的最早的一所图书馆在切塞纳（Cesena），那是意大利北方的一座城市，位于弗利（Forli）与拉文纳（Ravenna）之间。它还保持着原有的状态。

　　15 世纪，切塞纳由强大的马拉特斯塔家族（Malatesta）统治。这个家族的成员多米尼科·马拉特斯塔·诺维罗（Domenico Malatesta Novello）于 1452 年建立了图书馆，交给方济各女修道院管理。两位市民在托钵僧侣的协助下执行管理任务。图书馆始终面向公众开放，设计者为当时著名的建筑师法诺的马特奥·努齐奥（Matteo Nuzio of Fano）。我们在入口大门右方的墙上见到这样的铭文，现在铭文已移至图书馆内：

MATHEVS. NVTIVS.

FANENSI EX VRBE. CREATVS.

DEDALVS ALTER. OPVS.

TANTVM. DEDVXIT. AD VNGVEM.

马特奥·努齐奥

生于法诺城

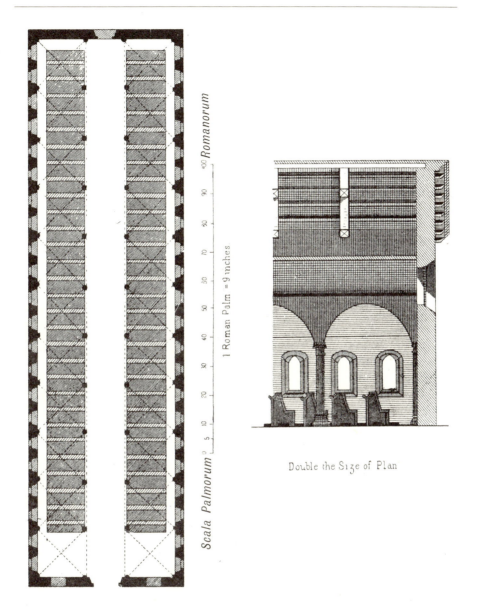

图 91，图 92　切塞纳图书馆平面图和剖面图

代达罗斯再世

亲手建造此馆

图书馆的面貌和安排可以从它的平面图（图 91）以及纵剖面图（图 92）得知。　194

上图是根据学识丰富的穆齐奥里（Giuseppe Maria Muccioli）提供的资料缩小尺寸复

195　　制的，他在 1780 年出版了这个图书馆写本的目录。[1] 从图书馆内景的照片中，我们
也能获得更多了解（图 93）。这是一间狭长的建筑，长 133 英尺 4 英寸，宽 34 英尺，[2]
东西走向，窗户面朝南北两方。它建在过去属于女修道院的几间房屋的上层，入口
在西端，通过一个高耸的大理石门道。长长的房间由两行带凹槽的大理石柱分为三
个通路，中间的通路最窄，大理石柱每行共 10 个。顺墙还有两行同样的石柱，部
分嵌入墙内。通路的上方分隔为许多穹顶，一半由中间的两行石柱支撑，另一半由
嵌入墙内的两行石柱支撑。南北墙各有 11 个开间，每个开间有两个窗户照明（图
92）。通路的宽度约 12 英尺；中间的通路宽度只有 8 英尺 3 英寸，它的穹顶为圆桶
形，从房屋的一端延伸到另一端。

　　从石柱的装饰上可以一眼就看出文艺复兴时期的影响，但是中世纪的痕迹仍旧
显现在房间内。如果中央的通路更宽一些，就很像古代廊柱大厅的中路了。

　　每一行通路上共有 29 个书柜，每两个书柜之间都安放了木地板，高出房间的
地面 $3\frac{1}{2}$ 英寸。书柜与墙之间有 2 英尺 3 英寸的距离，因此，从书柜的两边都能很
方便地进入座位。房间的地面上铺的是没有上釉的瓷砖。

196　　　最两端的开间是空着的（图 91），用来作门厅。房间两端的第一件家具并不是
书柜，而是一个座位（图 94）。[3]

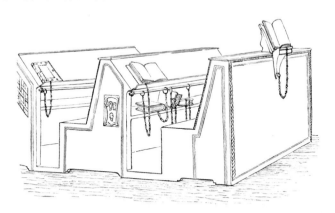

图 94　切塞纳图书馆南面西端的书柜

1　Catalogus Codicum Manuscriptorum Malatestianæ Cæsenatis Bibliothecæ fratrum minorum fidei
　custodiæque concredotæ. Auctore Josepho Maria Mucciolo ejusdem ordinis fratre et Ravennatis
　cœnobii alumno. 2 vols. fol. Cæsenæ, 1780–84.
2　这些量度是我在 1895 年 9 月亲自用卷尺完成的。
3　图 94 所示，放着一本书的那个书桌是现代的制品。

图 93　切塞纳图书馆内景
采自一幅照片。

书柜的结构非常巧妙，既考虑到舒适方便，也考虑到节省空间。如果它们是出自房间建筑师的设计，他一定是一位有独创性的人才。每件家具都有一个桌面，可以放正使用的书；一个书架，可以放不立即使用的书；一个读者的座位，靠背倾斜着，为的是读者感到舒适（图94）。中间通路的末端有一个护墙板，上面画着马拉特斯塔家族的纹章。

197　　　　每个书柜的主要量度如下：

长度……………………………………10 英尺 $2\frac{1}{2}$ 英寸

高度……………………………………4 英尺 $2\frac{1}{4}$ 英寸

座位宽度………………………………3 英尺 1 英寸

踏脚板宽度……………………………11 英寸

踏脚板高度……………………………$3\frac{1}{2}$ 英寸

座位距地面高度………………………1 英尺 $10\frac{1}{2}$ 英寸

座位距地面宽度………………………1 英尺 4 英寸

桌与桌之间距离………………………4 英尺 1 英寸

桌面斜度角……………………………45°

图95　切塞纳书柜的局部图，显示书链系统

书籍仍然用书链拴在书桌上，携带书链的铁条在桌面横边下面看得很清楚（图 95）。它插在铁凹槽中，凹槽钉在桌面下方。一共有四个凹槽：桌子两端各有一个，中间立板的两边各有一个。铁条用搭扣锁住，搭扣附在立板上。

书链的形状很新颖（图 96），每个环节长 $2\frac{1}{4}$ 英寸，中间的部分相当粗，似乎围绕着一组弯曲的铁丝，铁丝两端伸出在外。书链由一个铁钩和一枚螺丝钉固定在书籍背面右手封板的下方。

为了说明这种书链使用的方法，我要在下面显示一本书（图 97），书的名称是《爱之光或道德书》（*Lumen animae seu liber moralitatum*），1479 年印于巴伐利亚的艾希斯塔特（Eichstädt）。此书由根特（Ghent）的图书馆长海根（M. Ferd. Vander Haeghen）购于匈牙利，赠送给了他管理的图书馆。书链长 24 英寸，共有 10 个环结，其形状和我描述过的书链略有差异，每个环结在中间压紧，两端与其他环结相连。穿过铁条的不是圆环，而是一个环结，比其他环结稍大。可以看到书链固定在书籍左手封面板上，而不是像切塞纳那样固定在书籍右手方。书的标题写在一块羊皮纸上，由皮条和五颗铜钉固定在书上，表明左手封面板是在书桌的上方。书链的位置显示，铁条想必在书桌的前方或下方。但是在书籍右手封面板上边也有一个疤痕，这表面在从前某个时期，书籍是按照我称为祖特芬式（Zutphen type）安放在书桌上的，那就是把铁条安放在书桌斜面的上方。

和切塞纳图书馆可以作比较的，是佛罗伦萨的圣马可女修道院（多明我会）图书馆，为科西莫·美第奇建于 1441 年，是意大利的第一个公共图书馆。它位于第二层楼，由回廊上的一段阶梯进入。房间长 148 英尺，宽 34 英尺 6 英寸，[1] 由两行立柱（每行 11 个立柱）分为 3 个通道。中间的通道宽 9 英尺，在立柱之间，

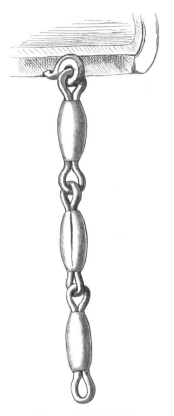

图 96 切塞纳的书链

198

199

---

1 这些量度是我在 1898 年 4 月亲自用卷尺完成的，又于 1899 年 4 月核实。

有一个筒状的穹顶。两边的通道宽 11 英尺，有若干四边形的穹顶。两边墙上各有 12 个窗户。所有这些细节都与切塞纳的图书馆非常相似，因此我不禁猜想，当初马拉特斯塔或他的建筑师在建立自己的图书馆时，是模仿了这一所的模样。

圣马可女修道院图书馆原有的设施已经迁移，但是我们从图书目录[1]中得知，图书原本放在 64 个阅览台（banchi）内，半数阅览台在房间的东边，另一半在房间的西边。平均每个阅览台安放 16 本书。图书目录还提到一个希腊文图书室，每边有 7

图 97　根特的一本带书链的书

个阅览台，那也许是另一个单独房间。

在锡耶纳（Siena）附近的奥利维托山，有一所本笃会的女修道院。那里也有一个类似的图书馆，但规模要小得多。房间也由两行立柱（每行六根）分为 3 个通道。中间通道的穹顶为筒状，两边通道的穹顶为四边形。房间长 85 英尺，宽 32 英尺，每边只有 7 个窗户。房间的一端有一个 13 级台阶的入口，连接着宽度相同，长 21 英尺的一个房间，也许可以用作另一间内部图书室。在入口大门上方有一处铭文，

1　这个图书目录现存于莫登纳（Modena）的国家档案馆中。

记录着图书馆建于 1516 年。[1]

在讨论意大利图书馆的安排时，我不应该忽视阿西西的圣方济各女修道院 (Convent of S. Francis at Assisi) 图书馆。[2] 那里的图书目录编于 1381 年 1 月 1 日。目录显示，甚至在很早的时期，图书馆就已经分为两部分：（1）为教士弟兄使用的图书；（2）出借给外来人士的图书。目录有一个简短序言，说明它包括了"阿西西的圣方济各女修道院图书馆的全部书籍，不论是否加上了书链"。然后是下面的一段话：

200

　　首先，我们开列的清单包括公共图书馆内拴在阅览台 (banchi) 上的书籍。目录内全部图书的所有叶，不论是 12，10，8，或其他数目篇叶装订而成的大小套册，每本书的第一叶下边都有它的名称。每个卷册的开头和末尾都带有这里显示的标志，用红黑两色印成，并标有卷册的编号。

　　此外，封面上方的字母符号应当为黑色，字母相当大。[在目录] 的每一册书的下方也有同样标志。[3]

序言后面就是书的清单。这些书用书链拴在室内西边的九个阅览台和东边同样数目的阅览台上。书的总数为 170 册。

图书目录的第二部分开头如下：

201

　　以主的名义，阿门。从这里开始登录阿西西圣方济圣女修道院专用图书馆 (libraria secreta) 的全部书籍，专为修道院院长 (prelate)、大师 (master)、高

1　我在 1899 年 4 月 19 日造访了奥利维托山。

2　参看 *Ueber Mittelalterliche Bibliotheken*, V. T. Gottlieb. 8vo. 1890, p. 181。我曾两次访问阿西西，考查了这里说到的图书目录。我应该感谢亚历山德里教授（Professor. Alessandri）对我研究工作的各方面帮助。

3　Inprimis facimus inventarium de libris in libraria publica ad bancos cathenatis in hunc modum. Et nota, quod omnia folia omnium librorum, qui sunt in isto inuentario sive per sexternos vel quinternos aut quaternos seu quemvis per alium numerum maiorem vel minorem omnes quotquot sunt, nomina quaternorum tenent, ut apparet in quolibet libro in primo quaterno in margine inferiori; quare omnes sunt ante et retro de nigro et rubeo per talem figuram intus cum suo numero signati. Item lictere alphabeti, qui desuper postes ponuntur, omnes debent esse aliquantulum grosse et totaliter nigre, sicut inferius in fine cuiuslibet libri signatur. 图案四周的斑点交替为黑色与红色。

级讲师（reader）、学士（bachelor）以及本教派的教士弟兄借阅使用，根据各人所需的知识和研究途径而定。

　　这部分的藏书放在房间内靠东、西墙两边的 11 个柜子里（这里使用的词很不寻常：solarium。[1]）柜子是否和前边的相同，并未说明。写本的数量为 530 册。

　　此处登录的写本有相当数量仍旧存在，被妥善保管在市政厅内，有人私印了书的清单。有几本书保留着原来的状态，封面的木板厚度为 1/4 英寸，包裹着白色皮革。书名写在一条羊皮纸上，粘在右手封板的顶端，通常以红色或黑色的大写字母开始，注明某一部稿本存放在哪一个阅览台或柜子里，就像这样：

F Postilla Magistri
Nicolai de lyra super psalmos
reponatur uersus orientem in banco vjº.

F 尼古勒斯大师论
《诗篇》诗风的著作存于此
东向，第六柜。

　　锡耶纳的方济各修道院也有一个重要的图书馆，为锡耶纳的洛伦佐·朱斯提（Lorenzo Giusti da Siena）建于 1460 年。此人曾任托斯卡纳省教会的领袖，建筑完成后不久就去世了。图书目录编于 1481 年 3 月 1 日，登录了 474 本书，存放在阅览台中，其中 16 个在房间的左侧，12 个在右侧。左侧的阅览台内平均每台 13 本，右侧平均 12 本。记录上特别说明：书籍用羊皮纸包装，拴上了书链——文字上是 in pergameno et catena。值得提到的是：房间左侧的阅览台都有两面，就是说，它们更像祖特芬的讲台，而不像锡耶纳的讲台。[2]

1　迪康热（Ducange）s. v. solarium, 指出：这个词有时与 armarium 含义相同。

2　*L'Etruria Francescana overo Raccolta di Notizie Storiche interressanti l'Ordine di F. F. Conventuali di S. Francesco in Toscana.* Opera del P. M. F. Niccolo Papini dell'Ordine stesso. Tomo I. 4to. Siena, 1797。另见 Gottlieb, *ut supra*, p. 245。我应当感谢邓尼弗弗神父（Father H. Denifle）唤起了我对这个图书馆的注意。

下面，我将讲述教皇西克斯图斯四世建立梵蒂冈图书馆的故事。它本身有趣，　　202
同时对我现在的目标也很有用。[1]

梵蒂冈图书馆的真正创始人，就我们对"创始人"一词的本义而言，应当是尼古拉五世（1447—1455）；但是他能够做到的只是收藏图书，这些藏书没有足够地方安置，一直到1471年西克斯图斯四世登位的时候。他当选之后只有四个月，在1471年12月，教皇的名誉侍从就委任了五位建筑师开采建筑用的石料、运送到宫廷来，"供将来建筑图书馆使用"。[2]但是，这里指的是一所独立的建筑，建筑方案很快就放弃了，三年多的时间匆匆过去。1475年2月28日，[3]普拉廷纳（Bartolommeo Platina）被任命为图书馆长，这项工程才获得了新的动力。从那时起，直到1481年普拉廷纳去世，工程不断开展，没有遭遇阻碍。这位卓越的文人看来受到教皇的完全信　　203
任，资金供应源源不断，他有权自由雇请工匠和艺术家来装饰图书馆。他一直活到亲眼见到工程完工，自己管理的所有图书登入目录中，这是很愉快的事。不同的书柜、书箱、书橱装满了图书，登录在1481年的图书目录中；目录有一段绪言，可惜写得太简单，只说明了事实："编者为图书馆长普拉廷纳和他的学生、管理人路加的德米特琉斯（Demetrius of Lucca），编成的日期为1481年9月14日，离他逝世

1　在我于1898年、1899年、1900年三次访问罗马进行研究的过程中，梵蒂冈图书馆的主管官员埃尔勒神父（Father C. J. Ehrle, S. J.）给了我很大的帮助，我应该深致谢意；我还要感谢图书馆的管理人允许我参观考查这个宫殿内通常不让陌生人进入的地方。

　　进一步说，我希望大家清楚地了解，我的研究工作基于法布尔先生（M. Paul Fabre）的一篇文章："La Vaticane de Sixte IV"，该文登载于1895年12月份 École Française de Rome 的 *Mélanges d'Archéologie et d'Histoire* 上面；在埃尔勒神父把这篇文章给我看之前，我根本不知道它的存在。读了这篇文章之后，我发现法布尔先生此文完全符合我的需要，正好做了我来到罗马想要做的事情，而且做得非常精彩，我简直无法指望对它有所改进。经过一翻思考之后，我决定对图书馆的地址进行细致的考查，确证这篇文章的结论，同时我也画出了新的平面图供自己使用。我也从自己的观点出发，对明茨先生（M. Eugène Müntz）引用的权威著作 *Les Arts à la Cour de Papes* 进行了研究。

　　下面的两部著作是我经常参考的：*Les Arts à la Cour de Papes pendant le XVᵉ et le XVIᵉ siècle*, par Eugène Müntz: Part III. 1883 (Bibl. des Écoles Françaises d'Athènes et de Rome, Fasc. 28); *La Bibliothèque du Vatican au XVᵉ Siècle*, par Eugène Müntz et Paul Fabre; Paris, 1887 (*Ibid.* Fasc. 48). 前者引用时简称"Müntz"，后者简称"Müntz et Fabre"。我的论文在这里只有一个摘要，全文登载于 *Camb. Ant. Soc. Proc. and Comm.* 1899年3月6日，Vol. x. pp. 11–61。

2　这个文件的日期为1471年11月17日，登载于 Müntz, p. 120。我觉得这个命令只有一个含义：发掘并毁坏古代建筑。

3　日期是普拉廷纳自己注明的。参看下文，p. 225。

只有八天。"[1]

由于过去管理者的疏失，图书馆显然遭受了不少损害。许多图书找不到了，留在馆内的图书也不成模样。普拉廷纳和他的教皇开始大力整顿这些缺陷。前一位雇请了装订工人，购买了需要的修补材料。[2] 后一位发布了特别严厉的诏书（6月30日）。[3] 诏书指出："某些神职人员以及俗界人员目无上帝，把神学和其他学科的各类图书带出图书馆，恶意妄想隐藏并占有这些书籍。" 诏书警告这些人必须在四十天内将图书归还。不服从者将事实上被革除教籍，神职人员将无法生活，俗世人员将失去职务。知情者必须举报这些人。这个诏书产生了什么效果，没有文件记录可考，我们也不知道究竟损失了多少。看来损失不可能非常严重，因为普拉廷纳编出的图书目录（也许只是在他被选任时签发的材料）列举了 2527 册图书，其中 770 册为希腊文，1757 册为拉丁文。[4] 在尼古拉五世逝世后的二十年内，馆藏的拉丁文书籍数量增加了一倍多。这大概是西克斯图斯本人努力的结果。

204

存放这样大量图书的地方位于一个建筑的底层，为尼古拉五世所建，后来被用作贮藏室。从本书的附图（图 98）可以了解到它的位置以及它与邻近建筑物的关系。我从法布尔先生（M. Fabre）的论文中借用了这个平面图。为了显示这个建筑初建时的安排（在其他紧邻建筑出现之前），我还准备了第二个平面图（图99），是根据我本人的测量而绘制的。

这一层建筑由界墙分割为四个房间；界墙看来早于 1475 年，编于 1481 年的图书目录已经证实界墙存在。从庭院直接进入的第一个房间是拉丁文图书室，第二个是希腊文图书室。两者构成了"公共图书馆"（Bibliotheca communis，或简称Bibliotheca）。与之相邻的是"专用图书室"（Bibliotheca secreta），室内安放比较珍贵的写本，与其他图书分开。第四个房间直到 1480 年或 1481 年才开始装备，称为"教皇图书室"（Bibliotheca pontificia），除了图书写本之外，还安放教皇的档案和记录

1　MS. Vat. Lat. 3947, fol. 118 b. Notatio omnium librorum Bibliothecæ palatinæ Sixti quarti Pont. Max. tam qui in banchis quam qui in Armariis et capsis sunt a Platyna Bibliothecario et Demetrio Lucense eius alumno custode die xiiii. mensis Septemb. M. CCCC. LXXXI facta. Ante vero eius decessum dierum octo tantummodo. 这条 Notatio 说明印在 Müntz et Fabre, p. 250，但没有把图书目录作为附录刊出。就我所知，目录还未刊出。

2　Müntz et Fabre, pp. 148–150, *passim*.

3　*Ibid.* p. 32.

4　Müntz et Fabre, p. 141. 图书目录已印出，pp. 150–250。

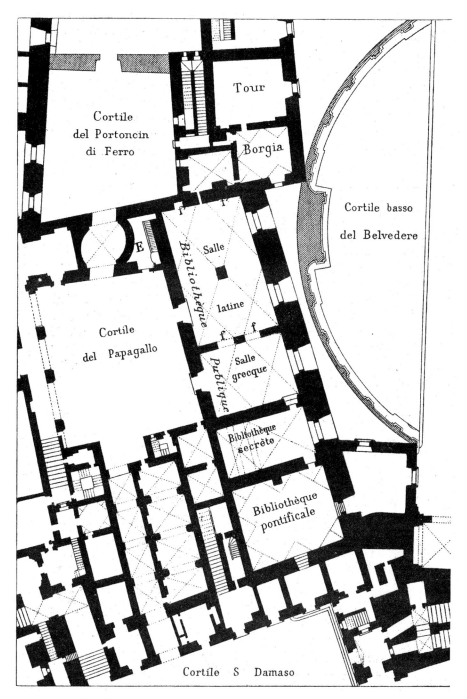

图 98　梵蒂冈宫的部分平面图，显示尼古拉五世的建筑，后来由西克斯图斯四世安排为图书馆，它与周围建筑的关系

取自 Letarouilly,《梵蒂冈》(*Le Vatican*), fol. Paris, 1882, 法布尔（M. Fabre）复制。

(Regesta)。在 1512 年的图书目录中，这里称为"最机密图书室"(Intima et ultima secretior bibliotheca)，看来是存放最珍贵的宝物之用。图书馆分为四个部分见于布兰多里尼（Aurelio Brandolini）的记录（Epigram XII）。[1] 他在简要地回顾古代几个著名图书馆的创建者之后，末尾说道：

> Bibliotheca fuit, fateor, sua cuique, sed vna.
> Sixte pater vincis: quatuor vnus habes.

> 过去每人有自己的图书馆，但只有一所。
> 西克斯图斯，你独占鳌头，一人拥有四所。

206 　　多亏了普拉廷纳详细记载了开支的情况，我们才能够追踪这几个房间的逐步演变。他的账本[2] 开始于 1475 年 6 月 30 日，以十分珍贵罕见的方式记录了他雇佣工匠和艺术家的开销账目。很明显，他想把图书馆装饰得既美观又实用，当时最出名的艺术家都参与了这个工作。

　　1475 年 8 月，图书馆长谨慎地开始工作，首先增加了照明："在庭院的一侧"开了一扇新窗户。看来当时在罗马无法找到材料和工匠，必须到远处去寻求。窗户的玻璃、铅、焊锡都是从威尼斯运来的；一位名叫赫尔曼（Hermann）的德国人被雇来安装玻璃。为了室内装饰，延请了两位著名的佛罗伦萨艺术家——吉兰达约兄弟（brothers Ghirlandajo）；还延请了梅洛佐（Melozzo da Forli）于 1477 年在这里作画。[3] 主要的入口在 1476 年作了精细的装饰。为门框购买了大理石料；门上装了 95 颗镀成金色的铜钉，门环和敲把、外门的铁格（cancellus）也都镀成金色。

　　图书馆是由鹦鹉庭院（Cortile de Papagallo）[4] 经过大理石门廊（图 99，A）进入

1　MS. Vat. 5008.

2　这些账本现在保存在罗马的国家档案馆；也印在 Müntz. *Les Arts à la Cour des Papes*, Vol. III, 1882, p. 121, sq.；以及 Müntz et Fabre, *La Bibliothèque du Vatican au XVe Siècle*, 1887, p. 148 sq. 两处都印得非常准确（以至我能从有些快速的拼写判断出来）。

3　在我的论文中，详尽地列举了这些购买和支付的项目，并且附了译文。

4　庭院的名字来源于装饰外墙的几幅壁画，作于庇护四世时期（1559—1565），壁画上有许多椰树，树上有鹦鹉（papagalli）和其他鸟类。今天仍旧能见到残余的壁画片断。通往庭院的路上有一道铁门，可以关上，因此称为 del Portoncin di Ferro（铁大门）。

室内的；按照古典的风格，高处悬挂着西克斯图斯四世的纹章，壁缘上有 SIXTUS PAPA IIII 的字样。门框无疑建于 1476 年，但是带有镀金铜钉和其他装饰的门已经失踪了。从门外走进图书室内地面，至少要走下三级台阶。[1] 过去组成图书馆的四个房间现在已经变为梵蒂冈宫庭的杂物贮藏室（Floveria，Garde-meuble）；大概自从 16 世纪末新图书馆建成以来，这些房间就是如此使用了。

从院子直接进入的房间是拉丁文图书室。房间很高雅，长 58 英尺 9 英寸，宽 34 英尺 8 英寸，从地面到穹顶的边缘高约 16 英尺。中央有一个方形的立柱支撑着四片穹顶，立柱大概由砖砌成，外面涂上灰泥。现在，为房间照明的是北墙的两个窗户（B、C）以及入口上方的一个较小的窗户（A）。那个较小窗户为西克斯图斯四世所开，有位于它上方的他的纹章为证。那也许就是"在庭院一侧"的窗户，完工于 1475 年。北墙的窗户高 8 英尺，宽 5 英尺，它们的窗台距地面 7 英尺。此外，在西墙还有两个窗户（b，c），比北墙的两个要小一些，位置要低得多，离地面只有几英尺。亚历山大六世教皇（1492—1503）修建博尔吉亚塔（Torre Borgia）的时候，这两个窗户被封闭了，但是它们的位置现在仍然能够辨认。在过去的日子里，这个房间的照明想必是很充足的。

旁边的一间希腊文图书室宽 28 英尺，长 34 英尺 6 英寸。为它照明的，在北墙有一个窗户（图 99，D）大小与拉丁文图书室北墙的两个窗户相同；还有南墙的另一个小得多的窗户（图 99，E）。从拉丁文图书室进入这间屋，原先有一个门，靠近北墙（d）。1480 年[2] 在分隔墙上又打开了两个大窗口（e，f），也许是因为这里的光线不足，也许是因为想尽量使两间屋更便于沟通。后来，那个门（d）又被封闭了，旁边的窗口（e）被打开成为一道门。另一个四方形窗口（f）大约 7 英尺 6 英寸，仍旧保持原样。

吉兰达约兄弟所作的装饰现在仍然能够辨认，虽然经过时间的严重损毁，但是至少还能部分识别。穹顶的边上突起着古典的灰泥装饰，每边都有一个巨大的纹章，四周绕着橡叶和橡果的花环，这都是为了纪念罗维尔家族（Della Rovere family）。花环由飘动状的丝带系在一起，影子落在穹顶上。穹顶下方的半圆形墙面，装饰的处理方法相同，只是南北两边的墙比东西墙宽一些（图 99），所以画面

207

208

1　庭院地面与图书室的地面相差 18 英寸。现在，一块斜木板代替了台阶。

2　Item pro purganda bibliotheca veteri et asportandis calcinaciis duarum fenestrarum factarum inter græcam et latinam b. xx die qua supra, i. e. 20 Aug. 1480. Müntz, p. 132.

的主题是两个而不是一个。墙的下方，大约 3 英尺的范围，画的是大理石阳台，阳台后面站着一位早期神学家或一位先知。他的上半身露在阳台外面，手中拿着一卷书，书上写着有关的文字。每个人物旁边，有一大瓶花放在阳台上，背后是晴朗的蓝天。半圆形墙面上方边缘画的是一大片橡树叶和各种水果。人物一共有十二个，从东北角开始，第一个画在进入希腊文图书室的门口上方，向右边按顺序排列如下：

1. Hieronymus（哲罗姆）Scientiam scripturarum ama, et vitia carnis non amabis.
   （爱圣经的智慧，你就不复爱肉身的罪恶。）

2. Gregorius（格列高利）Dei sapientiam sardonyco et zaphyro non confer.（不要将神的智慧比作玛瑙宝石。）

3. Thomas（托马斯·阿奎那）Legend illegible.（不懂处当细读。）

4. Bonaventura（波纳文图拉）Fructus scripturæ est plenitudo æternæ felicitatis.
   （圣经的回报是永恒的福祉。）

5. Aristoteles（亚里士多德）
6. Diogenes（第欧根尼）
7. Cleobulus（克莱奥布卢）
8. Antisthenes（安提西尼）　　　　　　　*Legends illegible.*（不懂处当细读。）
9. Socrates（苏格拉底）
10. Plato（柏拉图）

11. Augustinus（奥古斯丁）Nihil beatius est quam semper aliquid legere aut scribere.（常读，常写，乃最幸福之事。）

12. Ambrosius（安布罗斯）Diligentiam circa scripturas sanctorum posui.
    （我于圣经，专心细读。）

哲罗姆和格列高利占据了东墙。托马斯·阿奎那以及波纳文图拉占据了南墙的第一个半圆形墙面。在门的上方，下面的顺序是亚里士多德和第欧根尼。西墙上是克莱奥布卢和安提西尼。北墙的第一个半圆形墙面上是苏格拉底和柏拉图；第二个半圆形墙面上是奥古斯丁和安布罗斯，面对着阿奎那和波纳文图拉。这样的安排，图书室东边的一半由基督教会的神学家占据，西边的一半由非基督教的哲学家占据。

北墙（gh.）的空间，差不多正对着入口，被一幅壁画占据。壁画由梅洛佐画于1477 年，为了纪念西克斯图斯四世建立图书馆的盛举。教皇坐在参观者的右方，他的右边站着侄儿彼得罗·利亚里奥红衣主教（Cardinal Pietro Riario），面朝着教皇，似乎在对他讲话。还站着另一个侄儿朱利安诺·罗维尔红衣主教（Cardinal Giuliano della Rovere），此人后来成为教皇尤利乌斯二世（Julius II）。在教皇的脚前跪着新任命的图书馆馆长普拉廷纳，他用右手的手指指着壁画下方的题辞。在普拉廷纳的后面站着两个青年男子，颈上佩戴着官职的链带。壁画的题辞据说是普拉廷纳亲笔所写，全文如下：

TEMPLA, DOMUM EXPOSITIS, [1] VICOS, FORA, MŒNIA, PONTES,

VIRGINEAN TRIVII QUOD REPARARIS AQUAM,

PRISCA LICET NAUTIS STATUAS DARE MUNERA PORTÛS,

ET VATICANUM CINGERE, SIXTE, JUGUM,

PLUS TAMEN URBS DEBET; NAM QUÆ SQUALORE LATEBAT

CERNITUR IN CELEBRI BIBLIOTHECA LOCO.

你修建了庙寺、医院、街道、广场、城墙和桥梁，

你修复了维尔戈引水渠，直到特拉维泉，

西克斯图斯，你捐赠古代雕塑，

将梵蒂冈与罗马旧城相连，

昔日肮脏破败之地，

如今却是闻名遐迩的图书馆。

这幅壁画现在存放于梵蒂冈画廊。它在画廊建立（1815 年）后不久被转移到画布上，名为"复原"，实际上遭受不少的损害。[2]

希腊文图书室的装饰工作，在账本上没有留下记录，[3] 但是很容易看到，那些半

---

1 育婴室，暗指西克斯图斯四世创建的 Ospedale di Santo Spirito（圣灵医院）。

2 Fabre, *La Vaticane*, p. 464. Bunsen, *Die Beschreibung de Stadt Rom*, ed. 1832, Vol. II, Part 2, p. 418.

3 下面的记录很奇怪：Habuere Paulus et Dionysius pictores duos ducatos pro duobus paribus caligarum quas petiere a domino nostro dum pingerent cancellos bibliothecæ et restituerent picturam bibliothecæ græcæ, ita n. Sanctitas sua mandavit, die XVIII martii 1478.Müntz, p. 131.

210　圆形墙面的装饰和拉丁文图书室同属于一个体系，只是后者没有画人物。这些装饰现在仍旧残留着，被时间和潮气损害很严重。墙面刷上了白色灰浆，装饰隐藏在下面；这些灰浆在有些地方脱落了，色彩又露了出来。

"专用图书室"（Bibliotheca secreta）宽 20 英尺，长 38 英尺 6 英寸。供照明的只有北墙上的一个窗户（图 99，F），形状和大小都与其他窗户相同。光线很充足，在现在条件下仍旧如此。

最后即第四个房间宽 29 英尺，长 40 英尺 6 英寸。在 1480 年被说成"我们主人新近的补充建筑"。供照明的现在只有北墙上的一个窗户（图 99，G），房间非常阴暗。但是在过去，在尤利乌斯二世（1503—1513）建筑圣达马苏斯庭院（Cortile di San Damaso）之前，房间的东墙上还有另一个窗户（图 99，H），现在变成了一扇门。房间的装饰完全无法看清楚。

关于整个图书馆装配玻璃的情况实在讲得太少，十分令人遗憾。当年对此曾经费过一番功夫，雇请了一批外国艺术家，又从威尼斯买来玻璃，就可证明建筑者打算创造十分美丽的东西。提到过彩色玻璃，很可能用于纹章（我们知道在"专用图书室"内曾布置过教皇纹章），也可能用于塑造画面。但是，在处理窗户的问题上，应当记得光线流通是首要的考虑，白色玻璃才是占压倒优势的。

图书馆馆长及助手的房间位于图书馆西南角的小屋内，在两个庭院之间，光线从两面进来，在入口处有两行题辞：

SIXTUS. IIII. PONT. MAX.

BIBLIOTECARIO. ET. CVSTODIBVS. LOCVM. ADDIXIT. [1]

教皇西克斯图斯四世
设此屋，供图书馆馆长与馆员使用。

屋内的办公设施并不漂亮，因为只提到有两个房间。从这里有一个门（图 99，a）
211　通向图书室，现在已经封闭了。有趣的是，作为豪华的证明，这个门是镶嵌木料制成的（pino intarsiata）。

1　Fabre, *La Vaticane*, p. 465, Citing Bandini, *Bibliothecæ Mediceo-Laurentianæ catalogus*, I, p. XXXVIII.

装备图书馆的工作延续了六年。1475 年 9 月工程开始，1477 年 1 月梅洛佐着手制作壁画，那年年底"专用图书室"的窗户动工。但是在 1478—1479 年期间什么事都没有做。1480 年工程重新上马，1481 年给艺术家的酬金支付完毕。

现在让我们看一看这些房间内装书的设备是怎么置办的。首先察阅一下账本里有关书桌（当时称为 banchi）的材料，把它们与房间本身进行对照，也和图书目录的描写进行对照。幸运的是，图书目录很齐全，我觉得足以给整个安排提供清楚的画面。

普拉廷纳首先为拉丁文图书室定制书桌，那是在 1475 年。工作是按下面的条件安排的：

> 我当着教皇陛下官廷管理克莱门特（Clement）、图书保管人（librarius）萨尔瓦图斯（Salvatus）、讲师（lector）德米特琉斯（Demetrius）等的面，支付给米兰的木匠弗朗西斯（Francis）45 达克特（Ducat）。他现在居住在罗马城内的鲜鱼市场。他将为图书馆制造书桌，特别是靠左边的 10 个书桌，长度为 38 掌（palm）。他接受定金后，答应在 1475 年 7 月 15 日如期完成，全部价钱为 130 达克特。[1]

从木匠的收据上得知，他的全名是"米兰的弗朗西斯科·乔万尼（Francesco de Gyovane di Boxi da Milano）"。他最后收取的费用为 300 达克特，而不是 130 达克特。1476 年 6 月 7 日最后一笔费用支付时，还附带了以下的说明：

> 我已支付给同一个人 [弗朗西斯木匠] 为图书馆制作的 25 个书桌所需费用。较长的书桌共 10 个，已经支付 130 达克特，其余为 170 达克特，全数为 300 达克特，都已支付完毕，时为 1476 年 6 月 7 日。[2]

212

---

1 Enumeravi, præsente Clemente synescalcho familiæ s. d. n., Salvato librario, et Demetrio lectore, ducatos XLV Francischo fabro lignario mediolanensi habitatori piscinæ urbis Romæ pro banchis Bibliothecæ conficiendis, maxime vero decem quæ ad sinistram jacent, quorum longitudo est XXXVIII palmorum, vel circa, et ita accepta parte pecuniarum, cujus summa est centum et XXX ducatorum, facturum se debitum promittit et obligat, die XV Julii 1475. Müntz, p. 121.

2 Item solvi eidem ducatos XXX pro reliquo XXV banchorum bibliothecæ: pro longioribus autem qui sunt X solvebantur centum et triginta, ut supra scriptum est; pro reliquis solvebantur centum et septuaginta; quæ summa est tricentorum ducatorum: atque ita pro banchis omnibus ei satisfactum est, die VII Junii 1476. Müntz, p. 126. 其余的费用在 1475 年 7 月 15 日至 1476 年 6 月 7 日的期间分批支付给他了。

1477 年，下一个房间即"专用图书室"（或称"内部图书室"）的家具开始制作了。这项任务交给了一位佛罗伦萨人，账本上只称为 Magister Joanninus faber lignarius de Florentia，但是法布尔先生认为他就是多尔齐的乔万尼诺（Giovannino dei Dolci），西斯廷大教堂的建筑者之一。有关他的最重要项目文字如下：

> 佛罗伦萨的木匠乔万尼诺师父从教皇陛下的图书馆馆长普拉廷纳（即我本人）这里收到为"内部图书室"制作书桌、大书柜、高背长椅的费用。经米兰的弗朗西斯师父估算为 180 达克特。他在 1477 年 5 月 7 日收到 65 达克特和 60 格罗特（groat）。[1]

这笔账目最后一次支付时间在 1478 年 3 月 18 日。那一天他还收到 8 达克特，支付制作 3 个书名目录盒以及修补书桌[2] 的费用。这几个盒是由梅洛佐的工匠油漆的。[3] 1481 年 2 月，又提供了 12 个书柜。[4]

213　　第四个房间——"教皇图书室"的书桌是在 1480 年至 1481 年期间定做的。雇用的工匠是乔万尼诺以及他的兄弟马可（Marco）。

> 佛罗伦萨的乔万尼诺师傅和他的兄弟马可师傅收到 25 达克特，作为正在制作的图书馆书桌的一部分费用；书桌是教皇陛下增加的。1480 年 7 月 18 日。[5]

1　Magister Joanninus faber lignarius de Florentia habuit a me Platyna s. d. n. bibliothecario pro fabrica banchorum Bibliothecæ secretæ, pro Armario magno et Spaleria ejusdem loci, quæ omnia extimata fuerunt centum et octuaginta ducat' a magistro Francisco de Mediolano; habuit, ut præfertur, ducatos sexaginta quinque et bononenos sexaginta die VII maii 1477.Müntz, p. 130. 每达克特值 100 bononeni。

2　Habuit ultimo ducatos octo pro tribus tabulis ex nuce cornisate (?) ad continenda nomina librorum e per le cornise de tre banchi vechi ex nuce die supradicta; nil omnino restat habere ut ipse sua manu affirmat, computatis in his illis LX bononenis quo superius scribuntur. Müntz, p. 130.

3　Dedi Joanni pictori famulo m. Melotii pro pictura trium tabularum ubi descripta sunt librorum nomina carlenos XVIII die X Octobris 1477. *Ibid.* p. 131.

4　Item pro XII capsis latis in bibliothecam secretam. Müntz et Fabre, p. 158.

5　Magister Joanninus de Florentia et m. Marcus ejus frater faber lignarius habuere ducatos XXV pro parte solucionis banchorum quæ fiunt in bibliotheca addita nunc a Smo. d. nostro, die XVIII Julii 1480.Müntz, p. 134.

上述工匠在 1481 年 4 月 7 日以前已收到了 100 达克特，但账目尚未了结。为了书籍存放的用具，已经花费了 580 达克特的巨款；如果每达克特按 6 先令 6 便士来兑换，那就是 188 英镑 10 先令。

购买书链开始于 1476 年 1 月。[1] 值得注意的是：这样简单的东西竟然在罗马买不到，要从米兰运过来，那里的政府还要抽税，把这笔生意弄得昂贵而讨厌。购买书链的总数为 1728 条，合价为 102 达克特，超过了 33 英镑。书链顶端的圆环又嫌太小了，要在罗马更换。穿书链的铁条是从何处得到的，没有说明（ferramenta quibus catenœ innituntur）。

1477 年（4 月 14 日），"书链工匠约翰（Joannes fabricator catenarum）送来了 48 个铁条，作为固定书籍在座位上之用"[2]，同时还送来了 48 个锁，显然是配合同等数目铁条的需要。同年，一位锁匠（magister clavium）也为"专用图书室"提供了书桌和书柜使用的 22 个锁。[3] 1480 年，当"教皇图书室"开始装备的时候，书链、锁和钥匙等铁制物都由伯纳迪诺（Bernardino）供应，他是米兰工匠约翰的侄儿。[4]

为了进一步了解情况，我们必须转向图书目录。首先研究普拉廷纳编于 1481 年 9 月 14 日的那一本，[5] 前面我已提到过。这是一个小型的对开本，写在精致的羊皮纸上，镀上了金边，装帧可能是原来的模样。第一页上有一个复杂交错的图案，底部的圆圈中是西克斯图斯四世的纹章。

图书目录的编者逐处记载图书馆的藏书，注明每个图书容器的位置（至少拉丁文图书室是如此），所藏图书的分类和标题。然后，他又清点书籍的数目，表明整个图书馆共有多少图书，这就费了不少页的篇幅。明茨（M. Müntz）和法布尔先生把这些数目印了出来，但是就我所知，图书目录本身尚未有人翻印过。我现在的意图，就是要把这本目录的标题、分类、书籍的数目等结合起来，介绍如下：

214

1　Müntz, pp. 124–126.

2　Magister Joannes fabricator catenarum habuit a me die XIIII aprilis 1477 ducatos decem, ad summam centum et quinque ducatorum quos ei debebam pro tribus miliaribus et libris octingentis ferri fabrefacti ad usum bibliothecæ, videlicet pro quadraginta octo virgis ferreis ad quas in banchis libri connectuntru [etc.] Müntz, p. 128.

3　*Ibid.* p. 127.

4　*Ibid.* p. 135.

5　MSS. Vat. 3947.

Inventarium Bibliothecæ Palatinæ Divi Sexti Quarti Pont. Max.

[I. 拉丁文图书室]

Ad sinistram ingredientibus（左侧过道）

215　　　　　　　　　　[II，希腊文图书室]

In primo banco Bibliothecæ Grecæ.（希腊文图书室第一架）

In octavo banco.（第八架）哲学 ⋯⋯⋯⋯⋯⋯⋯⋯⋯⋯⋯⋯⋯⋯⋯⋯ 29

In nono banco.（第九架）[希腊罗马古典作品] ⋯⋯⋯⋯⋯⋯⋯⋯⋯⋯ 25

In decimo banco.（第十架）教会法 ⋯⋯⋯⋯⋯⋯⋯⋯⋯⋯⋯⋯⋯⋯⋯ 28

In undecimo banco.（第十一架）[民法] ⋯⋯⋯⋯⋯⋯⋯⋯⋯⋯⋯⋯ 17

In duodecimo banco.（第十二架）[圣经新约，教父] ⋯⋯⋯⋯⋯⋯⋯ 19

—259

[B. 书柜]

Regestra Pontificum hic descripta in capsis Spaleræ Bibliothecæ

    Pontificiæ per Platinam Bibliothecarium ex ordine recondita et in

    capsa prima（教皇名录置于教皇图书室橱柜的书箱中，由图书馆馆长普拉廷

纳整理，第一箱）⋯⋯⋯⋯⋯⋯⋯⋯⋯⋯⋯⋯⋯⋯⋯⋯⋯⋯⋯⋯⋯⋯⋯ 21

In secunda capsa Spaleræ Bibliothecæ Pontificiæ.（教皇图书室橱柜第二箱）⋯ 7

In secundo capsa Spaleræ Bibliothecæ Pont. Regestra recondita

    par Platynam Bibliothecarium（教皇图书室橱柜第二箱，编目由馆长普拉廷纳

整理）⋯⋯⋯⋯⋯⋯⋯⋯⋯⋯⋯⋯⋯⋯⋯⋯⋯⋯⋯⋯⋯⋯⋯⋯⋯⋯⋯⋯ 16

In quarta capsa Spaleræ Bibliothecæ Pontificiæ Regestra

    recondita（教皇图书室橱柜第四箱，整理好的编目）⋯⋯⋯⋯⋯⋯ 16

In quarta capsa Spaleræ Bibliothecæ Pontificiæ Regestra

    recondita（教皇图书室橱柜第四箱，整理好的编目）⋯⋯⋯⋯⋯⋯ 15

—115

上述统计的总结如下：   217

拉丁文图书室，左手，九排座位   430

拉丁文图书室，右手，七排座位   313

—743

希腊文图书室   八排座位   400

内部图书室   六排座位   190

     书橱（Armaria）   936

	书箱（Capsæ）	638	
	壁柜（Spaleræ）	216	
		——	1982
教皇图书室	十二排座位	259	
	五个书箱（Capsæ）	115	
		——	374
	总数		3499

　　粗略计算平均数，拉丁文图书室左手的每排座位存放了 47 本书，右手每排座位存放了 43 本书。希腊文图书室每排座位里存放 50 本书；内部图书室 31 本书；教皇图书室 21 本书。

　　下面，我将提供另一部图书目录的考察结果。[1] 法布尔先生把它的年代定为 1512 年，[2] 大概是正确的。这部目录以下列文字开始描述拉丁文图书馆：

Ad sinistra ’Pontificis bibliothecam introeuntibus（进入教皇图书室，靠左边：）

In primo scanno supra（第一架上部）·····································[27]

In primo scanno infra（第一架下部）·····································[27]

Finis primi scanni sub et supra （第一架尽头的上方和下方）···········[54]

　　拉丁文图书室左手的九排座位（banchi）也按同样方式处理，每排座位有两架书，书籍的总数为 457 册，比 1481 年多了 27 册。

　　右手边的前两排座位各有三架书，描述如下：

In primo scanno supra（第一架上部）·····································[22]

In primo scanno infra（第一架下部）·····································[27]

In primo eodem scanno inferius siue sub infra（第一架再往下）···········[26]

1　MSS, Vat. 7135.

2　*La Vaticane*, etc. p. 475.

　　Finis primi scanni sub et subter（第一架尽头下方以及再下）……………[75]

　　在拉丁文图书室的右手边，书籍的数目上升到 360 册。而以前那本图书目录上 　218
只有 313 册。

　　在希腊文图书室，每排座位也是两架书，书籍的总数为 407 册，以前的图书目
录上是 400 册。

　　内部图书室的统计如下：

　　　　In secretiori bibliotheca（在内部图书馆）

　　　　In iij°, scanno supra（第三架，上排）………………………………[16]

　　　　In iij°, scanno infra（第三架，中排）………………………………[17]

　　　　In iij°, scanno inferius siue sub infra（第三架，下排）………………[21]

　　有三排座位上是三架书，其余为两架。书籍的总数为 222 册，过去的图书目录
只有 190 册。平均每排座位 37 册。

　　关于教皇图书室，开始的标题如下：

　　　　In intima et ultima secretiori bibliotheca ubi libri sunt pretiosiores.（图书馆的内
　　　　室，藏珍本。）

　　每排座位有两架书，书籍总数为 277 册，在 1481 年只有 259 册。写本中发现了
"Virgilius antiquus litteris maiusculis"（以大写古体字抄写的维吉尔古本），无疑就是梵
蒂冈的《罗马古写本》（*Codex romanus*），这本书完全够资格列入所谓 libri pretiosiores
（珍本）之中。

　　这个图书目录结尾处的文句如下：

　　　　Finis totius Bibliothece Pontificie : viz. omnium scamnorum tam Latinorum

　　　　quam Grecorum in prima, secunda, tertia, et quarta eius distinotione et omnium omnino

　　　　librorum: exceptis armariis et capsis: et iis libris, qui Græci ex maxima parte, in scabellis

parieti adherentibus in intima ac penitissima Bibliothece parte sunt positi. Deo Laudes et
Gratias.

以上乃教皇图书馆藏书目录：包括所有书架上的拉丁文和希腊文书籍（按
四个书柜分类），以及其他书籍，不包括柜子和书箱。大部分希腊文书置于图书
馆最里面靠墙摆放的书架上。赞美上帝，感谢上帝。

上述图书目录显示，图书馆各部分的书籍数量自1481年至1512年均有所增加；
可以列为下面的图表。31年间增加了131册。

	1481	1512
拉丁文图书室	743	817
希腊文图书室	400	407
专用图书室	190	222
教皇图书室	259	277
总　计	1592	1723

还有一本图书目录没有注明编写年代，[1] 但各方面都显示属于同样的时期。它把
几个房间称为"大公共图书室"（Bibliotheca magna publica，即拉丁文与希腊文图书
室），"机密图书室"（Bibliotheca parva secreta）和"高度机密图书室"（Bibliotheca
magna secreta）。

这部目录由阿齐奥利（Zenobio Achiaioli）编成于1518年10月12日。[2] 它没有提
供特别的描述，只有一处说。在内部图书室里，每排座位都有三行书架，原文如下：

In primo bancho bibliothece parve secrete

（在图书馆内室第一书桌）

219

1　MS. Vat. 3946.
2　MS. Vat. 3948.

Infra in secundo ordine

（第二书桌）

Infra in tertio ordine

（第三书桌）

现在，我们可以根据账本以及几部图书目录提供的材料，对图书馆的情况加以安排，并把这些情况和平面图互相对比了（图 99）。

这些权威人士显示：在每个房间里，书籍是安置在所谓 banchi 上；这个词在英国可以称为 seat（座位）或 desk（书桌），图书用书链连接在上面。很显然，那里还有为读者准备的座位。这样的家具有一件在切塞纳还能见到，发挥过相同的作用，制作时间还要早二十五年，我已经介绍过。我还仔细考查过梵蒂冈图书馆现存的大量图书，它们属于古老收藏的一部分；只要书链的痕迹还没有由于重新装订而消失，这些痕迹依旧按原有的体系残留在书本的原处。

我认为，切塞纳的残留家具过去曾一度普遍使用；如果我的设想不错，那么我们在梵蒂冈也能找到相同的范例，事实上果然如此。证据就是罗马圣灵医院（Ospedale di Santo Spirito）的一幅壁画，画的是梵蒂冈图书馆的内景。医院为西克斯图斯四世所重建，其规模扩大了。[1] 1482 年完工以后，底层的几个大厅内装饰了一系列壁画，描述教皇对罗马城实行的改造。最近的研究著作[2] 认为，这些壁画中较早期的几幅，主题都是由普拉廷纳选定的，图书馆便是其中之一，在 1481 年他去世前就画成了。我现在把这幅珍贵记录的缩印本（图 100）呈献给读者，这都承蒙达尼西先生（Signor Danesi）在埃尔勒神父（Father Ehrle）盛情指导下的帮助。

这幅画的艺术水平并不高，但是我们可以设想，画工的技巧虽然有限，他却忠实地描绘了见到的一切。画中的书桌与切塞纳的实物大体相似，画得比文字描述简单一些，可能是由于画工没有能力描绘细节。书链没有画出来，也许是由于同样原因。我们注意到每个书桌上都摆满了书籍；数量与大小都各不相同，装订也不一样。有人会争论说，画工想奉承他的雇主，故意把这些图书画得越多越好。

220

---

1 有关西克斯图斯在圣灵医院的成就，参看 Pastor, *History of the Popes*, Eng. Trans. IV. 460–462。

2 Brockhaus, *Janitschek's Repertorium für Kunstwissenschaften*, Band VII. (1884); Schmarsow, *Melozzo da Forli* (1886), pp. 202–207.

图 100　西克斯图斯四世图书馆内景，如罗马圣灵医院的壁画所示

取自达尼西丙的一幅摄影。

但是我却倾向于认为这是图书室的正常情形：这些书装订得很美观，由许多铜制的钉子保护着，通常就是平放在桌面上，等待读者使用。

如果把这幅壁画和梅洛佐早期的画作相比较，就不难辨认出图书馆内在场的四个人物（别的读者不在内）。中心人物显然是西克斯图斯四世；和他讲话的是红衣主教朱利安诺·罗维尔，后来成为尤利乌斯二世。在教皇背后站着的人物可能是彼得罗·利亚里奥；在他背后的人物当然是普拉廷纳。其他的人物，我认为只是侍从而已。

也不应当忘记：尽管这幅壁画对于了解梵蒂冈图书馆十分重要，更有意义的是，它是 15 世纪大型图书馆的当代写真。

馆内每个房间的陈设并不像初看时那样简单，除了书桌以外还有别的家具。因此，我们将按顺序经过每一个房间，看看平面图（图 99）。在平面图上，图书的容器用蓝色表示，读者的座位由横线表示，座位间的空间为白色。

拉丁文图书室：账本告诉我们，拉丁文图书室左方有十排座位，比其他地方的更长一些，每排经丈量为 38 掌（palm），按英国标准为 27 英尺 9 英寸。[1]

从中央立柱到西墙的距离只有 27 英尺 6 英寸，因此，这些座位显然是按南北走向排列的——对于读者来说也比较方便，因为光线可以从他们的左方照射过来。由于上述原因，我把第一排书桌放在中央立柱旁边，读者的座位在书桌的西方。这里发生了一个难题：账本上写明花钱买了十排座位（ten banchi），但所有的图书目录都只提到九排。我猜想答案是：中央立柱与西墙之间确实有十排家具，第一排只有书架与书桌，而最后一排只有座位。这样的安排在切塞纳以及佛罗伦萨的美第奇图书馆都可以见到。整个房间的宽度为 34 英尺 8 英寸，顺着南墙还要留出空间，作为通向图书馆馆长办公室的过道（a），书桌的北头也要留出另一个过道。

关于图书馆的其他安排，账本还提供了一条重要信息。它告诉我们：公共图书室（拉丁文图书室和希腊文图书室）的座位总数为 25 排，花费了 300 达克特，其中 10 排较长的座位花费了 130 达克特，那么，其余 15 排就只能支付 170 达克特。从这些资料不难计算出，每掌的家具值多少钱，170 达克特能买多少掌；我算出的结

1　我采用：1 掌（palm）= 0.223 米（mètre）；而 1 米 = 39.37 英寸。

果是 510 掌，或 373 英尺。[1]

我认为，在入口的门内，想必应当有一个类似前厅的空间，这样才能够接纳学者，他们也能够在那里查阅图书目录。此外，图书目录表明，图书馆右方的 7 排书桌比左方的要短一些，因为它们安置的图书数量要少一些。如果我们设想每排的长度为 21 英尺 6 英寸，那么总数就是 149 英尺。这样，为希腊文图书室的 8 排书桌就剩下 224 英尺，每排 28 英尺。

希腊文图书室：这个房间里有 8 排座位，每排长 28 英尺。房间宽 28 英尺，每排座位宽 3 英尺，顺着西墙还留下 4 英尺宽的过道。房间的长度不影响两个门之间的过道；在书桌尽头与对面墙之间还留下一小片空地。

内部图书室：这个房间里放得下 (1) 6 排座位，每排平均安置约 30 本图书；(2) 一个大书橱 (armarium)，分为五部分，安放 938 册图书；(3) 一个高背长椅 (spalera)，座下有书箱；(4) 12 个书箱或书柜 (capsæ)。

我把大书橱安放在房间的一头，正对着窗户。在这个位置，它可以宽达 20 英尺，包含五部分；每部分宽 4 英尺，我们可以设想它高 7 英尺，有 6 个架子。如果每尺宽度放 8 本书，那么每个架子可以放 32 本书，6 个架子可以放 192 本书。五个部分的总容量为 960 册。这个数目比普拉廷纳的图书目录提到的数目稍多一点。

大书橱的前方留出 5 英尺宽的空间之后，还有充分的地方容纳 6 排书桌，每排长 21 英尺。我把高背长椅 (spalliera) 安放在窗户下面，它的座位下有 4 个书箱 (capsæ)。这种家具，现代意大利语称 spalliera，法语称 épaulière，现在在大型建筑内是很常见的。它经常出现在前厅或长阶梯的平台上。梵蒂冈图书馆的高背长椅，至少有一部分今天仍旧存在。它不久前还安放在馆内的前厅，后来利奥十三世教皇把它移到博尔吉亚公寓去了，现在在一间房屋的墙下。它的高度与装饰有两种不同的样式，下面的照片（图 101）是专为我的使用而拍摄的。在室内安装的过程中，高背长椅显然经历了不少的变动；现在已无法肯定，我们见到的是过去家具的整体或只是它的一部分。我们也用不着凭残留部分的长度来猜测它过去安装在哪个房间

---

1 我是这样计算的：10 个座位，每个长 38 掌，共 380 掌，价值 130 达克特。因此，每掌价值 130/380 达克特 = 大约 1/3 达克特。

　　总支出为 300 达克特，支付 130 达克特之后，其余 15 个座位应付 170 达克特。由于每掌价值 1/3 达克特，170 达克特可购买 113.73 米 (mètre) = 4477 英寸（约）= 373 英尺。

图 101　西克斯图斯四世的梵蒂冈图书馆一度使用过的高背长椅（spalliere），现在在博尔吉亚公寓内

来自一幅照片。

里。这些高背长椅是镶嵌木工的精致典范。图上右边的一个在檐板上有一排十字形花纹，高度为 6 英尺 2 英寸，长 66 英尺；左边的一个高度为 5 英尺 10 英寸，长 24 英尺 7 英寸。座位下的书箱从墙边突出 1 英尺 4 英寸，高 2 英尺。书箱的盖子长度略有不同，从 3 英尺 11 英寸到 4 英尺 10 英寸不等。

高背长椅并非这个房间的唯一特色。普拉廷纳的图书目录显示，和每排座位有某种联系的还有两个书箱（capsæ）。我们读到，共有 12 个书箱至 1481 年搬进了图书馆。我把这些书箱成对地安放在每排书桌的尽头，面对着高背长椅。

教皇图书室，或称**最机要图书室**：共有 12 排书桌。从它们的数量来看，必然是按东西走向安排的。室内也有一排高背长椅，用来存放教皇的纪录材料。我把它安放在室内北墙的空间里，那里刚好放得下，就像是专门为之制造的。

应该注意到，图书室内有一幅世界地图；1478 年为它买了一个框架。[1] 室内还有一个地球仪，另一个是天球仪。1477 年为它们买了羊皮的外罩。[2] 这样的球体，有罩或无罩的，在 1610 年莱顿大学图书馆的一幅画（图 70）里都看得见。法布尔先生还告诉我们，这样的球体在罗马的巴贝里尼宫（Palazzo Barberini）图书馆里也是陈设的一部分，那是巴贝里尼红衣主教（Cardinal Francesco Barberini，1630–1640）安置的。[3]

224

为了舒适，还准备了用轮子推动的活动火盆，"可以在图书馆内四处移动"。[4]

里昂的贝列弗（Claude Bellièvre of Lyons）约在 1513 年访问了罗马，在这个图书馆里抄下了下面的奇怪规定。它显示馆内秩序是十分严格的：

Nonnulla quae collegi in Bibliotheca Vaticani. Edictum S. D. N. Ne quis in Bibliotheca

---

1　Per lo tellaro del mappamondo b. 52. Müntz, p. 129. Habuere pictores armorum quæ sunt facta in duabus sphæris solidis et pro pictura mappemundi ducatos III, die XII decembris 1477. Müntz et Fabre, p. 151. 这幅地图大概由庇护二世（1458–1464）所提供，他手下贝拉维斯塔（Girolamo Bellavista）为他工作，是威尼斯的地图制造家。Müntz et Fabre, p. 126.

2　Expendi pro cohopertura facta duobus sphæris solidis quarum in altera est ratio signorum, in altera cosmographia, ducatos IIII videlicet carlenos XVI in octo pellibus montoninis, cartenos XXV in manifactura; sunt nunc ornata graphio cum armis s. d. n., die XX decembris 1477. Müntz et Fabre, p. 152. 法布尔先生引用了一封信来赞美这幅地图与地球仪，这封信于 1505 年寄自罗马，*La Vaticane de Sixte, IV.*, p. 471 *note*。

3　*Ibid.*

4　Müntz, p. 130.

cum altero contentiose loquatur et obstrepat, neve de loco ad locum iturus scamna transcendat et pedibus conterat, atque libros claudat et in locum percommode reponat. Ubique volet perlegerit. Secus qui faxit foras cum ignominia mittetur atque hujusce loci aditu deinceps arcebitur. [1]

以下是我在梵蒂冈图书馆的所见所闻。规定 S.D.N.：任何人不得在馆内与他人争吵、喧哗；也不得在书架之间随意走动，不得用脚踩踏书架；把书页合上，妥善放回原位。有意者，请仔细阅读规定。违反规定者会受惩戒，逐出图书馆，以后禁止再进入此馆。

在结束之前，我还要引用蒙田（Montaigne）对这个图书馆的一段有趣描述：

Le 6 de Mars [1581] je fus voir la librerie du Vatican qui est en cinq ou six salles tout de suite. Il y a un grand nombre de livres attachés sur plusieurs rangs de pupitres; il y en a aussi dans des coffres, qui me furent tous ouverts; force livres écris à mein et notamment un Seneque et les Opuscules de Plutarche. J'y vis de remercable la statue du bon Aristide[4] à tout une bele teste chauve, la barbe espesse, grand front, le regard plein de douceur et de magesté: son nom est escrit en sa base très antique... [2]

Je la vis [la Bibliothèque] sans nulle difficultè; chacun la voit einsin et en extrait ce qu'il veut; et est ouverte quasi tous les matins, et si fus conduit partout, et convié par un jantilhomme d'en user quand je voudrois. [3]

1　Bibl. Nat. Paris, MSS. Lat. 13123, fol. 220, 引自 Müntz et Fabre, p. 140。

2　这个雕像于 16 世纪中期发现于罗马，塑造的是公元 2 世纪的希腊修辞学家斯米纳的阿里斯泰德斯（Aristides Smyrnæus）。雕像仍在梵蒂冈图书馆，在基督博物馆（Museo Christiano）的入口。

3　蒙田的一段话被省略了，他描述了一些见到的图书。编者按：第一段省略的文字是：

　　一部从中国来的书，文字怪异，纸张材料比我们的柔软和透明得多；因为它容易透墨，只在一面书写，纸页都是双层的，在中间对折，叠在一起。他们认为这是用一种树皮膜做的。我在那里也看到一片古埃及纸草，上面有些陌生的文字，这是一块树皮。我看到圣格列高利书写的经文。上面没有标注年份，但是他们说从他那里一代代传至今日。这是像我们一样的弥撒经本，送至最近一次特兰托公会议，作为我们祭祀的信物。我看到圣托马斯·阿奎那的

　　[1581 年] 3 月 6 日，我去了梵蒂冈图书馆，它有五六个大厅并排相连。大量书籍放在几排斜面阅书台上。有的还放在书箱里，都为我而打开；许多写本，其中有一部塞内加和普鲁塔克的《道德小品》。最引人注目的是"好人"阿里斯泰德斯的雕像。漂亮的秃头，大胡子，宽阔前额，目光很温柔有威；他的名字刻在很古的基座上……

　　我参观 [图书馆] 毫无困难。人人都可去看，取出他要的东西，差不多每天早晨都开放。我全程有人陪同，一位贵族更邀请我随时可去。[1]

西克斯图斯四世的意图是要使这个附属于神圣教庭的图书馆得到尽可能广泛的使用。普拉廷纳死后，他任命路加的德米特琉斯继任图书馆馆长，在任命的文件中就

一部书，那上面有作者自己手写的数处修改，字迹很潦草，一封短信比我写的还差。同样，印在羊皮纸上的《圣经》，不久前普朗廷用四种语言编成的那部，腓力国王把它送给了这位教皇，就像他在书壳上写的；此书的原文是由英国国王下令撰写反对路德的，在约五十年前他送给了利奥十世教皇，由自己亲手题辞，还附上这首美丽的拉丁语题词，也是他写的：

英国国王亨利把这部作品
敬赠给利奥十世，以志两位朋友的忠诚友谊。

我读了序言，一篇是给教皇的，一篇是给读者的。他为他的军事占领和碌碌无能而致歉。作为拉丁语读物这是篇好文章。

第二段省略的文字是：

我们的大使先生当时离任之前就没有参观过，埋怨说人家要他向这家图书馆主人西尔勒托红衣主教说了好话才让进去。他说，他以前一直没能见到塞内加的写本，这是他渴望已久的事情。听了他这些话我觉得事情毫无希望，没想到我交上了好运。世上的事从某些角度容易之至，在另外场合又是难上加难。时机与机缘都有它们的特权，往往让老百姓得到连国王也得不到的东西。有心人常常会抢得先机，这如同地位与权势一样。

我也看到一部维吉尔的写本，字形极大，字体长而瘦，我们看到约当君士坦丁那个世纪，罗马皇帝时代铭文上都这样，有点像哥特式，失去了老式拉丁书法中的方形比例。这部维吉尔书籍，坚定了我一直以来的猜测，这是人家作为《埃涅阿斯纪》的最初四句诗其实是借用的，在这部书里就没有。《使徒行传》用一种非常秀丽的希腊金字写成，鲜艳如同现时代的作品。这种字体厚实，在纸上坚实凸起，把手放在上面可以感到厚度。我相信这种字体我们已经失传了。(马振骋译《蒙田意大利游记》，上海书店出版社，2011 年版，第 112–114 页)

1　*Journal du voyage de Michel de Montaigne en Italie, ed.* Prof. Alessandro d'Ancona. 8vo, Città di Castello, 1895, p. 269. 这段话我引自法布尔先生。

清楚地讲明"图书馆的建立是为了所有的文士，包括我们这一代和后代"；[1] 他说这并不是任命文件中的修辞手法，而是在普拉廷纳整个在职时期图书馆出借书籍的行动中所证明的事实。有一本出借图书的记录，年代从他本人接受任命开始，到 1485 年结束，已经由明兹和法布尔根据梵蒂冈图书馆的原件印刷出来。[2] 那是一册非常有趣的记录。它开头的地方有几句警告的文字，我把大意译出如下，而没有逐字翻译：

> 无论是谁把名字写在下面承认从教皇图书馆借到图书带出馆外，如果不能在很短时间内完好地送回，就要招来教皇陛下的愤怒与诅咒。
>
> 此项声明由教皇陛下的图书馆馆长普拉廷纳写出，他就职的时间为 1475 年 2 月最后一日。[3]

借书记录的每一项都登记了出借的书名和借书人的姓名，有时由图书馆馆长填写，更多情况是由借书人填写。图书归还时，普拉廷纳或助手便注上了归还的日期。下面的一个偶然写下的项目可以视为典范：

> Ego Gaspar de Ozino sapientissimi domini nostri cubicularius anno salutis mccccl xxv die vero xxi Aprilis confiteor habuisse nomine mutui a domino Platina Lecturam sive commentum in pergameno super libris x Etticorum Aristotelis, et in fidem omnium mea propria manu scripsi et supscripsi. Liber autem pavonatio copertus est in magno volumine. ——Idem Gaspar manu propria——Restituit fideliter librum ipsum et repositus est inter philosophos die xxviii Aprilis 1475.

> 本人是来自奥奇诺的卡斯帕尔，是无上智慧的我主之仆从。我声明，于主历一千四百七十五年四月二十一日，从馆长普拉廷纳之手借书写在羊皮卷上的有关亚里士多德《伦理学》十卷的讲稿或注释。以上确系本人亲笔所写，

1　Müntz et Fabre, p. 299.

2　Müntz et Fabre, pp.269–298. MSS. Vat. Lat. 3964.

·3　Quisquis es qui tuum nomen hic inscribis ob acceptos commodo libros e bibliotheca pontificis, scito te indignationem ejus et execrationem incursurum nisi perpportune integros reddideris. Hoc tibi denuntiat Platyna, S. suæ bibliothecarius, qui tantæ rei curam suscepit pridie Kal. Martii 1475.

并签名。此书覆以紫红色封皮，大开本。——卡斯帕尔本人亲手——已将此书原物归还，重新上架至哲学家著作中，时在 1475 年 4 月 28 日。

有时也会注明，一本书借出时还带着书链，例如：

Christoforus prior S. Balbine habuit Agathium Historicum ex banco viii° cum cathena...Restituit die xx Octorbris post mortem platyne.

克里斯托弗，圣巴尔比娜堂教长，从第七架借出史学家阿加希乌的著作，连带着书链……馆长普拉廷纳去世后，10 月 21 日归还。

如果没有提到书链，我们就可以理解为这本书上没有书链；有一些书，为了出借更加方便，就根本没有装书链。这样理解可以吗？

关于图书馆的工作人员还可以多说几句。超初，在 1475 年，普拉廷纳手下有三名助手：德米特琉斯，沙尔瓦图斯（Salvatus）和约翰（John）。他们被称为抄写员（Scriptores）或保管员（custodes），沙尔瓦图斯一度被称为图书管理员（librarius），但是这个词只表示抄写员的意思，而不是指图书馆馆长。这些人的职位很低，沙尔瓦图斯更是十分贫困，买一双新鞋和整齐的套装竟要由教皇的开支中为他出了 9 达克特。[1] 此外还有一个装订工人，也名叫约翰。在第二年，只提到两名保管员：德米特琉斯和乔赛亚（Josias），后者在 1478 年的瘟疫中丧生了。图书馆馆长的薪金是每月 10 达克特，其他每名助手的月薪只有 1 达克特。这样的安排在 1477 年末西克斯图斯四世的公文中得到了肯定。[2]

普拉廷纳和他的助手似乎住在一起，就在拉丁文图书室旁边那间房内。账本上

1　Dedi die XIII Septembris 1475 ducatum unum Salvato scriptori pro emendis calligis. Item expendi pro veste una Salvati scriptoris seminudi et algentis ducatos VIII de mandato sancti domini nostri. Müntz et Fabre, p. 148.

2　Habui ego Platyna sanctissimi domini nostri bibliothecarius ducatos triginta pro salario meo, quod est decem ducatorum in mense, ab idibus Julii usque ad idus Octobris 1477, quemadmodum apparet in bulla de facultatibus officiis et muneribus a sanctissimo domino nostro papa Sixto IIII facta. *Ibid.* p. 150.

曾写明了购买床、家具之类的开支。[1] 乔赛亚死于瘟疫以后，普拉廷纳把德米特琉斯和装订工约翰打发走了，"为的是害怕他们死去或传染别人"。[2]

维持图书馆运转的所有物品都由普拉廷纳负责供应。装订以及在书上刻印书名的开支是最多的。皮革大量被买进备用，有一次多达六百块。所有其他材料：金子，各种色彩，清漆，钉子、角制品、搭扣等，在购买后都详细登录入账，有的东西大概用于图书馆邻近的室内。普拉廷纳还注意照管为一些写本配制插图（miniatio）。

图书馆的清洁和舒适也没有被遗忘。账本上有许多买煤的开支，理由是在冬天"这里太冷了"。还有购买杜松子油熏香驱虫的开支（ad suffumigandum）。买了一些扫帚来清扫图书室，还买了狐尾来掸去书上的灰尘（ad tergendos libros）。[3]

西克斯图斯在一份简要的指示中规定了图书馆的年度收入，指示的日期是 1477 年 7 月 15 日。文件中还规定，任何职务的官员因辞职而未领取的薪金，也要转到图书馆的账上来。[4]

当西克斯图斯四世在罗马从事图书收藏活动的时候，出现了一位收藏的竞争者——乌尔比诺公爵菲德利奇·蒙特斐特罗（Federigo da Montefeltro, Duke of Urbino, 1444—1482），他从作战中抽出闲暇的时间来从事同样的活动。他用来储存财富的房间始终没有改变，和同时代其他图书馆的安排都不一样，区别也许在于位置特殊，处于一半是宫殿、一半是城堡的府邸之内。它位于一幢建筑的底层，这个建筑将内院与外院分开。房间长 45 英尺，宽 20 英尺 9 英寸。墙从地面到穹顶的起点高约 14 英尺。穹顶呈筒状，覆盖整个空间。房间的北端有两个大窗户，南端有一个，离地面 7 英尺。原来的入口与内院相通，现在已经堵上了。在穹顶的中央，有一个老鹰的浮雕，鹰的头部两侧是公爵的形象，围绕着小天使头部组成的花环；再向外是分散的火焰和金边，点缀在白色的穹顶上。[5]

1　Müntz, pp. 129, 133.

2　Item dedi ducatos quinque pro quolibet Demetrio et joanni ligatori librorum quos ex mandato domini nostri foras misi, mortuo ex peste eorum socio, ne ipsi quoque eo loci interirent vel alios inficerent, die VIII junii 1478. Müntz et Fabre, p. 153.

3　账本中提到的这些项目都出自 Müntz et Fabre, pp. 148–158。

4　这个文件印在 Müntz et Fabre, p. 300。

5　1900 年 4 月 28 日，我访问了乌尔比诺，目的就是考察这所图书馆。

　　据说图书装满了 8 个大书柜或 8 个大书架，都分别靠在东西两面的墙边。但是有关这方面的信息少得可怜，主要来源于伯纳迪诺·巴尔迪的一段描述，日期为 1587 年 6 月 10 日。巴尔迪是乌尔比诺的同乡，晚年在大公的手下工作，想必很熟悉这个房间以及它的收藏。

228

　　La stanza destinata a questi libri è alla mano sinistra di chi entra nel Palazzo contigua al vestibol, o andito…le fenestre ha volte a Tramontana, le quali per esser alte dal pavimento, ed in testa della stanza, e volte a parte di cielo che non ha sole, fanno un certo lume rimesso, il quale pare col non distraer la vista con la soverchia abbondanza della luce, che inviti ed inciti coloro che v'entrano a studiare. La state è freschissima, I'inverno temperatamente calda. La scanzie de' libri sono accostate alle mura, e disposte con molto bell'ordine.

　　In questa fra gli altri libri sono due Bibbie, una latina scritta a penna e miniata per mano di eccellentissimi artefici, e l'altra Ebrea antichissima scriffa pure a mano…Questa si posa sopra un gran leggivo d'ottone, e s'appoggia all'ale d'una grande aquila pur d'ottone che aprendole la sostiene. Intorno alle cornici che circondano la libreria si leggono scritti nel fregio questi versi. [1]

　　走进宫殿，会发现藏书室位于左边，紧挨门廊或入口……窗子朝北。因为窗户高于地板，在房间上方，面向没有阳光直射的阴面，所以射进来的光线稍有些暗，不至于像阳面那样晃眼。这对于到藏书室看书的人很有吸引力。屋内冬暖夏凉。书架靠墙，布置得井井有条。屋里藏书中有两部圣经，其中一部是用羽毛笔抄写的拉丁圣经，内有精美插图。另一部是手抄的希伯来圣经，年代久远，放在黄铜制成的、很大的诵经台上，诵经台的底座是黄铜打制的巨鹰，诵经台就安置在鹰爪之上。环绕藏书室的线脚之上，可以读到装饰这些诗句的铭文。

1　*Memorie concernenti la Citta di Urbino*. Fol. Rome, 1724, p, 37. 参看 Vespasiano, *Federigo Duca d'Urbino*; ap. Mai, *Spicilegium Romanum*, I. pp. 124–128; Dennistoun, *Memoirs of the Dukes of Urbino*, 8vo, 1851. I. pp. 153–160. 图书馆员的职责，这一部分内容在许多细节上令人想起寺院内 armarius 的职责，由 Dennistoun （p. 159）译自 Vat. Urb. MSS. No. 1248, f. 58。

图 102　佛罗伦萨美第奇图书馆的书柜

1895 年在罗马出版了这图书馆的图书目录，在目录的序言中作者引用了上述段落，然后补充说："一共有 8 个大书柜，每个书柜内有 7 个书架。"[1] 所有的建筑装饰都看不见了，只有房间南头的三角墙上还留下一点片断的装饰，上面还看得出 F. E. DVX 的字样。读经台现在已放在大教堂的唱诗座中。

佛罗伦萨的洛伦佐图书馆（Biblioteca Laurenziana），又称美第奇图书馆（Medicean Library），是我打算描述的最后一个意大利图书馆。

1521 年教皇列奥十世（Leo X）去世后，他的遗嘱执行人朱利奥·美第奇红衣主教，即后来的教皇克莱门特七世（Clement VII），决定把家族祖先收集的图书都运回佛罗伦萨，并委托米开朗琪罗建筑一个房间来存放这些书。这项工作时断时续，直到 1571 年（6 月 11 日）图书馆才正式开放。

1　*Codices Urbinates Graeci Bibl.* Vat, 4to, Rome, 1895, p. 12. 这一段话由作者引自 Raffaelli, *Impaziale istoria dell'unione della Biblioteca ducale di Urbino alla Vaticana di Roma.* Fermo 1877, p. 12。

**图 103　米开朗琪罗有关佛罗伦萨美第奇图书馆书桌的一幅素描，
复制品，略有缩小**

229　　　　伟大的建筑师得到教皇的慷慨支持，他建成的图书室结合了使用方便与装饰适
当两大优点，在所有的图书馆中卓尔不群。它高高地耸立于地面，为了充分保证阳
光与新鲜空气的供应，入口处是双重的大理石台阶。房间长 151 英尺 9 英寸；宽 34
英尺 4 英寸。在两侧的墙上，原来各有 15 个窗户照明，离地板高 7 英尺 6 英寸。有
一个木质平屋顶，上面有雕花。铺地面的是赤陶砖，在红色背景上有黄色班纹。

230　　　　图书馆刚安装设备时，室内两边各有 44 个书桌。但是，上世纪初修建阅览室的
时候，毁坏了 4 个书桌。阅览室还堵死了 4 个窗户。窗户玻璃是 1567—1568 年乌丁
的乔万尼（Giovanni da Udine）提供的，主题是纹章。每个窗户上，美第奇家族的纹
章都占中心位置，四周围绕着花环、阿拉伯式的花饰以及变化无穷的花样，凭着拉
斐尔[*]的天才风格引入了梵蒂冈。

　　　　书桌（图 102）是核桃木制成的，据说是根据教皇本人的指令。如果我们相信
瓦萨里（Vasari）的话，[1]这指令的执行者是巴蒂斯塔（Battista del Cinque）和齐亚皮

---

　　*　原文如此，应为"米开朗琪罗"。——译者注

　　1　*Vite dei Pittori*, ed. 1856, Vol. XII. p. 214.

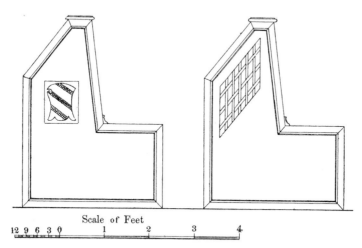

图 104　切塞纳的书桌立体示意图

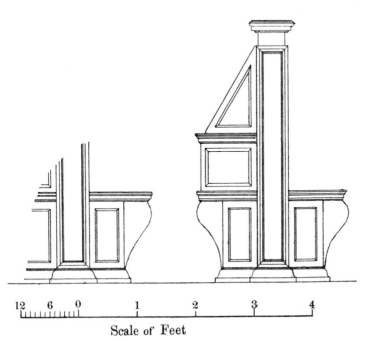

图 105　佛罗伦萨的书桌立体示意图

诺（Ciapino），但是现在我们知道，书桌是米开朗琪罗设计的。他的一本素描册中有一幅粗放的轮廓图，现在保存在佛罗伦萨的波纳罗蒂档案（Casa Buonarotti）中，和有关他生平的遗物放在一起。我们把这幅图画复制在上面（图103）。他画的毫无疑问就是这样的书桌。图中的座位上有一个人形，这证明米开朗琪罗十分关心读者阅览时的舒适，采用了适当的高度。

图 106　美第奇图书馆的一本书，
显示安装书链之处

这些书桌的大体设计和切塞纳的书桌相同，但是要高些，装饰也丰富些。每个书桌长 11 英尺 3 英寸，高 4 英尺 4 英寸。应当承认，读者座位的垂直椅背不如古老书桌斜面椅背那样舒适。每个书桌靠近中央通道一端都有一个图书目录的框架。为了清楚显示切塞纳和佛罗伦萨两处书桌结构的区别，我把每一种书桌的立体示意图（图104，图105）都附在这里。

可以从书桌的形象（图102）见到，书籍若不是平放在书桌的斜面上，就是摞起来存在斜面下方的架子里。每个书桌里平均有 25 册书。书链和切塞纳的情况相同，固定在右手封面板的下方，距离书背 2 英寸到 4 英寸不等（图106）。U 形钉深深陷入木板内。

书链由细铁条构成，约 1/8 英寸宽，厚度却要小得多。每个铁条的两端扁平，中间弯曲，用同样的铁条围绕，每条书链（图107）长 2 英尺 3 英寸。就我所知，全部是这样长度。书链的末端有一个圆环，但没有旋转轴承。

把书链固定在书桌上的铁活相当复杂。多亏了图书馆馆长比亚吉先生（Signor Guido Biagi）

233

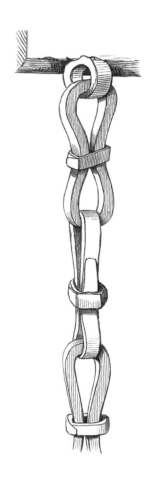

图 107　美第奇图书馆的一段书链
实际尺寸。

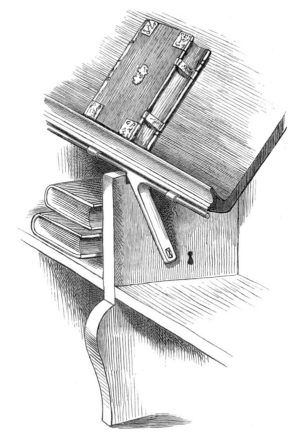

图 108 美第奇图书馆内的铁活图解

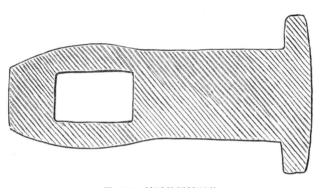

图 109 铁活的插销形状

惠予协助，我才被允许充分加以研究，而且画出一幅图解式的素描（图108）。我希望它能帮助读者了解。上图中，锁装在书桌的中央支板内部。支板两边各有一个铁环，书桌两端也各有一个铁环，都固定在书桌底部的边上，由一根铁条穿过。铁条接近中部的地方焊接了一块扁平的铁片。这块铁片在钥匙孔附近有一个长方形的裂口，由一块活动的铁片穿过，这里按原件的大小显示（图109）。锁的搭扣就穿过这块铁片，把铁条牢牢地固定在它的位置上。

铁条并没有书桌那样长；开锁的时候，只要抽出搭扣，抓住中部的铁活（图108）朝左推或朝右推，越过边上的铁环，就行了。这样就可以很快解开书链，或在铁条上加上一条新书链。

在下一章，我将描述中世纪以后的时期内图书馆安排上的变化。但是在本章结束之前，关于较早期图书馆的组织，还有几点是应该引起注意的。

首先，所有的中世纪图书馆都是向公众开放的。我不是想说所有的陌生人都可以走进来；但是，甚至在寺院图书馆，只要存放足够的保证品，图书就可以借出馆外。在巴黎的圣维克多寺院，圣日耳曼寺院以及卢昂的大教堂，藏书在一个星期的某几天里向读者开放。教皇图书馆、佛罗伦萨以及乌尔比诺的图书馆也是这种性质的公众图书馆。在牛津和剑桥，根本没有人反对把图书借出馆外，只要有良好的保证品。世俗的单位也效法教会的榜样出借图书，但一定要交付抵押品。一个突出的实例就是巴黎医学院与路易十一世之间的一件交易：国王要求借阅某一本医学书籍，学院表示拒绝，除非他交付相当于12马克的银币以及100个金币作为抵押，国王表示同意。图书借出来了，经过抄写之后，于1472年1月24日归还给医学院。医学院则把保证品送还给国王。[1]

为巴黎索邦神学院（Sorbonne, Paris）图书馆起草的规定（1321年）清楚地表现了那个时期关于研究、借书以及收取保证品以防止遗失的观点。

任何教士或外界陌生人都不允许借书，除非交付一定的物品作为保证，其价值应高于图书本身，而且易于保管，例如金、银或另一册图书，这些东西保藏在一个特殊的箱子内。

在寺院的各类图书或各系的图书中，必须至少有一册用书链保藏在公共图书

---

1   Franklin, *Anc. Bibl.de Paris*, II, 22.

馆内，这应当是最好的一册，甚至是唯一的一册，放在大家都能见到的地方；因为集体的利益比个人的利益更为圣洁（quia bonum commune divinius est quam bonum unius），任何一位教士如果藏有这样的书籍，就应当把它交给图书馆。

图书管理人被称为"卫士"（custodes），他们的职责是照料出借给教士的图书，这些书含意明显地称为"流通书籍"（libri vagantes）。钥匙不能以任何借口出借给别人。

最后，必须编出一份新的图书目录，每一册藏书列入其中，按第二叶的第一个词的顺序排列。[1]

使用中世纪图书馆的，首先是图书馆所属的那些人；他们可以在任何高兴的时候去使用。例如在达勒姆寺院，《院规》告诉我们，寺院的僧侣可以"在任何时候进入图书馆从事研究"。[2] 这样的房间或书柜有人管理，也有使用的规则，但是其规定没有值得我注意之处。在世俗的单位，使用钥匙的办法很早就实行了，但是似乎并不完全成功：钥匙经常被收回，锁也经常改换。例如1321年，索邦规定不能出借钥匙，但是在1676年，住处离巴黎较远的教士或准备出外旅行的教士都可按规定把钥匙留给图书管理人，回来后再领回钥匙。[3] 1402年在巴黎圣母院，各类知名人士允许领有钥匙，但不久之后，这项特权又只局限于教长之中了。[4]

在牛津和剑桥的一些学院，也采用了同样的制度。威克汉姆就提供了一个例子，1400年他在牛津的新学院章程中规定：

> 在上述图书馆的门上，应当有两个大锁，各有不同的钥匙，分别由二人细心持久保管，一位是正教务长（Senior Dean），另一位是高级财务主管（Senior Bursar）。门上还有第三把锁，通常称为"弹簧锁"（clickett），学院的每一位研究员都掌有一个钥匙。到了夜间，应当由三把钥匙将门锁上。[5]

这条规定在剑桥的国王学院被抄写照办，在别处也是如此。在有些学院里，章程在这个问题上没有规定，进入图书馆往往由某个附带条例来规定，这一类资料要

1　Franklin, *Anciennes Bibliothèques*, I. 237; *La Sorbonne*, Ed, 2. 8vo. 1875, chap. III. pp. 45–76.

2　见上文，p. 83。

3　Franklin, *ut supra*, I. 285.

4　*Ibid*, pp, 19, 22, 23.

5　Statutes of New College, *ut supra*, p. 98.

在别处寻找。例如在剑桥的国王堂（King's Hall），1394—1395 年的账目中有一项开支，购置了一把锁和 33 个钥匙，显然是为了院长和 32 位研究员使用的。[1] 同样在剑桥大学，1534 年关于进入大学图书馆作了如下规定：

Item yt ys graunted y^t. for y^e. more saffegarde of your bookes yn youre common lybrary y^t. y^e. overmore dore at y^e. stayrs hed may be locked, so y^t. yt. shall be lawful for euery gremyall or graduat and nonother to provyde them and haue a key to go yn and study at ther pleasure. [2]

同样，为更好保护你们共同图书馆的图书，允许楼梯顶端的顶层门上锁，这样每位成员*或毕业生有权配备一把钥匙，可以随意出入，在此研读。

很显然，那时的图书馆和现在一样，被视为是研究生的财产，因此他们和学院的研究员或巴黎索邦学院研究员一样，享有在任何时候进入图书馆的权利。宽容的条文意味着自由已经被滥用了，因此，又必须采用新的预防措施。

237

通常的规律是：这些图书馆都分为供出借用的图书室和供参考的图书室。这两大类收藏又各自有不同的名称。在西克斯图斯四世的梵蒂冈图书馆，我们见到的是"公众图书室"（Bibliotheca communis），又称"公共图书室"（B. publica），以及"内部图书室"（B. secreta）。同样的名称也在阿西西（Assisi）使用。在佛罗伦萨的圣玛丽亚新图书馆（Santa Maria Novella），那里是"图书室"和"小图书室"（B. minor）。在巴黎索邦，区分也是如此。[3] 在剑桥的大学图书馆，有"公共图书室"，收藏一般的书籍，向所有人开放；还有"私人图书室"，收藏较珍贵的书籍，只接纳享有特权的人物。[4] 在剑桥大学女王学院，可以出借的图书（libri distribuendi）安排在单独的

1 *Arch. Hist*. Vol. II. p. 442. 亦可参看该标题文章 *The Library*，Vol. III. pp. 397–400。

2 Grace Book T, p. 148, a.

* gremyall (gremial)，书籍保管机构的成员，见 *OED*，"gremial"条。——编者注

3 见上文，p. 158。

4 这个说法根据权威的 Dr. Caius, *Hist. Cant. Acad*, p. 89。Cum duæ bibliothecæ erant, altera priuata seu noua, altera publica seu vetus dicebatur. In illa optimi quique; in hac omnis generis ex peiori numero ponebantur. Illa paucis, ista omnibus patebat.

房间里，与装上书链的图书（libri concatenati）分开。在国王学院，有一个大图书室（B. magna）和一个小图书室（B. minor）。总之，大型的图书收藏都有类似的区分，见于其结构方面，也见于各自的图书目录方面。[1]

我已经介绍过两大类不同的书柜系统：我称之为"阅览台系统"（lectern-system）和"书柜系统"（Stall-system），都在上述图书馆内使用。我在前面已经进行过大量描述，这里就不需要再说什么了。精细的图书目录使读者在最短的时间内找到需要的东西，我已经提供了若干范例。图书馆内的地图、地球仪以及天文学仪器也给读者的研究工作进一步的帮助。在某些地方，图书馆还发挥了博物馆的作用：在那里存放着各式各样的奇异物品。

应当记住，许多中世纪图书馆把美和实用放在同样重要的地位，这样才是中世纪图书馆的完整画面。书柜都是木工的优异典型，雕刻装饰得很精美。地面铺上了各种图案的瓷砖；墙上装饰着灰泥的浮雕；窗户上是彩色玻璃；屋顶的房梁上装饰着捐赠者的家族纹章。

238

在这些装饰中，最显著的要算是玻璃了。在圣阿尔班（St. Albans），12 个窗子上画着不同的人物，代表窗子附近图书的类别与主题。例如，第二个窗户要表现修辞学与诗歌，所画的人物就是西塞罗、萨鲁斯特（Sallust）、穆索斯（Musaeus）和俄耳甫斯（Orpheus）。每个人物的下方还题上了适当的诗句。整个格局令人想起塞维尔主教伊西多尔的图书馆，我已经描述过了。[2] 在剑桥的耶稣学院图书馆，每一块窗玻璃上画着一个雄鸡站在地球上，那是创建者阿尔科克主教（Bishop Alcock）的象征；雄鸡的嘴上含着一段适当的文字，脚下的题辞各占标题的一半。例如开头的两个书柜装的是物理学书籍，窗户上写的就是 PHI-SICA，分别写在两块玻璃上。[3] 伊顿学院（Eton College）的选举厅原来用来作图书室，我们在那里发现了一些圆形图案，代表民法、刑法、教会法、医学等类别，图案画的是宗教集会、行刑、医生与病人等场景。[4] 在巴黎的索邦，图书馆的 38 个窗户上画满了人像，都是对学院作

1　*Arch. Hist*. III. p. 401.

2　见上文，p. 47。詹姆斯博士印出了圣阿尔班这些诗句，材料取自 Bodl. MSS. Laud. 697. fol. 27, *Verso*, 载于 *Camb. Ant. Soc. Proc. and Comm*. VIII, 213。

3　这整套的文字登载于 *Arch. Hist*. III. p. 461。

4　关于伊顿学院玻璃上的描述，我引自 Dr. James *ut supra*, p. 214。

出了特别捐赠与贡献的人士。[1] 在波瓦伊（Beauvais）附近的弗鲁瓦蒙（Froidmont），
《文学之旅》的作者描述了图书馆彩色玻璃的美丽。[2] 按赫恩的描述，在牛津的科布汉
姆主教图书馆内，"彩色斑斓的玻璃上画着捐赠者的纹章，直到不久前的叛乱时还
继续存在"。[3] 在罗瑟汉姆大主教（Archbishop Rotherham）建于 1473 年的图书馆（剑
桥），每个窗户上都有他本人想出来的图案：一个站立行走的雄兽，带着纪念国王爱
德华四世的白玫瑰，还有许多古老捐献人的纹章。[4]

　　最后，我将列举中世纪指书柜或书箱的不同词语。按照字母顺序排列，它们
是：analogium, bancus（或 banca），classis, columna, descus, gradus, lectrinum, pulpitum
（或 poulpitre），seat, sedile, stalla, stallum, stallus（或 staulum），subsellium。过去我
曾认为可以根据这些词语来确定书柜或书箱的形状，但是进一步研究使我相信，
这是办不到的；这些词语使用得很不严格。比如说，bancus 在梵蒂冈图书馆或意
大利别处指书箱，表示各种式样的阅览台体系；但是它的法文对应词语 banc 指
的是克莱沃的书箱，实际上是带有四个架子的书柜。同样，表示座位（seat）的
各种词语在使用时也并不特指它们的模样。1508 年在坎特伯雷的基督教堂，带
有四个架子的书柜被称为 seat（sedile）；[5] 可是，剑桥圣约翰学院的新图书馆（开
始于 1623 年）的木制家具一律统称为 "seats"。[6] 1633—1634 年在彼得学院，账
目中有 pro novis sedilibus in bibliotheca 的开销，这里说的是 seats 非常可能指
的是阅览台；[7] 但 1667 年大学图书馆馆长接受校董会的指示，要把图书安排在
seats 上面（in subselliis collocare）。[8] desk（descus）这个词，在 1473 年剑桥大

1　De Lisle, *Cabinet des Manuscrits*, Vol. II. p. 200. 有一幅画成为扉页插图，载于 *Magistri
　　Guillielmi de S. Amore Opera Omnia*, 4to Constantiæ, 1632。这位博士坐在左边，前面的书桌
　　上是一本打开的书，身后书架上也是书。边上的话是：Magister Guillielmus de Sancto Amore
　　Sacræ Facultatis Theologicæ Parisiensis doctor ac Socius Sorboniæ. Prout olim Pictus erat in vitro
　　veteris bibliothecæ Sorbonicæ. 我应当感谢剑桥大学图书馆的助理布雷尔先生（Mr. E. Burrell）
　　让我注意到这幅很新奇有趣的画。

2　*Voyage Littéraire*, ed, 1717, II. 158.

3　Bliss, *Reliquie Hearnianæ*, II. 693; *ap*. Macray, *Annals*, p. 4.

4　Add. MSS. Mus. Brit. 5820, f. 185（MS. Cole）.

5　见上文，p. 135。

6　*Arch. Hist*. Vol. II. p. 270.

7　*Arch. Hist*. Vol. I. p. 33. *note*.

8　Gracebook in the Registry of the University.

学图书馆的一份书目中与 stall（stall um）交替着使用，我强烈地猜想它是指阅览台；1516 年剑桥圣约翰学院把"图书馆的 desk"和其他的木制家具放在一起清点，它肯定是指阅览台；但 1693 年哈克特主教（Bishop Hacket）却用这个词来描述威廉斯教长（Dean Williams）赠送给威斯敏斯特大教堂的书柜；[1] 1695 年雷恩爵士（Sir C. Wren）又用它来描述他在三一学院的书柜，他把一部分书柜靠墙安放，另一部分与墙形成直角。Class（classis）这个词，1584 年在剑桥大学图书馆使用，代替了古老的词"stall"，后来完全挤掉了它。例如，1713 年大学任命一个评议会来为摩尔主教（Bishop Moore）的藏书提供安置场所的时候，书柜就被描述为"thecœ sive quas vacant classes"。这个词的使用逐渐发展，直到具有现代的含义，那就是：在一个窗户下面，由若干个架子和书柜在读者左右形成的分隔空间。[2]

analogium 这个词在西多是指教长会议厅和餐厅附近的书桌，书籍用书链固定在上面，供任何一位时间不多的兄弟使用；但是在克莱沃，这个词的含义完全相反，指的是整个书柜，在 16 世纪称为 bench（banc）。

pulpitum 这个词（或其法语的对应词），也具有双重含义。1573 年在巴黎的圣维克多图书馆，它指的是阅览台；[3] 但是 1517 年在克莱沃，它指的是一个书架——因为在一段关于图书馆的描述中，清楚地说明每个 banc 有四个架子（poulpitres）。[4] 在《文学之旅》（1709）中，这个词指作者在克莱沃教长会议厅附近见到的书桌；但是在西多，这种家具又被称为 analogium。[5] lectrinum 这个词显然是指阅览台，但是我只在彼得学院的图书目录中见过，其他地方都没有见到。

我们有时会碰见 distinctio 这个词。例如。在属于坎特伯雷基督教堂或圣奥古斯丁教堂的许多手稿中，经常有下列这样的文字：distinctione [prima] gradu [tertio]。在多佛小隐修院的图书目录的序言中，也使用着同样的词语。[6] 在这些情况下，distinctio 只能表示"书柜"，而 gradus 则表示"书架"。demonstratio 这个词出现在 1285—1331 年间编写的坎特伯雷基督教堂图书馆目录中，它的含义大概是指一个学

241

1　见上文，p.182。

2　*Arch. Hist.* Vol. III. p. 30. Conyers Middleton, *Bibl. Cant. Ord. Meth.* Works, Vol. III. p. 484.

3　见上文，p.160。

4　见上文，p.107。

5　见上文，p. 82。

6　见上文，p.188–190。

科类别的分支，而不是指一件家具。

在阅览台体系不再流行之前，表示书架的词语非常罕见使用，只有西多会寺院的图书馆内才见得到。至少在蒂奇菲尔德，和多佛小隐修院一样，gradus 这个词也表示"书架"。[1] 1472 年在剑桥女王学院，它指的是阅览台或阅览台的一边，这个词就图书目录的用意来看和"架子"没有实质上的差别。[2] 在指书柜系统的架子时，在坎特伯雷使用的是 textus；[3] 而在西多使用的却是 linea。[4] 然而，在卢昂的圣欧文教堂图书馆（Saint Ouen at Rouen），linea 这个词指的是一排书籍，大概是阅览台。1372 年以及次年该图书馆的借书记录[5] 上，有下列几行典型的文字，表示有些书已经借出去了：

> Item, digestum novum, linea I, E, II. （已借出，学说汇纂新编，第一排，E，II.）
>
> Item, liber de regulis fidei, cum aliise, linea III, L, viii. （已借出，论信纲及其他主题的书，第三排，L，VIII.）
>
> Item, Tulius de officiis, linea II, a parte sinistra, D, ii. （已借出，西塞罗《论义务》，第二排，左边，D，II.）

上述的摘录足以表明，书籍是按双排安放的，每一个双排称为一个 linea。每一个阅览台有一个字母为标志，每一本书有一个号码表示它在行列中的位置，再加上它所属阅览台的字母。以上述摘录第一行为例，那本文摘（Digest）就在第一排，E 阅览台的第二号位置上。很显然，在中央通道的两边各有一排阅览台，书籍都从右手边可以找到；如果在左手边，则需要特别指明。

242　　在西班牙东海岸的彭尼斯科拉城堡（the castle of Pẽniscola）藏有一批书籍，1415 年伪教皇本尼狄克十三世（Benedict XIII）曾经在那里退隐；这批藏书的目录现在仍旧保存着。书籍藏在书柜（armaria）中，每个书柜分为几个分隔的空间

1　见上文，p.77。

2　见上文，p.161。

3　见上文，p.186。

4　见上文，p.98。

5　*Du prêt des livres dans l'abbaye de Saint Ouen, sous Charles V.*; par L. Delisle. *Bibl. de l'École des Chartes*, Ser. III. Vol. I. p. 225, 1849.

（domuncule），然后各自又分为两个书架（ordines）。[1] 我设想这件家具大体上类似拜约文件柜（Le Chartrier de Bayeux）——我已经在图 27 描述过了。

columna 这个词，就我所知，只是蒂奇菲尔德的图书目录中使用过。它想必指靠墙安放的一种书箱，也许是这种家具最早期使用时的名称。

在结束时，我还要引用一段文字，说明 library 这个词也用来指书箱。它出现在伦敦圣克里斯托弗·勒·斯托克教堂的一份货物清单上，编写于 1488 年：

> On the south side of the vestrarie standeth a grete library with ij longe lecturnalles theron to ley on the bokes. [2]

> 位于礼拜室南边是一个大书箱，有两个长的诵经台，书可以放在台子上。

我用不着提醒我的读者：法语中 bibliothèque 这个词也有同样的双重含义。

1　*La Librairie des Popes d'Avignon*, par Maurice Faucan, Tome II. p. 43. in *Bibl. des Écoles Françaises d'Athènes et de Rome*, Fasc. 50.
2　*Archæologia*, Vol. 47. p. 120. 我应当感谢友人建筑师米克尔思韦特（P. T. Micklethwaite）提供了这条引语。

第七章

　　15 世纪与 16 世纪的显著对照。对修道院的镇压。爱德华六世的特派官员。图书馆设备随后发生的变化。剑桥圣约翰学院和大学图书馆。牛津的女王学院。教堂和学校附属的图书馆。这个时期的书链。取消书链。

　　我已经追踪了书柜或书箱的进化演变过程——从两块木板形成某种角度的笨拙结构到华美漂亮的家具，这样的家具没有多少改变，至今仍在使用。我希望我已经由此表明：15 世纪确实是全欧洲的"图书馆世纪"。在这个时期，修道院、大教堂、大学、世俗机构互相嫉羡，争先恐后地建立图书馆、充实藏书，而且制定开明的办法，让图书为公众所使用。

　　与这样的全方位发展相对照，16 世纪却是一种悲惨局面。在法国，胡格诺教派（Huguenot）运动采取了对原有教会极端仇恨的形式，按当时流行的风气，到处毁坏教堂、修道院及其收藏的物品。而在英国，则发生了对修道院教会的镇压，把一切属于修道院的物品尽可能加以毁灭。我在前面已讲过：修道院的藏书就是中世纪的公共图书馆；不仅如此，大修道院还是文化与教育中心，为儿童开办学校，送年龄稍大的孩子上大学学习。然而，从 1536 年到 1539 年的短短三年内，这一切都被扫荡一空，仿佛整个体系从来没有存在过似的。房舍被推倒，器材被出卖，金属用具被熔化，图书或被焚烧，或当作垃圾一样处理掉。我将以另一种方式来讲述这件事，使灾难的结局显示得更清楚。有八百所以上的修道院遭受了镇压，结局是：八百所图书馆遭受了毁灭；这些图书馆的规模与重要性各不相同，从藏书两千册的坎特伯雷基督教堂直到只有必需的祈祷书的小修道院。到 1540 年，英国残留下来的只剩下两所大学的藏书以及几所古老大教堂的藏书。英国王室的特派官员也不设法保护修道院收藏的大量图书。1789 年在法国，革命领袖们把毁坏女修道院内的图书馆转移到附近的城镇去。例如：把西多的图书馆迁到第戎；克莱沃的图书馆迁到特洛耶；科尔比的图书馆迁到亚眠。但是，在英国的镇压活动中，根本没有这种预防的措施。看来，大量的写本就在那个时候遭受了损失，印刷术的发明在一定程度上也是一个原因；写本的商业价值很低，而且私人收藏家也很少。修道院的藏书就这样毁灭了，只留下几千册写本，它们留存下来，只能给我们一个不完全的印象，不知道其他的是什么样子。

这个损失有多大，不止一位作家对此做过记录。但我目前想到的，首先是一位激烈抗议者约翰·贝尔（John Bale）的生动文字。他是当时的人，亲眼见到那些古老的藏书，懂得其价值。他哀叹，"在查抄修道院的过程中，丝毫不曾考虑到寺内的藏书，保护这些高尚而珍贵的纪念品（古代作家的著作）"。他讲述了本来应该做的事以及实际发生的情况：

> 如果我们主要纪念性的和最优秀作家最卓越的作品仍然保存着，那么，即使大量图书受损或弃之荒野，我们也不会感到气愤。
>
> 如果在每一个郡内都有一个庄严的图书馆，保存着高尚的书籍，那可是有意义的事。然而，不分青红皂白地毁坏掉一切，使英国在各国面前丢尽了颜面，成为最丑恶的坏事。许多人购买了华美的府邸，里面有这些藏书，却用来……点燃蜡烛、擦拭靴子。他们把图书卖给食品杂货商、肥皂商，送给装订商，不是小数目，而是整车整船，令外国人感到惊奇。我认识一位商人，在这里还是不提姓名为好；他用四十先令就买下了两个高贵图书馆的全部图书，说来真是丢脸。这些东西被他闲置不用超过了十年，而且今后还会放在那里许多年。[1]

245

大学虽然没有受到镇压的触动，但也没有长久的安宁。1549 年，爱德华六世任命特派官员到牛津和剑桥，这些人认为他们的职责也包括改造图书馆和使用图书的人。他们那股彻底的精神如果用在其他事情上，也许倒是值得表扬的。安东尼·伍德（Anthony Wood）[2]以悲伤兼气愤的心情，生动地讲述了学院图书遭受到的待遇。他讲述了大批朴实无华的写本，除了红字标题外没有任何醒目的地方，怎样被送到城里的

1　*The laboryouse Journey and Serche of Johan Leylande for Englandes Antiquites…by Johan Bale*, London, 1549. 同一位作者在写给帕克（Abp Parker）(n.d.) 的信中也讲述了相同的故事，此信的原文收在剑桥大学的登记材料中，由卢雅德（Rev. H. R. Luard M.A）刊载于 *Camb. Ant. Soc. Comm.* III, 157 (18 Nov. 1857)。

2　*History and Antiquities of University of Oxford*, Ed. Gutch, 4to. 1701, Vol. II, p.106. 伍德（生于 1632 年，死于 1695 年）讲述这些事实，认为是"古人的可靠报告，是少年时从著名学者处获得的"。

市场里烧毁了。对于大学公共图书馆所遭受的待遇，他的讲述也大体上相同。[1] 这个图书馆建成于 1480 年，现在是波德利图书馆的中央部分。馆内保存了有价值的写本，最重要的有六百份，[2] 是 1439–1446 年间格洛斯特公爵汉弗莱所赠。此人是文化修养很高的非教会人士，他的藏书在神学方面比较少，但是在文学和艺术方面据说是能买到的最精品。这一伙无知的狂人喊出了掠夺的命令之后，导致了毁灭性的结果；到今天，只有三件写本还存在着。1555–1556 年 1 月 25 日，他们又委任某些理事会成员"以大学的名义把公共图书馆的书柜卖掉。书已经全部不存在了，还有什么必要保留书架和书柜呢？这时根本没有人去想更新图书馆的内容，何况大学还可以靠出卖家具赚点儿现钱"。[3]

我猜想，在这些只剩下零篇断简的学院图书馆和大教堂图书馆里，毁灭写本导致的空缺后来又被印本书逐渐填补了。多年来，不需要新添书箱与书柜。事实上，新颖的图书馆设备露面的时候，差不多一个世纪已经过去了。人们打算建造新图书馆，但供应适当的家具却并不容易。老式的书柜只有两个书架，用书链把图书拴在架上，还为读者安排了书桌与座位，这样的家具显然已经不够用了。图书的生产现在靠的是迅速的印刷机器，而不是缓慢的手工抄写。然而，我们将在后面见到，古老的风习还留存了下来。

就我所知，英国在新情况下建筑装备的第一所图书馆是剑桥圣约翰学院的图书馆。这个"詹姆斯一世风格的哥特式建筑典型"[4] 完成于 1623–1628 年间，资金完全出自威廉斯主教；他这个时期在威斯敏斯特大教堂的工作已经被记录了下来。地址选在学院的第二个庭院与河流之间的一片土地上，图书馆建筑是庭院向北延伸的一部分，图书馆在建筑的第二层，底层打算用作研究人员与学者的工作室。

房间按古老图书馆的习惯是狭长形的，长 110 英尺，宽 30 英尺。每个边墙上开了 10 个尖顶拱窗，各有两行玻璃，顶部是哥特式的花格。窗台距离地板 4 英尺高。两窗之间距离 3 英尺 8 英寸，还有一个西拱窗，它的基础建在河水中，河水冲刷着西边的墙（图 110）。建筑创始者的名字用字母标志在中央山墙上面：I. L. C.

1　*Ibid*. Vol. II. Pt. 2, p. 918.

2　这个数字根据权威的 Macray, *Annals of Bodleian Library*, Ed. II. p. 6. 安斯蒂（Anstey）印出了一份写本的清单，*ut supra*, pp. 758–772。

3　Macray, *ut supra*, p.13.

4　这些话出自威利斯教授, *Arch. His.* Vol III. p. 451。

图 110　剑桥圣约翰学院图书馆的西拱窗

图 111　剑桥圣约翰学院图书馆的书柜，完成于 1628 年之前

S.（Johannes Lincolniensis Custos Sigilli 的缩写）。主教那时掌管着大印，是大学的名誉校长（Lord Chancellor）。1624 年标志着建筑完工的年代。[1]

　　美好的设备（图 111）至今还在使用，是 1628 年以前完成的。中世纪的安排没有全部废弃，但是也引进了各种现代特色。边墙和窗框都安装了护板，高达 8 英尺，顶部与书柜的高度相合。按古老的习惯，书柜安置在窗户之间，与墙形成直角。在这些设备完成之前，书链已经实际上废除了。因此，已经没有必要提供书桌与座位，在原来读者座位的地方——每个窗前都安放着一个较矮的书柜，高 5 英尺 6 英寸，顶部有一个斜面可以放书阅读。也为读者的方便提供了长凳。在建筑的账本上，较大的书柜被称为"大座位"（the greater seats）；为了能多放图书，已经有了很大的改变。原先，书柜的基座围绕着书柜的四边，一条宽构件也是如此。这样的

1　有关这个建筑的历史，可参看威利斯教授，*ut supra*, vol. II. pp. 264–271。

安排只能容纳四个书架，一个在宽构件下方，三个在上方。此外，中央还有一个立柱，安置在中部书架之下，也改变成今天的模样。应该说一句，中世纪的习惯是把柜内图书的清单放在末端的匣子里，这一点还保持不变。

人们完全可能指望，这样漂亮的书柜将引来模仿。在克莱尔学院，书柜的总风格无疑就是抄袭的。但是我已经解释过，[1] 这些书柜原本就是书柜体系的真正样板，只是后者还带着书桌而已。别的图书馆摆出一批新风格书柜的时候，我们都不曾发现有什么新颖之处比得上圣约翰学院的家具。这在很大程度上是由于房间的中世纪特色。

彼得豪斯学院图书馆在 1633 年增加了长度。它现在长 73 英尺，宽 23 英尺。两边墙上各开了一排三行玻璃的窗户。书柜（图 112）制作于 1641–1648 年间。和圣约翰学院一样，它们安放在各窗户之间，与墙形成直角，但是与护墙板不连接，而是分离的。书柜原来的高度只有 8 英尺，后来为了多放书而增高了。每个书柜仍旧有一个中央立柱，将柜子分为两部分。这些都没有十分特别之处。但是我要请大家注意一个有趣的设计，显然受到别的学院羡慕和仿效。书链在彼得学院已经于 1593–1594 年取消了，那时图书刚迁移到新图书馆，因此，不再需要在书柜附近安放书桌，也不需要顶部带斜面的较矮书柜。但是为了读者的方便，在书柜的边上设计了一行坐的地方，宽 12 英寸，高 23 英寸；这行座位顺着墙拐了一道弯，又延伸到下面一行书柜的边上去。这样的安排在房间的西头仍然可以见到，在入口处的两边各自形成一个分隔的空间。这种座位或"墩座"（podium）的两端被翼板遮住，翼板上有雄浑的雕刻。[2]

这种书柜型式的方便之处显然立刻得到了承认，因为它在不同程度被其他单位仿效：首先在大学图书馆的南屋（1649），然后在耶稣学院（1663），龚维尔与盖尤斯学院（Gonvile and Caius College，1675），伊曼纽尔学院（Emmanuel College，1677），彭布鲁克学院（1690）。

大学图书馆的南屋建于第二层楼，宽 25 英尺，原来的长度为 67 英尺。北墙上有 9 个窗户照明，南墙上有 9 个窗户，都是两行玻璃组成。我们从洛根的印本上得

1　见上文，p.181。

2　*Arch. Hist. ut supra*, Vol. I. p. 33, and Vol. III. p.454.

图 112　剑桥彼得豪斯学院图书馆的书柜（1641–1648）

知，在东边山墙上还有一个四行玻璃的窗户，在西边山墙大概也有一个窗户。[1] 房屋的东北角开了一道门，从一个塔楼式的阶梯走进走出。1755 年东边的房屋兴建的时候，这道门很幸运地保持了原样。整个房间变化很小，美丽的屋顶依然如旧，建筑合同上注明了建筑时间为 1466 年 6 月 25 日。[2]

我们不知道原始的设备是什么样子，但是窗户间的间隔中只有 2 英尺，由此看来，大概是一批阅读台。1473 年编制的图书目录上说：北边有 8 个书格，平均每格安放 21 本书；南边有 9 个书格，平均每格安放 18 本书。[3] 这些数字与前面祖特芬提到的材料相互比较，说明了家具是阅读台。

在下一个世纪里，这个房间改作教学之用，阅读台都搬走或毁掉了。1645 年，大学申请国会把它交给班克罗夫特大主教图书馆。根据大主教 1610 年 10 月 28 日表示的意愿，这所图书馆已经赠送给剑桥大学公共图书馆了。1647 年 2 月 15 日，申请获得批准。1649 年图书运到。房间当时还是希腊文学校的教室，于 1649 年 9 月 3 日奉命立刻"腾出来供安置图书之用"。现在使用的书柜就是在这个时候提供的。富勒（Fuller）在次年写文章对它们进行了赞扬，[4] 上面提到的准确日期都是从文章上知道的。

书柜（图 113）从地板到柜顶横行的檐板高度为 8 英尺，厚度为 22 英寸；有一个中央立柱，但是座位被取消了，只剩下台阶。台阶在中央断开，好让中央立柱上升到柜顶。翼板的形状很漂亮，被安置在台阶的末端，向上延伸为细长的条状，一直到柜顶的装饰镶板。

这些书柜在龚维尔与盖尤斯学院以及伊曼纽尔学院被仿效，式样完全相同，但是柜边的台阶是连续的。在耶稣学院，式样也相同，带有中央立柱和连续的台阶，但是十分简朴，既没有翼板，也没有装饰。在彭布鲁克学院，这种类型的书柜有进一步的变化（图 114）。1690 年该学院把一个老会议室改装为图书馆，这时制作了一批书柜。柜边的台阶不见了，代替它的是整个书柜的底座，但是翼板还保留了下

1　在 18 世纪中期，房屋的正面进行了重新翻修，房间缩短了 8 英尺；因此南墙上现在只有八个窗户，北墙上只有七个半窗户。

2　建筑合同刊登在 *Arch. Hist.* Vol. III, pp. 92–96, 并加以说明。

3　*Camb. Ant. Soc. Proc.* Vol. II. p. 258. 图书目录由大学图书馆馆长布拉德肖（H. Bradshaw, M.A.）刊印并加说明。应该注意到：房间南边只有第一个书柜被称为"Stall"，其余八个被称为"desk"。

4　*History of University of Cambridge*, ed. Prickett and Wright, p. 160. 亦可参看 *Arch. Hist.* Vol. III. p. 27。

图 113　剑桥大学图书馆南室的书柜（1649–1650）

图 114　剑桥彭布鲁克学院老图书馆的书柜（1690）

图 115　剑桥国王学院老图书馆内的书柜，1659 年因尼古拉斯·霍巴特赠书而制成

来，有助于加强底座的气派。柜子的顶部是一个半圆形的装饰板，上面是水果和花朵的浮雕。[1]

　　下面，我将描述剑桥国王学院的一个非常有趣的书柜（图 115），制作于 1659年，柜中图书是曾任研究员的尼古拉斯·霍巴特（Nicholas Hobart）的赠品。[2] 它始终安放在原来的位置上，在唱诗座南边一排房间中。1825 年威尔金斯（Wilkins）建造现在的图书馆之前，这些房间一直是当图书室使用。书柜的某些细部与圣约翰学院那些原有的书柜相同，有助于我们了解它们改变前的模样。底座很高，在第一层书架与第二层书架之间有较宽的隔断；有垂直的中央立柱；而且和彼得学院等处的书柜一样，有一条台阶和"翼板"。然而，尽管有这些相似之处，却令人好奇地发现了书链的痕迹，它直到 1777 年之前还在图书室内使用。有两层书架下方的末端都有锁，在垂直立柱上有安装铁条的疤痕。此外，有较宽隔断的前方有一片木料塞进

1　所有的描述都借自威利斯教授，*Arch. Hist.* Vol. III, pp. 454–458, 460, 465。

2　*Arch. Hist.* Vol. I. p. 538.

来，与书柜的木料不同，显然是为了填补移去某个结构形成的空间——大概是移去了一个台面或架子。

古物学家威廉·科尔（William Cole）曾在 1744 年描写过这些使用的古老图书室。每个房间内有 5 个书柜，"两端的两个实际上只有半个书柜那样大；中间的 3 个是主体，而处在正中的柜子比其他几个高很多"。在霍巴特所装备起来的房间里，科尔说："正中最大的书柜顶端书写着金色的字母：LEGAVIT NICOLAUS HOBART 1659。"[1] 这个房间只有 20 英尺长；书柜之间的距离不可能超过 2 英尺，而书籍又加上了书链，因此，人们在查阅这些图书的时候，想必只能站在那里了。

牛津女王学院图书馆建于 1692 年，同样也回归古代形式。建筑师据说是尼古拉斯·霍克斯莫尔（Nicholas Hawkesmoore），室内陈设完成于 18 世纪最初十四年，[2] 据说也是他的安排。这个图书馆长 123 英尺，宽 30 英尺；每边各有 10 个书柜，与墙成直角，布置在窗户之间。每个书柜高 11 英尺，宽 2 英尺 6 英寸，尽管装饰属于当时的杰出范例，但是总体设计完全复制了古老的形式。虽然它原先配上了书桌，但是没有证据表明存在过书链；在书桌桌面之上有两个书架。在两个书柜之间有一个双人座位。在第二层书架与柜顶檐板之间是一个书橱，装饰着漂亮的雕花护板，里面装着小型图书和写本。[3] 实际上，这些漂亮书柜的设计者唯一创新之处就在于使檐板的花纹与房间两侧护板以及窗框的花纹连续一致。书桌下面的空间是用来放书的，但是由于取书不方便，1871 年书桌和座位被搬走了。在窗户前安排了较矮小的书柜。

1669—1670 年，坎特伯雷教长与全体教士建造他们的图书馆——现在称为豪利—哈里森图书馆（Howley-Harrison Library），他们按照严格的中世纪标准建成了一个房间，房间长 65 英尺，宽 21 英尺，北墙上有 7 个等距离的窗户，南墙上有 6 个。书柜是朴素的中世纪书格，与墙形成直角，安排在窗户之间。

页边：252 / 253

---

1 *Arch. Hist*. Vol. I. p. 539.
2 这个时间是现任教务长马格拉斯（John Richard Magrath, D.D）确定的。
3 英格拉姆（Ingram）的 *Memorials*, Queen's College, p. 12 提供了图书馆的原貌。研究员兼图书馆馆长克拉克神父（Rev. Robert Lowes Clarke, M.A.）在 *Notes and Queries*, 6th Ser. IV. 442 刊登了一篇文章，其中有下面一段话："书柜都装上了阅读台面，像在博德利图书馆一样，还有橡木的座位。这样做有某种方便之处，使房间看来是个阅读场所，而不是库房；但是也使下方的书架难于接近，因此在 1871 年被拆掉了，为新的柜子腾出空间。"

254　　　　本章还必须简短地提到另外一类图书室：与教区教堂和文法学校有关的图书室。我猜想，在全国各地修道院图书馆遭受破坏之后，书籍的需要感十分紧迫，有志于教育的人们逐渐又建立了一批图书馆在中心地带，好让寻求知识者去使用。

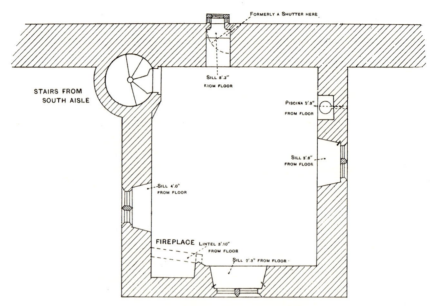

图 116　林肯郡格兰瑟姆图书室平面图
尺寸为 1/4 比 1 英尺。

　　　　林肯郡格兰瑟姆（Grantham）的图书室只占一个小房间（图 116），从北到南 16 英尺，从东到西 14 英尺，在教区教堂南门廊的楼上，由南边通道的螺旋形楼梯可以走进去。它在 1598 年由韦尔伯恩教区长弗朗西斯·特里格神父（Francis Trigg）所创建。1642 年，爱德华·斯基普沃思（Edward Skipworth）"出于爱和对学问的爱好，为了鼓励格兰瑟姆的教士们在冬季从事研究，捐献了五十先令，其每年的利息用来供图书馆购买木材生火之用"。由这些话看来，原来的藏书赠礼只是为教士们在某些时节使用的。

255　　　　靠墙安放了 3 个书柜，每个高约 6 英尺，长 6 英尺。相当数量的书籍仍旧带着书链，书链由扁平的长环组成，与基尔福德（Guildford）图书馆的书链很相似；在接近铁条处有一个圆环与一个旋转轴。整个图书室——房间、书柜、图书在 1894 年经过了细致的修缮与恢复。[1]

在白金汉郡的兰格利·马里耶（Langley Marye）或马里什，接近斯劳（Slough）的地方，约翰·凯德明斯特爵士（Sir John Kederminster）于 1623 年创建了一所图书馆，"既为了兰格利教区教士的永久利益，也为了宣讲上帝训示的所有其他传教士，他们都可以到那里查阅图书"。爵士把图书交给救济院的四个房客管理，让他们看管图书和房门钥匙，执行严格的惩罚规定。[2]

这个图书馆是一个小房间，在教堂的南部，南墙上有一个单独的门通向士绅家庭的包厢，也通向这个图书室。室内的陈设很特别，保留至今没有改变。整个房间装上木板，离墙 15 英寸，形成一系列书橱，里面放图书。书橱的门交替为正方形或长方形，前者在黑色底面画着一个小图案，后者画着一个盾牌或纹章之类。门的内部表面划分为格子，每格上画着打开的书本。书橱之上，在平顶天花板的下方，是一些多少出于想像的风景画面。在壁炉的上方有一片非常美丽的装饰，画着一个椭圆形盾牌以及各式各样的纹章，再往上方画着"审慎"（Prudence）、"正义"（Justice）、"节制"（Temperance）、"坚毅"（Fortitude）的端坐形象，以及他们的名言和象征标志。[3]

1629 年，在兰开夏郡卡特梅尔（Cartmel）的所谓"教堂纪事"中，记录了下列的内容：

> 1629 年 7 月 14 日。遵奉旨意并获得全体同意，教堂堂区的长椅将要扩充，不仅要加宽，而且要增加书桌，使赠送给教堂的图书都能按赠送人的意愿安置得更加方便，并加上书链。[4]

256

1651 年 12 月 16 日，曼彻斯特的富商汉弗莱·切塔姆（Humphery Chetham）表示遗愿：捐赠二百英镑，用于某些特殊指定的图书。

1　对于这些细节，我感谢已故的尼尔森（Canon H. Nelson）。我 1895 年和朋友建筑师阿特金森先生（Mr. T. D. Atkinson）访问了格兰瑟姆，朋友绘制了上面的平面图。

2　*Report of Comm, for Inquiring concerning Charities*, Vol. II, pp. 95–100.

3　这段描述一部分出自我的笔记（1901 年 7 月 7 日），一部分取自霍恩比（Hornby）写的 *Walk about Eton*, 1894。

4　*Old Church and School Libraries of Lancashire*, by R. C. Chistie, Chetham Soc., 1885, p. 76.

这些书籍要按照我的遗嘱执行人的安排，用书链固定在书桌或其他方便的地方，在曼彻斯特以及沼泽地博尔顿的教区教堂，在兰开斯特境内瑟尔顿 (Turton)、瓦姆斯利 (Walmsley)、戈顿 (Gorton) 的教堂。[1]

戈顿的书柜[2]由橡木制成，高 3 英尺，长 7 英尺，深 19 英寸；有四个粗壮的腿，高 22 英寸。打开柜门一看，柜内垂直划分为两个相等的部分，然后又各自横分为两个书架。书架和垂直的部分深 9 英寸，前面留下相当宽敞的空间。柜子的四个区域都安上铁条，插入柜子两边固定的凹坑内，位置恰好在书架的前方。中间的隔断上钉了一块扁平铁片，带着搭扣，加上一把锁。这样的装置下，没有钥匙就无法抽出任何一根铁条。书链是铁制的，镀上了锡，与赫里福德的书链属于同类，但环结略为狭长一点。它们安装在书上的位置相同，或在右手封面的底部，或在左手的顶部。柜子下方和柜腿上有一些疤痕。看来在那里曾经有一个书桌，如果不是那样，读者阅读时只好把书放在膝上了。整个家具与兰开夏郡博尔顿的书柜非常相似，那个书柜的年代为 1604 年，后面图 118 是描绘它的照片。

257　　瑟尔顿的书柜[3]与戈顿的书柜非常相似，因此用不着特别的描述了，柜门上的雕刻很丰富，上方的檐板上有下面一行浮雕：

汉弗莱·切塔姆阁下的赠品，1655 年。

除了上述的教区图书馆之外，切塔姆先生还指示创立——

一所图书馆在曼彻斯特市区内，便于学者和爱好者使用。这些图书将永久成为公共图书馆的收藏。我的愿望是：任何图书在任何时候都不得携出馆外，书籍要尽善尽美地固定在馆内或用书链拴好，以便保存。

1　*The last will of Humphry Chetham*, 4to. Manchester, n. d., p. 42.
2　1885 年我考查这个书柜时，它位于 National School-room。1898 年，它恢复了放书的功能。
3　书柜正面的形象刊登在 *Bibliographical Notices of the Church Libraries at Turton and Gorton* Chetham Soc., 1855, p. 3 的封面上。

为了实现这样的布置，遗嘱执行人买下了一所古老的建筑，据说是由德拉瓦尔（Thomas Lord de la Warre）建于 1426 年之前，原本是一所学院，与邻近教堂（现在的总教堂）有联系。[1] 图书馆是两个狭长的房间，位于二楼，原来的用处尚不能确定。两个房间互成直角，共长 137 英尺 6 英寸，宽度为 17 英尺。西墙与南墙上有 14 个三行玻璃的窗户，也许是切塔姆遗愿的执行人所开。东墙与西墙则是一片空白。

现存的陈设虽然经过很多改变，[2] 但基本上还保持原来的样子。书柜由橡木制成，按中世纪的习俗与窗户形成直角，长 10 英尺，宽 2 英尺，原来高 7 英尺，但显然经过两次加工，现在已高达墙的承梁板。两个书柜之间的距离为 6 英尺，形成一个小小的空间，由若干个木门隔断着。木门在中间打开，但是在书柜边上附带着一把锁，说明木门原本只是一扇。书柜很简朴，只是在边上加了几块镶板，呈长方形，上面写上图书的科目：例如"哲学"（PHILOSOPHIA），其下用较小的字体写上"数学"（Mathematica）、"物理学"（Physica）、"形而上学"（Metaphysica）等。所有书链的痕迹已经被抹掉了，但是如果查阅保存的账本（开始于 1685 年 4 月 20 日），可以看到创立者的指示是得到遵守的：

1685 年 4 月 20 日	付给詹姆斯·威尔逊为 10 本书制作书链的费用……0 2 6
1686 年 4 月 20 日	为 26 本书制作书链以及大型夹子的费用……0 4 4
1686—1687 年	3 月 9 日为 12 打图书制作书链和夹子的费用……00 18 00

书链显然是保存着，作为图书馆的备用物品，需要时即可使用。我们还发现 1684 年 11 月 18 日的一份物品清单末尾有下列记载：

---

1 建造这些建筑物的历史写得很好，载于 *Old Halls in Lancashire and Cheshire*, by Henry Taylor, Architect, 4to. Manchester, 1884, pp. 31-46。

2 改变大概是从下面的命令开始的："1787 年 7 月 24 日，星期二。任命一个委员会与图书馆馆长合作，考查图书室，包括财务主管等人。委员会有权对图书室进行修整，作出他们认为适宜的改变。"没有发现关于取消书链的命令。

图书馆内还有两个地球仪，三幅地图；两叠铺在桌面上的大型纸张，一个纸文件夹，一支划线笔，二十四打书链，一把压出骑缝线的刀具，以及一大块蛇皮。

在明斯特韦姆伯恩（Wimborne Minster），图书放在一个小房间里，大约 15 英尺见方，在小教堂的楼上，在南耳堂和南唱诗坛通道之间，整个建筑属于哥特式。从西南角的螺旋楼梯可以进入室内。1686 年，房间布置成图书馆，那时大部分图书都是由威廉·斯通牧师（Rev. William Stone）捐赠的。室内有两层书架，沿着三面墙安放。书链固定在每本书的右手封面板上，而不在左手封面板上。这些书链由铁丝制成，绕成图 117 所显示的模样。旋转轴承不在中央，而是绕来绕去的铁丝，附在书本的圆环上。支持书架的框子上有一些 U 形钉，一块铁片穿过它，再套在铁条上，串接书链的铁条即由此固定。铁片上原来有挂锁，现在已经被木钉代替。书架前没有书桌连在一起，代替它的是可以移动的桌子以及凳子。[1]

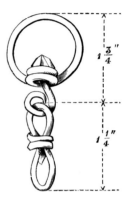

图 117　明斯特韦姆伯恩书链的环结

1693 年，在贝克斯（Berks）登奇沃思（Denchworth）的教区教堂回廊楼上建立了一个图书室，[2] "室内的 100 本书都妥善地安装了书链"，这些书大概是供教区牧师及后来的继任者使用的。1715 年，医学博士威廉·布鲁斯特（William Brewster, M. D.）把 285 本图书赠送给赫里福德（Hereford）万圣教堂（All Saints' Church）的全体教士，目的也相同。[3] 这些图书安放在祈祷室内，至今仍旧在那里。安装书链的系统是从大教堂图书馆照样仿效的。

这些图书收藏的规模各不相同，视赠送人的爱好与财力而定。除此之外，教堂里还能见到若干单本的书籍，也拴上了书链。这些书不在本书讨论的范围以内，因此我将转而描述与文法学校有关的图书馆。

1　*Sketches of English Literature* by Clara Lucas Balfour, 12mo. Lond. 1852. Introduction. 这里关于图书馆的描述特别提到了挂锁。亦可参阅 *A History of Winborne Minster*, 8vo. Lond. 1860; Hutchins' *Dorsetshire*, ed. 1803, Vol. II. p. 554。

2　*Notes and Queries*, Series 6, Vol, IV. p. 304. 1852 年教堂由建筑师斯特里特（George Street）先生恢复时，图书室被毁去了。

3　*The History of All Saints' Church, Hereford*, by Rev. G. H. Culshaw, M. A., 8vo. Hereford, 1892.

在贝克郡（Berkshire）的阿宾顿（Abington），有一所建立于1563年的学校，其图书馆的某些书籍安装了书链，一直保存到今天。在牛津郡（Oxfordshire）比斯特（Bicester）有一所学校，据说建立于1570年以前，校内也有与前者相似的图书馆。1571年，达勒姆的主教詹姆斯·皮尔金顿（James Pilkinton，1561—1577年在任）把他的图书赠送给兰开夏郡里文顿（Rivington）的一所学校，他的遗嘱写于当年2月4日。图书送到学校后不久，就制定了管理章程，与修道院的规定很相似，[1] 其内容摘录如下：

> 每一季度的第一天，学校的董事们到校后应当清点赠送给学校的全部图书。如果有书籍被撕破或在书页上写字，学校董事们应该使损毁图书者购买一本完好的新书放回原处，以便别人继续使用。
>
> 每当学者离开学校，学校校长和助理校长必须使赠送或即将赠送的书籍归还到指定的地方，加上锁链；每天早晨必须将学者使用过的字典或其他图书恢复原位，检查书页上没有写字，书页未遭撕脱，书籍未带出学校。如果有任何人损坏了书籍或拿走了书籍，应该叫他购买另一本完好的书籍放在原处。
>
> 至于神学书籍，学校校长和助理校长需要研究神学，借阅这些图书，以便向学者讲解其中的文章或教义问答，或在教堂内宣读某些章节，使听众理解得更加清楚、记忆得更牢固。然而没有学校董事们的准许，不能将这些书籍带出学校，否则必须将其送回，或从教师工资中扣除一部分，购买新书代替。
>
> 如果任何传教士要求使用一本神学书籍，应该允许他定期借阅，到期送回。任何其他人士皆不得将书带出学校，除非获得半数学校董事们的准许，而且必须到期送回。

1573年，诺里奇主教帕克赫斯特（John Parkhorst）把他的"大部分"拉丁文图书赠送给他的故乡城市基尔福德，"安置在学校的图书馆内"。在一些法律上的难题解决之后，这些图书到达了基尔福德，陈列在连接学校两翼的长廊内，于1571年开始使用。书籍用书链拴在书架上，其中一个书链在图59中已经描画过。有证据表明

260

1　*Old Church and School Libraries in Lancashire*, by R. C. Chirstie, Chetham Soc. 1885, p.189.

这所图书馆照料得很好，而且随后又扩充了各种赠送的图书，送到之后都加上了书链，一直保持到 17 世纪的末期。[1]

261 亨利·伯里（Henry Bury）是 1625 年在兰开夏郡伯里（Bury）创建免费学校的奠基人。他在遗嘱中指示要为图书馆找到一个方便的地方，因为正如他所说那样：

> 我已经把六百多本书赠送给伯里教区以及附近一带的地方使用。传教士在集会中，学校教师和其他人士在追求学问与知识中都可以使用这些书籍。我还赠送了一批其他物品，也许有助于他们的爱好，使学者感到新颖：例如地球仪、地图、图画以及别处不易见到的其他物品。

这些话表明这位有远见的慈善家打算建立一所公共图书馆。可喜的是：他捐赠的一些图书今天仍旧存在。[2]

最后，我将描绘（图 118）"伦敦市民詹姆斯·利弗（James Leaver）"于 1694 年赠送给兰开夏郡博尔顿文法学校的一个书柜。它与切塔姆赠送给瑟尔顿以及戈顿的书柜非常相似。柜内把铁条固定到位的系统完全相同。它还保留着书桌，而戈顿的书桌保留了书链的痕迹。

在我列举附属于教堂和学校的图书馆时，我把注意力集中在如下的事实：几乎所有的地方都在图书上拴了书链。要解释这一点，可以举出理由说：这些图书馆都处在偏远的位置，不易接受新思想。但是我还想展示，这种从远古即开始的保护方法顽强得出奇，它一直维持到近代。我还要收集一些例子，说明在某些地方，书链系统似乎应该早被忘却了，但它还存在着。最后我还要记录下一些日期，书链这时才终于拆卸下来。

在巴黎医学院的图书馆，由于书籍几次遭偷窃，1509 年奉命将书籍加上了书链；其中某些图书的书链一直保留到 1770 年。[3] 在剑桥的基督圣体学院，院长
262 （1516—1523）诺比斯神学博士（Peter Nobys, D. D.）赠送给图书馆一批书籍，1554 年

---

1 *Camb. Ant Soc. Proc. and Comm.* Vol. VIII, pp. 11-18. 在 1899 年，这些留存下来的图书在鲍威尔（H. A. Powell, Esq.）先生小心照料、出资保护下，经过整理放上了新书架。

2 *Old Church and School Libraries of Lancashire*, by R. C. Christie, Chetham Soc, p. 139.

3 Franklin, *Anc. Biblio.* Vol. II, p. 25.

图 118　兰开夏郡博尔顿学校的书柜
采自威廉·布莱茨的《图书馆杂记》。

图书馆奉命要好好照料这些图书，如果书链损坏了，可以由学院出钱修复。[1] 1550 年，绅士查洛纳（Robert Chaloner, Esq.）把一批法学书籍赠送给格雷法学院（Gray's Inn）。外加钱款 40 先令。这些钱支付给他的表弟，"用来购买书链，在他认为方便时用来保护图书馆的藏书"。[2]

　　1563–1564 年在剑桥圣约翰学院，曾经把 3 先令支付给"菲利普·斯塔辛纳"（Philip Stacyoner），请他为《维萨里解剖学》（*Anatomiam Vessalii*）等书籍装上书链和边角装饰。[3] 1573 年，盖尤斯博士（Dr. Caius）在遗嘱中指示，要把自己的 12 本著作赠送给他的学院，"和其他图书一样保存在图书馆中，并装上书链"。[4] 在彼得学院，院长珀内博士（Dr. Perne）于 1588 年 2 月 25 日立下遗嘱，指示把他全部图书捐赠给学院，"装上书链安置在学院的老图书馆中"。[5] 1601 年在剑桥三一学院，彼得·肖（Peter Shaw）捐出 5 英镑，用来"给自己捐赠的书籍配上书链和书桌，安置于新图书馆内"。[6] 1638–1639 年，当伦敦理发师兼外科和牙医协会（Barber Surgeons）的新建图书馆完成时，在图书装订和安装书链方面就花费了 6 英镑 18 先令。举例来说：

> 购置 36 码书链，每码 4 便士，36 码 3 硬士，共 21 先令 5 便士。
> 支付给铜匠工人，把 80 条黄铜书链装在书本上，[7] 12 先令 3 便士。

　　马修·黑尔爵士（Sir Mathew Hale）死于 1676 年，他在遗嘱中指示将一些写本赠送给受尊敬的林肯法学院学生宿舍协会（Society of Lincoln's Inn）。他说："我要求保存好这些图书，让人们记得我。书籍宜于用皮革装订，配上书链，保存在档案室中。"[8] 马修·斯克里夫纳（Mathew Scrivener）是剑桥郡哈斯林菲尔德教区的首席神父，在他 1687 年 3 月 4 日的遗嘱中有这样的段落："我把 50 英镑捐赠给［剑

263

1　Masters, *History*, p. 62.

2　*The Guild of the Corpus Christi, York*, ed. Surtees Society, 1872, p. 206. *note*.

3　S. John's College Audit-Book, 1563–4, *Exp. Necess.*

4　*Commiss. Docts.* (Cambridge), II. 309.

5　*Arch. Hist.* III. 454.

6　Sen. Burs. Accounts, 1600–1, *Recepta*.

7　*Memorials of the Craft of Surgery in England*, ed. D'Arcy Power, 8vo. London, 1886, p. 230.

8　Herbert, *Inns of Court*, p. 303.

桥]公共图书馆，用于购买维护图书的书链，或者用于增加图书的数量。"[1] 在图尔斯（Tours）的圣盖提恩教堂（Church of S. Gatien），1718 年记载说：图书馆占据了一个回廊，其中储存了许多写本，用书链拴在两个书桌上，书桌靠墙放在房间的中部。[2] 1815 年，海员约翰·费尔斯（John Fells）捐助 30 英镑给利物浦的圣彼得教堂建立一所神学图书馆；据记载："图书原来都用书链和铁条固定在祈祷室内敞开的书架上。"[3]

上面的例子记载了直到晚期，还有人故意采用书链；尽管如此，有证据表明，这种方法在 18 世纪末就逐渐被抛弃了。1719 年在伊顿学院，就有人下令"把图书馆内书籍上的书链卸下来，只有创建者的写本除外"。[4] 在牛津的博德利图书馆，拆卸开始于 1757 年。[5] 在剑桥的国王学院，拆卸开始于 1777 年。[6] 牛津的布拉森诺斯学院在 1780 年。[7] 默顿学院在 1792 年。[8]

在法国，书链制度被放弃的时间更早。《文学之旅》的作者们在 18 世纪初期访问了八百多所寺院，特别注意考察了那些地方的记录和图书馆；他们都很少提及 264 书链。提到书链时的语气也意味着一种古老的奇怪风尚，维持它的存在使他们感到惊异。[9]

---

1 *Documents relating to St. Catharine's College*, ed. H. Philpott, D.D., p. 125.

2 *Voyage Liturgique de la France*, by Le Sieur de Moléon, 1718. 我应当感谢詹姆斯博士提供这个指导。

3 *Old Church Libraries, ut supra*, p. 102.

4 Eton College Minute Book, 19 December, 1719.

5 Macray, *ut supra*, p. 86. 书链的不方便早已被觉察。在 1747 年萨蒙（Salmon）先生的 *The Foreigner's Comparion through the Universities* 一书中，作者反对"把图书用书链拴起来，甚至在图书馆也不必把图书拴在一起"。p. 27。

6 King's College Mundum Book, 1777: *Smith's Work*. "支付给一个人花费九天的工夫把书链从书上拆卸下来：1 英镑 7 先令。"

7 Charton's *Lives of Smyth and Sutton*, p. 311, *note*.

8 Henderson's *History*, p. 237.

9 *Voy, Litt.*, ed. 1724, Vol. III, p. 24.

第八章

265 沿墙系统。从欧洲大陆开始。埃斯科里亚尔图书馆。米兰安布罗斯图书馆。红衣主教马扎林图书馆。牛津博德利图书馆。雷恩的成就和影响。17世纪法国女修道院图书馆。

我们在英国与困难进行斗争，力求把中世纪图书馆系统适应于日益增多的图书数量时，一种新的体系在欧洲大陆诞生了。我提议把它称为"沿墙系统"（Wall-system）。

我们现在看来似乎很自然：把书柜沿墙安放，而不是与墙形成直角；我们很难理解这种安排曾经是一种创新，然而事实就是这样。它首先出现于埃斯科里亚尔建筑群的一所图书馆，由西班牙的腓力二世于1563年兴建，于1584年9月13日完成。我这样的说法并不意味着在16世纪末之前没有任何人把书柜沿墙安放。在前面讨论多佛小隐修院的图书目录时，[1] 我曾经说过书柜就是这样摆放的。在写本插图中见266到一位作家的书籍安放在沿墙的书架上，也不是什么稀罕事。在西克斯图斯四世兴建梵蒂冈图书馆的记述中，曾经专门提到：四间屋中有一间的书架是沿墙安置的。[2] 在描绘乌尔比诺公爵的图书馆时，也说到"书架沿墙安放"（Le scanzie de' libri sono accostate alle mura）。[3] 我想要强调的是，在埃斯科里亚尔建筑群完工之前，没有一所重要的图书馆是从一开始就是以那种方式设计的。

埃斯科里亚尔图书馆[4] 在整个建筑的门廊大厅占据着支配的位置。它长212英267尺，宽35英尺，高约36英尺。屋顶呈圆筒形。画满了辉煌美丽的壁画，书架上方的墙面以及房间两头的半圆形墙面上都是如此。北边的图书属于哲学；南端的属于

1　见上文，p. 188。

2　见上文，p. 218。

3　见上文，p. 228。

4　埃斯科里亚尔有关的历史，可参阅 Ford, *Handbook for Spain*. Ed. 1855, pp.749-763；Fra de los Santos, *Descripcion...del Escorial*, fol. Madrid, 1657；以及英译本：G. Thompson, 4to. London, 1760。

神学；两者之间是语法学、修辞学、逻辑学、音乐等等。墙上的壁画包括历史的场面，真实的或想像中的著名人物，例如第一次尼西亚会议、古希腊雅典学园、所罗门、示巴女王、西塞罗、大卫、俄耳甫斯等等。整个房间的全貌可以从图 119 中获得了解。房间的东墙上开了五个窗户，西墙上开了七个窗户；东墙上还有一排较小的五个窗户，紧挨在穹顶的下方。

主要的窗户与我在前面介绍过的图书馆窗户大不相同，高达 13 英尺，向下延伸直到地板上面。

图 120　埃斯科里亚尔图书馆的大型书柜

每一对窗户之间的墙面都装上了书柜，其样式非常独特醒目。它们由带凹槽的、多立斯式的立柱分隔为若干空间，立柱之上支撑着带突出檐板的横梁，横梁之上还有某种第二层横梁。立柱的下方是高高的底座，其上是书架，占有整个书柜高度的四分之三，书架前方是一个倾斜的桌面。家具的材料为桃花心木，镶嵌以乌木、柏木和其他木料。家具的设计人也是楼房的建筑师：胡安·赫雷拉（Juan de Herrera），设计于 1584 年。自那时以来，宫廷内发生过多次火灾，但我可以认定这些书柜都逃过了严重的损害和劫难。

为了尽可能清楚地展示这些卓越书柜的突出特点，我在图 120 中提供了书柜一部分的放大图像；还进一步在图 121 中提供中准确按照尺寸画出的立体示意图。对于后

图 119 埃斯科里亚尔图书馆的总貌，朝北望

一幅图，我应当感谢西班牙建筑师维拉斯奎斯先生（Señior Ricardo Velasquez）。

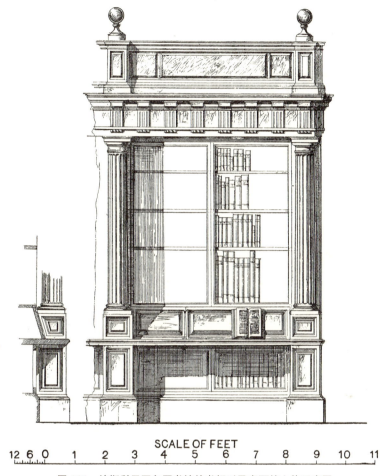

图 121　埃斯科里亚尔图书馆的书柜以及桌面的立体示意图

　　这些书柜从地板到檐板顶部的整体高度超过了 12 英尺。桌面高 2 尺 7 英寸，这个高度与一般的桌面相合，说明它是为了坐着的读者而设计的，但是在现在的图书馆内没有提供座位。示意图旁边的书架和书桌显示，桌面的倾斜度适宜于安放书籍。书柜的四层书架中，最高一层距离地面高度为 9 英尺，因此需要一个梯子才能取放图书。我复制的两张照片（图 119，图 120）都显示，书架上书本的前面边沿一律朝外，据说这是西班牙的习惯。

　　我相信，埃斯科里亚尔的工程对别处图书馆的设施肯定会产生影响。但是，和其他重要的创新一样，把书柜沿墙安放，而不是与墙形成直角，这种想法必定同时期出现在不止一个人的头脑中。因此，我不可能画出一棵世系的大树，把埃斯科里亚尔放在根部，从这里产生许多枝叶是它的后代子孙，虽然我一度自以为能够做到。

仅仅过了二十五年，在 1603—1609 年期间，红衣主教波罗米奥（Cardinal Federigo Borromeo）建造、捐赠、装备了米兰的安布罗斯图书馆。这个单独的大厅在第一层，长 74 英尺，宽 29 英尺（图 122），入口处是朴素的爱奥尼亚柱式门廊，大门上方书写着 BIBLIOTHECA AMBROSIANA 的字样。室内沿墙排列着书柜，高约 13 英尺。分隔书柜的不是圆柱，而是扁平的壁柱，一层庞大的金属网保护着这些书柜，这种做法据说很独特。大厅的每一角都有阶梯通向上面的长廊，长廊宽 2 英尺 6 英寸，边上的书柜高 8 英尺 6 英寸。书柜的再上方，是一排由圣徒画像组成的装饰带，画像装在长方形的框子里。屋顶是筒状的穹形，上面有灰泥的装饰。光线由房屋两端的半圆形巨大窗户照射进来。我在 1898 年访问时，人们告诉我，图书馆不允许任何改变。甚至大厅地面的瓷砖，每角的四张桌子，中央安放的火盆，都是红衣主教安排的原样。

图 122　安布罗斯图书馆平面图
由波斯查（P. P. Boscha）提供而
缩小的。

从图 123 的全景上可以获得这个高贵房间的清晰概貌。[1] 安放图书的方式显然在当时被誉为不同凡响，一位当时的作家写道："房间里并没有挤满书桌，不按照修道院图书馆的习俗把书本拴上铁链，而是在四周安置了高高的书架，按书籍的大小来排列。"[2]

这个图书馆是一个建筑群的一部分，它还包括一个培养博士的学院、一个美术学院、一个博物馆和一个植物园，都是丰富的捐赠。图书馆不仅对学院的成员开放，而是对米兰的全体市民服务——愿意学习的陌生人都可以进来。但是偷窃书

270

1　我要感谢图书馆馆长塞里亚尼（Monsignore Ceriani）先生允许我拍出这张照片供我使用。
2　*Gli Istituti Scientifici etc. di Milano*, 8vo Milan, 1880, p. 123, *note*.

图 123 米兰安布罗斯图书馆内景

采自 1899 年拍摄的一张照片。

本，甚至用脏手接触图书的人都要受到最严厉的惩罚，只有教皇本人才能赦免犯下的罪行。[1]

　　没有过去许多年，这种图书安排和管理的新颖方法在法国又受到欢迎：红衣主教马扎林（Cardinal Mazarin）在该国收集图书，意在超越他的前辈黎塞留（Richelieu）。[2] 他的图书馆也是向公众开放的：愿意进来的人可以在每星期四上午八点至十一点，下午两点至五点进馆内工作。在他的晚年，他迁移到现在国家图书馆的一所宫殿内，开始按照自己的辉煌观念建造一座图书馆。由于偶然的失误，他把房间安放在马厩的楼上，给当时的小册子作者提供了无尽的笑柄。图书馆在 1647 年底建成，次年红衣主教宣告它开放，成为赠送给巴黎的第一所公共图书馆。他在大门口安放了题辞：Rublice patere voluit, censu perpetuo dotavit, posteritati commendavit.（希望此馆向公众开放，不断丰富其收藏，留赠后代。）我不需要重复当时那些赞赏者关于图书馆规模和安排的详细记述，它多少有点互相矛盾。书柜现在仍旧在马扎林图书馆内，几乎没有任何改变。只有一个细节值得注意，可能是从安布罗斯图书馆学来的：在房间的四角，据说曾经有阶梯通向上方的长廊。[3]

　　马扎林死于 1661 年；根据他的遗嘱，建立并捐赠了一所学院，名叫"四国学院"（Le Collège des Quartre Nations）；图书馆也搬迁了进去。法国革命中这所学院被取缔了，现存的建筑被法兰西学院（Institut de France）所占有，但是图书馆依旧没有遭受损伤。它占有两间互为直角的房间，总长度约为 158 英尺，宽 27 英尺。有17 个大窗户提供照明，十分可贵。

　　书柜（图 124）从马扎林宫（Palais Mazarin）原来的图书馆搬进了新房间，围绕着四周安放。起初，书柜的高度到檐板为止，上面是栏杆保护着前面提到的长廊；屋顶是拱形的。到了 1739 年，需要扩大图书的空间，而且屋顶也需要整修，就把屋顶改为平顶，墙面也增高了，扩大了放书的容量，可以多放两万册图书。由此形成的长廊有阶梯可通，也是那时修建的。[4]

271

1　Boscha, *De Origine et statu Bibl. Ambros.*, p. 19; Grævius, *Thes. Ant. et Hist. Italiæ*, Vol. IX. part 6; 亦可参阅 the Bull of Paul V. 于 1608 年 7 月 7 日批准奠基、重建章程的记载，见 *Magnum Bullarium Romanum*, 4to Turin, 1867, Vol. XI, p. 511。

2　有关马扎林图书馆的历史，可参阅 Franklin, *Anc. Bibl. de Paris*, Vol. III. pp. 37–160。

3　Franklin, *Anc. Bibl. de Paris*, Vol. III. pp. 55–6。

4　图书馆保护者批准这个变动的记录由富兰克林印出，载于上书，p.117。

图 124　巴黎马扎林图书馆的书柜
采自 1898 年迪雅尔丹（Dujardin）拍摄的一幅照片。

　　如果把这些书柜的立体示意图（图125）和埃斯科里亚尔的书柜立体示意图（图121）相比较，我相信读者一定会同意我们想法，认为法国的模式是从西班牙抄袭而来的。总的安排相同，尤其是具有特征的部分：具体来说，书柜两边由圆柱分开，还存在书桌。可以看出，法国的模式稍大一些，从地面到檐板顶部高18英尺，书桌从地面高4英尺，显然是供读者站立着使用的。

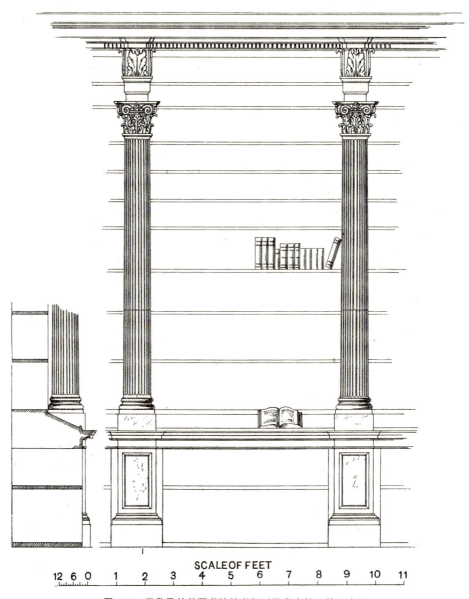

SCALE OF FEET

12 6 0　1　2　3　4　5　6　7　8　9　10　11

图125　巴黎马扎林图书馆的书柜以及书桌的立体示意图

马扎林雇请诺代（Naudé）为他收集图书，担任图书管理人；我知道他没有去过西班牙。马扎林本人也不曾去过那个国家。因此，不存在直接的证据把马扎林图书馆和腓力二世的图书馆联系在一起。但是，两者实在太相似了，十分可能的情况是：在当时的文化界，埃斯科里亚尔已经成为文人谈论得很多的话题。

272

新的时尚很快传遍了欧洲大陆，根据个人的品味、财力和需要作出了各式各样的修改。例如，卢万大学（University of Louvain）图书馆在 1690 年后不久沿墙安放了书柜，排在窗户下面或窗户之间，而窗户则距离地面很高。就我观察一张照片的判断，这些书柜由精细的木工制成，圆柱、基座、檐板都是科林斯柱式的。又如维也纳霍夫堡（Hofburg）帝国图书馆装备于 1726 年，风格也与之相似，只是增加了一层长廊。[1] 博洛尼亚大学（Bologna University）图书馆是另一个范例。大房间宽 39英尺，长 118 英尺，两端各开了一个窗户，北墙上还有三个窗户。书柜沿墙安放，是 1756 年由教皇本尼狄克十四世（Pope Benedict XIV）出资装备的。书柜分为两层，下面一层分为若干空间，宽 7 英尺 7 英寸，深 2 英尺，由壁柱隔开，壁柱后面有隔板，支撑着上面的长廊。许多空间内部都有平面的书架放书。长廊的檐板上是一排古代哲学家的半身塑像，体型比真人还大。[2]

273

在同一时期，同样的时尚也在法国风行。有些美丽的范例今天仍可见到。我猜想开始树立典范的是一些富有的女修道院，其中大多数在 17 世纪都经过重建，至少是部分重建，按照当时流行的古典式样。[3] 在里姆斯（Rheims），圣雷米的本笃会于 1784 年装备了一所图书馆，现在它成了这个城市工场的大厅。科林斯柱式的圆柱支撑着漂亮的檐板，把墙面分隔为许多空间，书就安排在这些空间的开放架子上。房间长 120 英尺，宽 31 英尺，每边各有四个窗户。和这个图书馆可以相比的是阿伦森（Alençon）的公共图书馆。它的设备据说是在革命时期从莫尔坦（Mortain）附近的瓦尔主寺院（Abbey of the Val Dieu）转移过来的。房间长 70

274

英尺，宽 25 英尺，沿墙有 26 个书柜或分隔间，有的开放，有的关闭。每个分隔间带一个桃形的拱，里面装满卷轴。整个系统的上方为檐板，上面带着盾形标志，

1　*Die Hof-Bibliothek in Wien*，文字出自 Dr. Camillo List. 4to. Wien, 1897。

2　1900 年 4 月 6 日我访问了这个图书馆。

3　可参阅 *Monasticon Gallicanum* 登载的法国宗教建筑图像集。这些图是热尔曼大师（Dom Germain，1645–1694）画出的。

也许原本是为了表示书籍的学科而设置的。

最后，我必须提到路易十六和王后玛丽·安托奈特（Marie Antoinette）在凡尔赛的图书馆。沿墙排列着双层书柜。每个书柜都安装了玻璃门，下层书柜高约 4 英尺，上层书柜高约 10 英尺。木器漆成白色，上面用铜合金画出花环与花叶。柜内的图书通常看不见，被丝绸的幕遮挡着。

把书架沿墙安放的方便办法很快也在英国被采用了，不过在起初并不是全心全意的。就我所知，最早的例子出现在牛津的博德利图书馆。该馆的东翼于 1610 年奠基兴建，于 1612 年完工并装备齐全。[1]

扩建工程提供了不少墙面可以充分利用。于是，沿墙排放了许多书柜，从地板

图 126　牛津博德利图书馆东翼的一部分书柜，东翼建于 1610—1612 年
转载自洛根的《牛津图集》（*Oxonia Illustrata*）木刻，1675 年。

1　Macray, *Annals, ut supra*, p. 37.

高达天花板。为了便于到上层取书，又提供了轻便的长廊，长廊的支架也用来安装读者的座位，因为书籍仍旧拴上了书链，书桌和座位是不可缺少的。书柜到今天依然存在，几乎没有很大变化；它们最早的模样保存在洛根的木刻画中（作于 1675年），我们在图 126 中复制了其中的一个部分。

1634 年 5 月 13 日，又奠基扩建图书馆，朝西翼发展，模样和二十四年前建立的东翼完全相同。[1] 装备的计划也完全相同。但更加雅致、完美。朴素的支架被爱奥尼亚式的圆柱所代替，它们支撑着带有檐板的拱顶，沉重的栏干也代替了轻便的长廊。 275

我现在开始介绍克里斯托弗·雷恩爵士（Sir Christopher Wren）对图书馆建筑和装备发挥的影响。我要表明，虽然他不是把墙系统引进英国的第一人，但是他发展了这个系统，使它适应了我们的需要，而且凭他的天才，显示了什么样的结构变化是增加图书容量所必须的。雷恩从未去过意大利，但是 1665 年在巴黎度过了六个月。在那里结识了最好的画家、雕塑家和建筑师。其中有意大利的贝尼尼（Bernini）。通过贝尼尼，他很容易得到意大利发生的信息。虽然他把贝尼尼描写成"一个意大利的老保守派"，不容许别人看一眼自己的设计，但他为了达到目的，"就是牺牲了我的皮肤"，也要想法看上一眼。他热情地研究法国的作品；在开列的许多他访问过的地方之后，他说："为了不失去我对这些地方的印象，我把几乎整个法兰西都在纸上给你送来了。"他特别赞美他称为"马扎林宫的雄奇的家具"。虽然他没有专门提到图书馆，但是那时马扎林已经死去四年，他的宫殿实际上已经搬空了，可能吸引雷恩注意力的唯一家具只有书柜而已。[2] 276

雷恩在英国建立的第一个图书馆于 1674 年出现在林肯大教堂。在王政复辟之后，那里需要一个新图书馆。霍尼伍德博士（Dr. Michael Honywood）于 1660 年被任命为大教堂的教长，主动提出自己出资兴建，而且把他在荷兰收集的图书赠送给新馆。地址选在大教堂回廊的北侧通道，那里由于结构不良已经坍塌，长期以来是一片废墟。

建筑是一个拱廊，由 9 个半圆形的拱顶组成，支撑它的是 8 个多利斯柱式的圆柱。上面一层包括图书馆，共有 11 个同样古典风格的窗户，窗户上方是顶部结构，装饰着花叶。图书馆长 104 英尺，宽 17 英尺 6 英寸，高 14 英尺。天花板是

1　*Ibid.*, p. 80.

2　Elmes, *Life of Sir C. Wren*, pp. 180-184. *Parentalia*, p. 261.

平的，很朴素。除了前述的窗户以
外，在西端还有一个窗户。入口处
在东端，有一个装饰华丽的门（图
127），门楣上方的中央是一个盾形，
刻画着霍尼伍德教长的纹章。

　　雷恩把一排连续不断的书柜沿
着房间的北墙安放，从地板直到天
花板。底层是基座（图128），原先
可能是带门的橱柜，现在只有书架。
277 顶部靠近天花板的地方，是沉重的
柱上楣构，装饰着枝叶图案和古典
式模型，在朴素的檐板之上。檐板
上是长方形的牌子，标志着下面图
书的科目。书架由不同宽度的空间
组成，有的宽，有的窄，前者比后
者略为突出，这样就避免了单调的
格局，使一个长房间的全部书柜不
是相同的样子。

　　这项工程还在进行的时候，雷
恩又设计了剑桥三一学院的新图书
馆，起始于1675年或1676年2月
23日。[1]他的设计附有一个说明，在
一封草草书写的信中，寄给三一学
院的一位绅士，也许是院长。信件
278 没有签名，但是证据显示是他书写
或口授的。

图 128　　1674 年雷恩设计的林肯
大教堂书柜局部

<hr>

1　这个图书馆的历史在 *Arch. Hist., ut supra*, Vol. II, pp. 531-551 有完整的记述。雷恩的回忆录与
　　牛津万灵图书馆内的原稿作过对照。雷恩的设计也保存在该图书馆。

图 127 林肯大教堂雷恩图书馆的入口

　　图书馆位于一个回廊之上，朝东西两面开放，在尼维尔厅（Nevile's Court）的末端。图书馆的楼层与尼维尔厅北面和南面的楼层底层相互结合，这可以从雷恩的设计图中见到，设计的部分示意图（图129）就附在下面。还可以从雷恩的回忆录中得到说明。

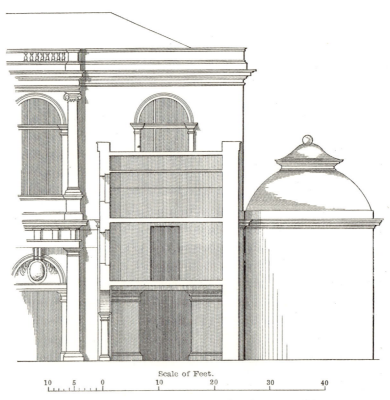

Scale of Feet.

10　　5　　　0　　　　　10　　　　　20　　　　　30　　　　　40

图129　雷恩所作的剑桥三一学院图书馆东侧以及尼维尔厅
北侧立体示意图，显示从底层进入图书馆的门

　　[设计] 显示了厅侧图书馆建筑的一面，登楼的阶梯间，以及新旧建筑的结合部分。

　　我按订单的要求画出了拱门的外貌，我把图书馆的楼层安排在拱墩之上，
279　与回廊立柱以及旧有楼层相合 [原文如此]，拱门上有许多石制的浮雕，我在国
280　外优秀建筑中见到它的效果。我向你保证，在低矮的厅堂，平面天花板比低矮的拱顶更加优雅，而且更加开阔、令人愉悦。工匠也不用害怕工程困难，我将以坚定的态度实施这个设计。

在这样的设计中，窗户安排得很高，给沿墙的书桌腾出了地方。窗户高，就可以扩大，可以有石制的窗棂和带尖顶的玻璃，这也是唯一持久的办法，在我国的气候下防止雪花飘落进公共建筑中来。

总体的设计无疑借用自威尼斯的圣马可图书馆（The Library of S. Mark），那是

图130　剑桥三一学院图书馆东侧的一个门，
按现有建筑的形状画出

1536 年桑索维诺（Sansovino）所建造。这位意大利建筑师和雷恩一样把图书馆建在回廊之上；回廊是多立斯柱式的，其上层建筑则是爱奥尼亚柱式的。威尼斯的那一所装饰更多，长廊栏杆的每一层都有雕像。拱廊是开放的，因为没有必要把楼层的高度适应于原有老建筑的楼层，也因为附近没其他建筑，窗户对面的墙可以留下空白。很显然，意大利建筑师也不像雷恩那样受到有关室内设备考虑的影响。

雷恩的建筑风格可以从图 130 得到理解，那是图书馆东侧的一个门，照现有建筑的形象描画而成。如果把它和原来的设计相比较（图 129），可以看出，实际建成的样式是严格遵守原有设计的。

我们现在来看一看图书馆的设施。房屋两端和两边的墙面都留下了空白。雷恩的设计是书柜摆放新旧两种方式的精彩结合。他在回忆录中有另一段话描述了这方面的设计：

　　　　书柜沿墙安放或从墙面突出安放都必须方便、优雅；为读者的最佳方式是
　　　　在每个小室中安放一个方形的小桌子和两把椅子。窗户和门的布局都必须适应

图 131　剑桥三一学院图书馆东北角内景，显示雷恩设计的
书柜、方桌、阅读台和椅子

原有的建筑，因此在房间的末端形成两个方形的小室，还有四个更小的空间，不是为了在里面读书，而是可以关上活动门查阅档案资料。

雷恩设计的书柜，在他指导下由剑桥的工匠奥斯汀（Cornelius Austin）制成。我的插图（图 131）显示了"四个更小的空间"中的一个，活动门开着，还有旁边为读者使用的"小室"，里面有方桌，旋转的方形阅读台以及两个凳子。这些家具也都是雷恩设计的。 **281**

书柜高 11 英尺 10 英寸，安放书柜的地板比图书馆的地板稍高一些。书柜的基座很深，雷恩利用它来作橱柜，令人想起某些古老的书柜。在书柜末端的小橱柜里装着图书目录。除此之外，这些家具丝毫不带中世纪的风格，只是安排位置相似而已。每个书柜的顶部有一个木制的台子，雷恩打算在上面安放雕像，但是没有实现。著名的吉本斯（Grinling Gibbons）后来提供了一批半身雕像，放在雷恩指定的位置上。书柜的末端还装饰着纹章、花环、水果的雕刻。为了更清楚地显示这些既美丽又独特的设施，我还准备好了第二幅插图（图 132），尺寸更大一点。选择的"小屋"位于图书馆的西南角，与安放莎士比亚图书的"更小的空间"相邻。 **282**

像雷恩这样的伟大建筑师，他建筑的形象来自什么源头是难以断定的。但是，他在三一学院图书馆的南墙设计方面受到过外国的影响，我觉得这样的想法是有道理的；他在设计中把内墙的高峻和外观的美丽结合在一起，还创造了一整套照明系统，总是引发人们的赞赏。他的下一个图书馆建筑范例——圣保罗大教堂图书馆，我觉得可以直接追寻到外国的影响，它令人想起了米兰的安布罗斯图书馆。

雷恩把他的大教堂图书室安置在西耳堂，设想的新颖与庄严都是他独有的。在哥特式教堂拱廊的楼层上（本来应该是拱廊的地方），他建立了两个宽敞高大的房间，分列在南北两边。他的意图是：两个房间都要用来作图书馆，应该通过穿越中殿西端的长廊把两个房间连接起来。人们可以不走进教堂就从外面到达这里，途径是教堂正面西南角的旋转阶梯。这个计划没有全部实现，只有南边的一间图书室装备起来了。现在，人们通常由通向大教堂圆顶的阶梯走进图书馆。

图 132　剑桥三一学院图书馆西南角一个空间的内景，显示雷恩设计的书柜、书桌、凳子和移
动阅读台
采自 1902 年拍摄的一幅照片。

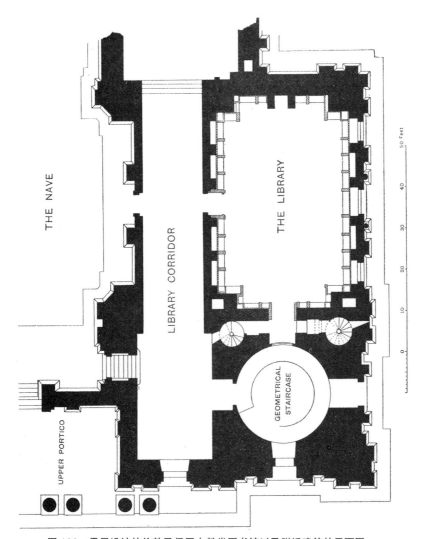

图 133　雷恩设计的伦敦圣保罗大教堂图书馆以及附近建筑的平面图

　　上述的安排可以从图 133 的平面图上看得很明白。[1] 图 133 显示了图书馆本身，西边通向长廊的两个旋转阶梯；通往楼下门廊的螺旋型阶梯；阶梯面对的图书馆走廊，来访者可以从大教堂中殿走上一段楼梯来到这里，然后向右转，进入图书馆，或者向东登上大教堂。

283

1　那张图是从一张较大的图缩印而成，大图是大教堂的建筑师，我的朋友彭罗斯先生（Mr. F. C. Penrose）寄给我的。

图 134　雷恩在伦敦圣保罗大教堂建造的图书室，朝东北望

这个图书室（图134）是个照明很好的房间，面积为53英尺乘32英尺，高度足以在穹顶之下容纳又一层环廊。房间的四角都有巨大的石柱突起，打破了死板的四方形，看上去活泼愉快。环廊以及沿墙耸立的书柜都是雷恩本人亲手设计，或经他同意以后安置的。有一份"建筑记述"登录了有关这个房间以及设备的珍贵史料。[1] 记述说："南图书室"的地板铺设于1708年7月，环廊的地板也是如此；"南北两间图书室的窗户"油漆于1708年12月，这样的文字明白地显示房间北边对称的一间屋也是打算用来作图书室的；装饰性的木工安装于1708年3月至1709年3月。从有关这些木工装饰的记载中，我要引用一段话，因为它突出了这个房间的最显著特点，具体地说，就是支撑环廊的大型装饰性框架：

> 致南图书室的雕刻师乔纳森·梅因（Jonathan Maine）：要雕刻32个桁架，安置在环廊之下，每个长3英尺8英寸，深3英尺8英寸，厚7英寸，木工呈皮革状，前面有一片树叶，垂下一颗果实及花朵。

上述文字中，"呈皮革状"是特别恰当的，因为整个结构看上去像是由皮革模压而成，而不像在木材上雕刻而成。木工的垂直部分显露在壁柱之上，由花朵、藤萝和果实组成，颇有吉本斯的风格（他的名字在记述中常被称为艺术家）。上述的壁柱把墙面分为33个空间，每个宽3英尺6英寸到4英尺，高9英尺（不算基座和檐板），各有六层书架，书架都保持着原有的高度。

要走上环廊，可以经过西南角石柱旁边的楼梯。环廊宽5英尺，沿墙都安置了书柜，在环廊上下都一样，但下面的书柜宽敞一点，样式也简单一点。环廊的栏杆由木料构成，靠同样木材的立柱支撑，这些立柱和分割墙面的壁柱相似。环廊的栏杆和巨大的石柱上都充满花朵和其他装饰，是环廊显著的特色。

所有设备使用的材料都是橡木，这些材料全都不曾油漆上色，实属幸运。随着年代，它呈现一种古老成熟的风格，产生特别优美的效果。

如果现在我们再回到剑桥，我们就会发现：在18世纪的所有图书馆设备中，雷恩的影响很容易追寻到踪迹。头一个例子就是1702—1707年间伊曼纽尔学院图书馆

284

285

1　我应当感谢大教堂的教长和全体教士允许我研究这份建筑记述，并允许我为图书馆摄影。

增置的一批设备。[1] 1679 年摆放与墙面成直角的高书柜，此时向前移动了，顺着墙又安排了书架。同样的影响在圣凯瑟琳学院图书馆内看得更清楚，[2] 那是 1714—1719 年间任教长的托马斯·舍洛克神学博士（Thomas Sherlock, D. D.）出资装备起来的。房间长 63 英尺 6 英寸，宽 22 英尺 10 英寸，分为中央间（约长 39 英尺）和两端狭长的房间。两端房间的南北墙上都有窗户照明，中央间只有南墙上开了窗户。沿墙安排的书柜和与墙成直角的书柜又把中央间再分为三个小空间。两端房间太狭窄，因此书柜只能顺着墙安放，不可能有别的处理方法。

从很早的时代起，剑桥大学领导人就习惯于在称为"评议厅"（the Regent House）的房间里开会；后来新的"参议厅"（Senate House）建成了，原有的评议厅就可以腾出来另作别用：在 1731—1734 年间改变为大学图书馆的一部分。[3] 雷恩的

图 135 剑桥大学图书馆北屋的书柜，1731—1734 年艾塞克斯

（James Essex）设计

1　*Arch. Hist.* Vol. II, p. 710; Vol. III. p. 468.

2　*Ib.* Vol. III, p. 468.

3　*Ib.* Vol. III. pp. 74, 470.

榜样又被大家仿效，只要房间的条件允许这样安排。凡是有空白墙面的地方，都沿墙安放着书架；而在窗户之间的狭窄地方，书柜则安放与墙面成直角。图135显示了这样的安排方式。连窗户下面也摆上了书架。1787—1790年间，东边的房间也作了同样的安排。

在克莱尔学院，大约在同一时期，厨房楼上的新图书室也沿墙装备了许多书架。这些设备是绝好的样板，装饰着带凹槽的爱奥尼亚柱式立柱，精美的檐板，柜门上方是三角形古典式花纹。值得注意的是：威廉·科尔在1742年写了一段话，足以证明新的时尚被人们接受是何等缓慢。这位古董收藏家把这个图书室描写为"非常宽敞、匀称的时髦大厅，四周围绕的都是书，和别的学院图书馆的章法都不一样。"[1]

我在前面的章节中提到过，[2] 在法国的一所修道院，为了给图书室增加空间，曾经把原有的屋顶抬高，安装了屋顶窗，把书柜的高度也适当提升，联结在同一个天花板下面。我有幸在里姆斯见到过这样一所还在的图书馆。它原本属于耶稣会教派，约建于1678年。耶稣会在1764年被驱逐出法国，他们的房舍变成了这个城市的工场（hôpital général）。原来的图书馆被用来作麻纱车间，没有许多实质上的改造，实属幸运。图136显示了房间的内部安排，不仅为图书馆呈现了一个概貌，其他同类的房间也是如此。天花板的装饰很粗糙，但很实用。天花板与墙连接的弯曲处有盾形的标志，标注着下面书架内书籍所属的学科。我把这些学科都记录了下来，印在图137平面示意图的边上。这张图又显示了所有书柜的安排。它们与墙面相距5英尺，又拐过弯来与窗户相接，形成了许多方便的小空间，供私人作研究之用。书柜与墙形成的空间也用来藏书。[3]

巴黎的圣热纳维埃图书馆（Bibliothèque Sainte-Geneviève）提供了以这种方式安排的光辉范例。它由两个互相垂直交叉的走廊组成，装备与里姆斯的图书馆属于同样风格。较长的一个走廊长147英尺，宽24英尺。18世纪中叶有人为访问巴黎的游客写了一本游览指南，热情地介绍了这个房间的美丽与便利。图书都用金属丝网加以保护；每一对书柜之间安放了一个罗马皇帝或古代哲学家的半身胸像；在两

1 *Ib*. Vol. I. p. 113.

2 见上文， p. 100, 118。

3 Jadart, *Les Anciennes Bibliothèques de Reims*, 8vo. Reims, 1891, p. 14.

图 136　里姆斯的耶稣会图书馆内景，现在是工场的麻纱车间

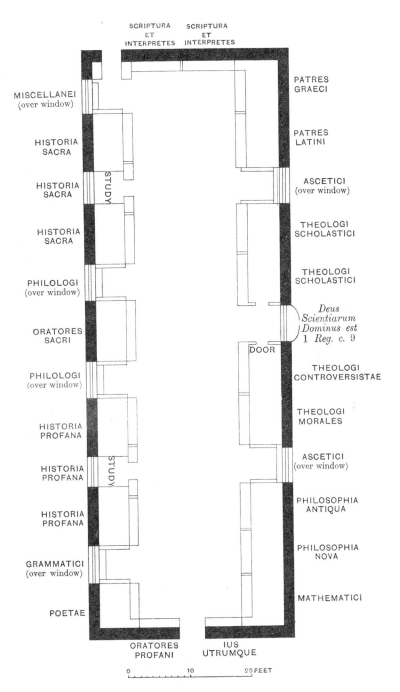

图 137　里姆斯耶稣会图书馆平面图

个走廊的交叉处是一个穹顶，四角受到灰泥材料制成的椰树支撑，椰树枝叶中伸出一些小天使的头。为了读者的方便，图书馆每星期开放三次；馆内提供了书桌、座椅，到上层查阅图书的梯子，还有一对地球仪。[1] 这个图书馆始建于 1675 年，它和里姆斯图书馆一样，直接建在屋顶下面。较短的一个走廊是在 1726 年增建的。在大革命以及帝政时期，它都没有遭受骚扰，但修道院的其他部分变成了"拿破仑学校"（Lycée Napoléon）。王政复辟以后，学校变成了"亨利四世学院"（Collége Henri IV），图书馆不便于存放了，于 1850 年迁移到先贤祠（Pantheon）附近的新建筑。两个走廊现在用作学院学生的宿舍，但是穹顶和一些装廊依然存在着。迪布丁（Dibdin）在 1821 年写了一些文字，保留了有关这个图书馆的有趣回忆：

> 圣热纳维埃图书馆呈十字形状。我估算最长的地方大约 230 英尺，看上去有点低矮，天花板为拱形，装饰得颇为漂亮，建筑在整体上和谐一致。中央是一个穹顶……整体的美丽首先来源于穹顶顶部照射进来的柔和光线，其次来自房间两边安置的许多半身胸像，它们唤起你对于法国杰出人物的回忆……这些胸像在你进入室内的一边，外国人的胸像则在较远的一端连续排列。你面前有大量的白色雕刻装饰，但不显得不愉快。主要的色调都是深色，与图书的颜色相一致。地面是闪光的瓷砖。
>
> 我第一次走进这房间，是在最热的一天。我的心似乎由于室内的凉爽、安静以及周围事物的亲切而活跃起来。伴随你脚步的是一阵轻柔的回声。你在那些勤奋的读者中间停留的时间很久，不忍离去；他们每天都到这里来，在十字形的某个地方阅读着，到处都是满满的。同时，他们却极少发出轻微的声音。整个地方真能吸引你在那里思考、研究、受到教育。[2]

这样的安排似乎特别具有法国风味，它的另外一个范例就是郊区圣日耳曼修道院图书馆（Saint Germain de Près，关于它的逐渐发展我已在前面描述过了）。[3] 图书都

1　Franklin, *Anc. Bibl. de Paris*. Vol. I, pp. 71-99，他提供了图书馆的内部景象，取自日期为 1773 年的一幅印刷品。

2　*Bibliographical Tour in France and Germany*, 8vo. 1821, Vol. II. p. 344.

3　见上文，p. 108。

装在沿墙安放的橡木柜子里。柜子上方是圣本笃会最重要人物的一系列画像。图书馆每天上午九点至十一点，下午三点至五点向公众开放。[1]

在本章结尾，我还要说一说全欧洲最著名的修道院卡西诺山修道院（Monte Cassino）的图书馆，那个修道院无疑是圣本尼狄克亲手缔造的。我曾经希望在那里找到能体现早期修道院特色的建筑与装置，然而很不幸，本笃会的虔诚促使他们以古典风格重建古老的修道院，把原始建筑的所有遗迹几乎都抹掉了。我应当感谢修道院的主持人引导我参观了图书馆：它长 60 英尺，宽 30 英尺，大门对着的是两个大窗户。两边墙上排列着书柜，每边由立柱分为四个分隔空间，仿照着红衣主教马扎林图书馆的式样。这些立柱支撑着沉重的檐板，檐板上有漂亮的装饰。书柜由木工的材料分为上下两层，但是没有见到书桌的痕迹。我无法确知这些设备的建造时间，但是从风格上来判断，我应该把它们归于 17 世纪的中期。[2]

290

1　Franklin, *ut supra*, I. pp. 107-134.
2　1898 年 4 月 13 日我访问了卡西诺山。

第九章

私人图书室。西蒙修道院长和他的书箱。法王查理五世的图书馆。一幅采自手绘写本的图书馆插图。私人庄园用的阅书台。奥地利玛格丽特图书馆。绕中央螺旋转动的书桌。带椅子的书桌。壁橱。15 世纪一位学者的书房。乌尔比诺公爵的书房。蒙田的书斋。结论。

上一章我概述了从最早期到 18 世纪末图书馆设施的历史，表明拥有这些设备的图书馆，它们大部分是公共的或近于公共的。然而，在历史上我们认识到一个重要事实：关于战争、围攻与议会法令的记录呈现的是某一民族生活的一个残缺概念，所以我会觉得这项考古学课题并未得到充分发掘，倘若我不曾尝试去探索私人学者是如何安排自己的图书或者以什么用具使用它们的话。如《书之爱》的作者，当他1345 年 1 月 24 日写完自己作品最后一个字时坐的是什么样的椅子，他在奥克兰自己宫殿书斋里的陈设如何？再者，当爱好学问成为风气时，15 世纪自学的学者是如

292 何加以利用的？最后，当世间的伟大人民，像帝国时代富有的罗马人，把文学追求当作他们爱好的时尚之一，并认为图书馆对于他们豪华的宫殿来说必不可少，而在接下来的世纪里图书馆是如何适应私人需要的呢？

怀着对这些有趣问题获得可靠信息的希望，过去几年里我从未放过调查绘图写本的机会。我查阅了大量写本，在大英博物馆，这项研究由一份关于该主题优异的插图目录所襄助。我又去巴黎国家图书馆和布鲁塞尔皇家图书馆，后者所藏的写本大部分曾属于勃艮第大公。在这项研究工作中，我也有些失望，因为有一帧采自波依提乌（图 64）的插图，恰恰我在所有图书馆都没有找到。这无疑十分奇怪，因为其在很多场景中都描述过。要记得这些大多被用来描绘正在进行的活动的场景，图书室成为一个独特而不相宜的背景。另一方面，一个人物形象经常和他们周围的图书一起被描绘，或阅读，或写作。这样的插图经常出现在《祈祷书》中，描绘福音书的作者。如在圣哲罗姆一幅画像中，描绘这位学者坐在书桌边，周围堆满成摞的书籍和文件。我

认为可以安心把这些当作普通学者的代表，因为自 15 世纪初以降，也就是我查阅的大多数图画绘成的这一时期，甚至最神圣的人物也包含日常生活的特征，这已成惯例。

12 世纪，当时书籍很少，它们被保存在箱子里，人们似乎用书箱边缘作为桌子来放他们的书籍。图 138 描绘了西蒙，1167—1183 年的圣阿尔班修道院院长，坐在他的书箱前。[1] 这个书箱放在一个架子上，以便把它抬高到一个便利的家具高度；这位修道院长坐在一把可以折叠的木椅子上，该椅子在今天很常见。西蒙是位伟大的图书收藏家："它们数量，"他的编年史作者写道，"因为太庞大而无法一一道出。想看它们的人可以在教堂里绘有图画的圣器壁龛中见到，这个位置是他特别指定对着隐士罗杰之墓的。"[2]

图 138　圣阿尔班修道院院长（1167—1183）西蒙坐在他的书箱边
取自科顿绘画写本。

293

箱子，如上文我们在梵蒂冈图书馆所见，在 15 世纪用作贮书的固定用具。书箱也通常作为国王行李的一部分。如法王查理五世于 1380 年 9 月 16 日死于马恩河边博泰城堡，在他的寝室发现 31 册图书，"放在一个有两个支架的书箱里，它在窗边，靠近壁炉，有个双层盖，在这个书箱的其中一个分层中就是携带的书籍"。其子，查理六世，在一个随身携带、有雕刻图案的书箱中装有 13 册书，其中一个嵌饰小盒（escrin marqueté）中装着更为珍贵的图书。[3]

中世纪私人图书馆陈设的最早信息，迄今我是在一本账簿残本中发现的，其中记录着 1367 年和 1368 年修缮卢浮宫一座塔楼的花费，这是为保存法王查理五世的

1　MSS. Mus. Brit., MSS, Cotton, Claudius E. 4, part I. fol 124. 我要感谢我的朋友、公共档案室的豪尔先生（Mr. Hubert Hall）提醒我注意到这幅插图。

2　*Gesta Abbatum*, ed. Rolls series, I. P. 184. 这条参考文献及其翻译，我是根据加斯盖特牧师（Reverend F. A. Gasquet）的著作，*Medieval Monastic Libraries*, p. 89。

3　Henri Havard, *Dic. de l'Ameublement*, s. v. Librairie, 第一个书箱写有如下文字："Livres estans en la grant chambre dudit Seigneur, en ung escrin assiz sur deux crampons, lequel est à la fenestre emprès la cheminée de ladite chamber, et est à deux couvescles, en l'une des parties dequel coffre estoient les parties qui s'ensuivent," 另见 J. Labarte：*Inventaire du Mobilier de Charles V.* 4to. Paris, 1879. p. 336。

294 藏书。巴黎旧城西岱岛的这座宫殿里老图书馆的某些木工装饰被撤换，并在新房间重新做了木工。两个木匠被雇来（1367 年 3 月 14 日）"修补王宫国王图书馆的所有书柜（bancs）、两个书轮（roes），它们和桌子（Lettrins）一起被送到卢浮宫，书轮每个做得全周不足 1 英尺。他们把这些放在一起，和书桌一起吊到朝向猎鹰用的塔楼最上两层，把国王的书放入里面。这两层其中之一，其内侧被'荷兰'木板包住，花销总价为 50 金法郎。接着因为座位太旧，由上述木工带来的新木料来重做。[他们被雇来]为这两层做了两扇坚固的门，高 7 英尺，宽 3 英尺，有三个手指厚。"次年（1368 年 5 月 4 日）一个金属丝工匠（cagetier）被雇来"给两个书柜和两扇窗户前装上金属丝格子……以防鸟类和其他动物（oyseaux et autres bestes），因为这个理由并为了确保安全，所以书应被放到那里去"。天花板据说用有雕花装饰的柏木板镶饰。[1]

上文提到"朝向猎鹰用的塔楼"，已经确认是老卢浮宫西北塔楼。布置作为图书室的房间是圆形的，直径大约为 14 英尺。[2]

上面对一个图书馆的描述用一幅插图最好解释了（图 139），这幅图登在薄伽丘一册名为《一对不幸的贵族男女故事》（*Livre des cas des malheureux nobles hommes et femmes*）的写本中，是在佛兰德为国王亨利七世抄写并绘制的，现藏大英图书馆。[3]

295 两位绅士正在一张可螺旋转动的书桌旁学习，这个桌子通过中间螺丝来升降。这显然是法王图书馆里的"书轮"，身后是他们的书，要么放在一张靠墙挂着的书桌上，墙由木板饰面，要么放在桌子下方靠着的一个书架上。这件家具可以说要么是书柜

---

1 Franklin, *Anc. Bibl. de Paris*, Vol. II. p. 12，这份账目写本现藏 *Bibliothèque de l'Arsenal*, No. 6362. 我校勘了富兰克林先生的文本，其中最重要的段落如下：A Jacques du Parvis et Jean Grosbois, huchiers, pour leur peine d'avoir dessemblé tous les bancs et deux roes qui estoient en la librairie du Roy au palais, et iceux faict venir audit Louvre, avec les lettrins et icelles roes estrécies chacune d'un pied tout autour；et tout rassemblé et pendu les lettrins es deux derraines estages de la tour, devers la Fauconnerie, pour mettre les livres du Roy；et lambroissié de bort d'Illande le premier d'iceux deux estages tout autour par dedans, au pris de L. france d'or, par marché faict à eux par ledit maistre Jacques. xive jour de mars I367。

2 A. Berty, *Topographie historique du vieux Paris*, 4to. Paris, 1866, Vol. I. pp. 143-146. 他指出这种"荷兰木"（bort d'Illande）是荷兰橡木，这 480 块木料是一位名叫艾诺的塞尼查尔（Sénéchal of Hainault）的官员送给国王的。

3 MSS. Mus. Brit. 14 E. V.

图 139　图书室中的两个人

采自写本：*Les cas des malheureux nobles hommes et femmes*，大英博物馆藏。

(banc)，要么是书桌（Lettrin）。值得关注的是其通过支撑其牢固的底座来保持书轮的平稳，底座下是两根粗壮的柏木横杆，它也是读者作脚踏板用的。靠墙桌上的书装帧豪华，带着金属浮雕装饰。书链显然这里没有见到，实际上我怀疑它是否在私人图书馆里使用过。窗户全都装上了玻璃。我在下面叙述的其余例证中会提到用一条金属丝网来代替部分窗户的玻璃。

　　我的下一幅插画（图140）也是来自佛莱芒，也是同一时期的，采自一册名为《历史之镜》（*Miroir historial*）的写本。[1] 画的是一位加尔默罗会修士，也许是该书的作者，在书斋中写作。他身后有三张书桌，一张桌子在另一张之上，靠墙挂着，占着房间的两侧，装着的书，其装订和装饰与前一幅图画一样，放在桌子上面，

1　MSS. Mus. Brit. 14 E. I. 上面所引的细密画是加斯盖特牧师复制的。

296

图 140　一个加尔默罗会修士在他的书房里
采自一册大英博物馆《历史之镜》（*Le Miroir Historial*）写本中。

桌下面最低处是一个平面书架或凳子，一本书放在它边上。他用的这张书桌在插图中很普通。它被固定在一个更为牢固的底座上，跟书轮桌的情况一样，用厚木板制成，以防最轻微的震动，它通过一根轴（明显是铁制的）来转动，最初一段是垂直的，中间一段是水平的，最后一段又是垂直的。这位加尔默罗会修士左手拿着一个平整书页的工具。这个工具通常有一个锋利的尖，在纸上任何不平处都可以阅读移动。他所使用的书本用两根线敞开，每根系着一个重物。桌后，盖着一块布的是个书箱，用两把锁来妥善保管。在其上放着一个物体显然是一个很大的放大镜。

图 141　一间图书室内的三位音乐家
采自一册大英博物馆《马克西穆斯》（*Valerius Maximus*）的法文写本。

有时这张桌子被放到一个占房间三面墙的空间里，既没有防尘的帘子，下面也没有书架。这幅插图（图 141）采自哈雷藏品中马克西穆斯（Valerius Maximus，1430—1475）一册法文译本。[1]

我现在研究了一系列图片，它们描绘了学者或作家的日常生活，他们书籍不多，但给他们一把椅子和一张书桌，他们也能生活在安逸舒适中。这些书桌形态各异、种类繁多，可以想像其在特定时代、特定地点以流行方式加以变化。我想对它们进行分类排列。

297

1　MSS. Mus. Brit. MSS. Harl. 4375，f. 151*b*.

　　第一处的椅子通常是件精心制作的家具，有扶手、直背，并通常带有一个顶蓬。下面有时可以放一个座垫，按通行规则来说，这些椅子没有填充物，也没有花毯装饰或其他图案而显露出其制作材质。偶尔顶蓬有堂皇雕饰或绘有图案。

　　书桌最通用的形式是阅览台系统的改型版。由一个两层阅览台组成，下面是一排小厨，或不如说是一个由几扇门保护的书架，其中之一总位于家具的一头。阅览台下的三角空间也用来摆书。这个设计，伯里在《书之爱》一书中特别评论过。[1] "摩西，"他说，"这位最高雅之士，教导我们要使书柜最整洁，以免它受损害，他说：拿起这律法书，把它放在汝主藏经壁龛中。"我的插图（图142）取自

图 142　书桌前的一位书痴
采自《愚人船》。

1　*The Philobiblon of Richard de Bury*, ed. E. C. Thomas London，1888.

1507 年兰帕特尔（Nicolas Lamparter）在巴塞尔印制的《愚人船》一个版本。在这
个例子中，带小厨的书桌放在一个底座上，而它又放在一个宽台阶上。二者可能　　298
用来保证其稳定性。

　　这个坐着的人物表现了一位书痴藏书仅仅是为了满足自己好奇心，而不是为了
获得精神的进益。他戴着眼镜，挥着皮刷子，极小心地为一册对开本书叶除尘。木
刻版下有如下一行解说文字：

Qui libros tyriis vestit honorbus　　　　　　　　　　　　　　　　　　299

Et blattas abijt puluerulentulas

Nec discens animum litterulis colit：

Mercatur nimia Stulticiam Stipe.

我附上一段粗糙的译文：

　　　谁为他的书穿上推罗紫衣衫，

　　　然后拂去苍蝇与灰尘，

　　　读的每行文字没让他变得聪明，

　　　花去了大量金钱——却为愚人所购。

　　这种式样的书桌在接下来的世纪至少在两个属于高等贵妇的图书馆使用。第一
个属于奥地利的玛格丽特，德皇马克西米连的女儿。她是萨伏伊公爵菲利伯尔特二
世（Philibert II）的妻子，在其夫君 1504 年 9 月 10 日去世后，她父亲让她成为尼德
兰的摄政王。她 1530 年 11 月 30 日死于马林恩（Malines），享年五十岁。她似乎是
一位文学艺术的开明恩主，她在布楼（Brou）建了一座美丽的教堂，是为纪念自己
的丈夫，也成为她建筑品味和技能的见证。

　　一份记录于 1524 年 4 月 20 日的财产清单，我希望可以复原她的图书馆。[1] 这份
清单开头是："图书馆，"账目接下去是："第一张书桌（pourpitre）自门顶开始，空

1　载于 *Jahrbuch der Kunsthistorischen Sammlungen des Allerhöchsten Kaiserhauses*，Band III. 4to. Wien,
　　1885。

间延伸到壁炉。"这个书桌或书架上计有 52 本书，所有的书都以丝绒装帧，并带有烫金浮雕装饰。这个账目接着说："接下来是《祈祷书》，放在上述窗户与壁炉之间前面高高的书桌上。"这个桌子放有 26 册书，用丝绒、红缎子或金色布装帧，带着烫金浮雕装饰。

下面"第一张书桌在靠门开始处下面（d'ambas）放有第一个座位"。这张书桌放有 9 本书，推测是多出来的一部分，因为我们紧接着就到了一个段落标明"接着是皮革装帧的书籍，都在靠门起的书桌下"。财产清单的作者又回到了第一张书桌，清点共有 11 册书。他接着说道，"在上述书桌另一侧"，计有 13 册书。用这种方式六张书桌都——考查了。所有的书籍都用黑、蓝、绯红或紫罗兰装帧，外面包上丝绒，书架下面没有装饰。还要加上第四张书桌，说是放在靠近壁炉处（empres la chemynée）。

检查过这些书桌后，我们又看到"放在靠门起的铁架里的书籍"。这件家具有 27 册书。

整个房间所提供的书籍数量如下：

第一书架		52	
第二书架		26	78
第一张书桌（溢出部分）	9		
书桌下：一边	11		
书桌下：另一边	13	24	33
第二张书桌		21	
	11		
	10	21	42
第三张书桌		26	
	13		
	10	23	49
第四张书桌		15	
	18		
	14	32	47
第五张书桌		19	

		11		
	10	21	40	
第六张书桌		20		
		9		
	10	19	39	250
在铁架中				27
				355

我们下面试着对这个图书馆的书籍排列方式形成一些想法。先是沿着门的两个书架中的第一个。这个位置的书架在卡尔帕乔（Vittore Carpaccio）著名的书斋中的圣哲罗姆画像中表现出来，其中一部分已复制在这里（图143）。其中描绘的书架放在靠墙位置（deskwise），用铁支架托着。书架上放的52册书，体积也是很大的（grant），我们有理由假定每册有10英寸宽。因此总共520英寸，或者说至少43英尺，不考虑它们之间空隙的情况下。这个书架沿房间延伸到壁炉，我猜想可以理解它是从有门的墙开始，从房间拐角一直延伸到壁炉。

第二个书架，和前一个同一高度，仅装有26册书，其中15册说是小开本的（petit）。13英尺甚至更小的空间足以装下它们。

放在地板的六张书桌，我想，可以用前文《愚人船》中描述的那种式样来构建。有证据显示丝绒装帧的书籍，装饰着烫金浮雕，要放在可以看到它们的地方，为了这一目的没有比阅览台更好的设备了。上面提到的桌子显然可以陈列110册书，平均每桌18册。精心分析该财产清单，其中总是记录下每本书的尺寸，显示图书馆这部分的小书极少，而它们可用大型（grant）或中型（moien）来划分。如果每本书按8英寸计算，可以平均算出每张书桌144英寸，即12英尺，而书桌是双层的，这件家具长6英尺。在溢出部分书桌下面每侧有一个书架。这样四张书桌位于门与壁炉之间，两张在壁炉和窗户之间，似乎窗户在门对面。

我们不清楚"铁书架"的位置。我猜这些账目里的话指有些书架靠窗户放着，它们前面装着铁制品。书籍的清单开始于"靠门处"，这件家具也许放在门边，正对着前面的那张书桌。

图 143 16 世纪一个书斋一角
采自维托利·卡尔帕乔的画作《书斋中的圣哲罗姆》。

财产清单还表明该图书馆有博物馆的功能。实际上其中装满了珍稀美丽的物件，展现出一幅十分富丽堂皇的景象。壁炉上方排风罩中有一颗牡鹿头，双角上挂着一个十字架。有一尊萨伏伊公爵的白色大理石半身像，他是玛格丽特女公爵的伴侣。使用同一材料的一个男孩塑像，他从脚里拔出一根刺，也许是佛罗伦萨杜卡画廊（Dacal Gallery）古代雕像的复制品。房间里也有二十幅油画，其中几幅挂在壁炉排风罩周围。这些艺术品旁有几件家具，例如一张大柜里装着一整副盔甲，一个"意大利风格"（à la mode d'italie）的餐具柜，它是那不勒斯总督赠送的礼物。一张镶嵌的方桌，一张稍小的桌子装着勃艮第与西班牙的兵器。三面镜子，很多水晶制品，最后是几件皮衣，来自印度（南美？），是皇帝赠送的。

这提醒我们，这份财产清单，像它所记录的一样，让我们在最重要一点上被误导，对估算房间的大小提供了不完全的数据。从下面的经验里可以推测其长 46 英尺。第一，我算每张书桌宽 2 英尺，门与壁炉间四张为 8 英尺。第二，每张间距 3 英尺，五张 15 英尺，从门到壁炉之间总长为 23 英尺。壁炉我算 10 英尺。在壁炉和墙之间有一扇或几扇窗户，其间两张书桌，三段间距为 13 英尺。我因而可以推算出房间至少要长 43 英尺才能容纳书架从门延伸到壁炉。对此距离我减去 20 英尺，就是 23 英尺，即从门到墙角的距离。如果没有告诉我们门的位置，我对房间大小的估算就无法进一步推进了。

法国的安妮（Anne de France），法王路易十一的女儿，人称美女安妮（Anne de Beaujeu），她的图书馆也包括相同的陈设。[1] 安妮的图书目录编制于 1523 年 9 月 19 日，记载了 314 本书名，我不能说是批数量很大的藏书。它们像马格丽特女公爵图书馆一样摆放在十一张书桌上（poulpitres）。书桌都沿屋四周摆放，除了两张放在屋中间。有趣的是对其中一张书桌的记载，它在底下有一个小厨，其中装载的物品登录如下：au bout dudit poulpitre sont enclos les livres qui s'ensuivent（书桌底下装满了书），有 16 册。靠墙也放了一个书架，描述为 Le plus hault poulpitre le long de la dite muraille（前面提到靠墙书桌极长），容纳 55 册书。这张书桌也许放得很高，跟马格丽特女公爵图书馆里的那张一样。其中的书载明全都用红丝绒包裹，饰以搭扣、浮雕，并用金属片包角。这个图书馆也有一个星盘，和一个有黄道十二宫图的天体仪。

---

1 Lerou de Lincey, *Mélanges de la Société des Bibliophiles*, 1850, p. 231.

图 144　圣约翰在写他的福音书

采自一册剑桥菲茨威廉博物馆的《祈祷书》写本。

304　　　　出现在剑桥菲茨威廉博物馆一册《祈祷书》里的一张书桌，在总体风格上与《愚人船》所绘的书桌类似，而且是更新颖的时髦类型，大约于 1445 年为布列塔尼女公爵伊莎贝尔制作的。这幅画像（图 144）描绘了圣约翰在写作福音书。

这种书桌的修正版在意大利很流行。它经常被 15 世纪的画家用在天使传报的图画中，在其中用作祈祷的跪凳。我选的这个例子（图 145）采自佩鲁贾圣彼得教堂邦菲格利（Benedetto Bonfigli）的一幅画作。它描绘了圣哲罗姆在写作。一张小圆形转动书桌放在一张更大书桌左手边，上面放着圣哲罗姆抄写或参考的作品。墨水台旁的书桌上放着前面提到的尖铁笔（stylus）。在小厨下面装书的是一个抽屉。从转

图 145　圣哲罗姆在写作

采自佩鲁贾圣彼得教堂邦菲格利（Bendetto Bonfigli）

绘制的一幅油画。

图 146　圆形书桌
采自大英博物馆一册写本《亚历山大大帝的风格与武功》(*Fais et Gestes du Roi Alexandre*)

动书桌顶端一个突出的垂直铁杆，带有水平的轮辐。这无疑是为了挂一个灯笼。我
要简要举一个在此位置的例子。

305　　　　现在我回到书轮桌，我已经描述了一个样本（图 139）。这件家具由一张或多
张桌子组成，可由一个中央螺丝来升降，中世纪学者常用。我要描述几个最通用
的形式。

　　　　我第一个样本取自一份大英博物馆的写本，15 世纪中叶在英格兰绘制。它名叫

306　《亚历山大大帝的风格与武功》(*Fais et Gestes du Roi Alexandre*)。[1]

　　　　这幅图画（图 146）描绘亚历山大幼时站在他导师面前，导师坐在前面描述过
的一把椅子上。这位博学之士右侧是他的书桌。这个圆桌周围带着边框以防书籍掉
落，用有螺丝的中央底座来支撑。所说螺丝顶端隐藏在书桌中央的小哥特式转台
里。这个转台也支撑着读者使用的书。

　　　　我下一个例子取自一卷名为迪努瓦《祈祷书》的一幅细密画，也是抄写于 15 世
纪。为了更清晰展现细节，对这幅画稍加放大（图 147）。主题是圣路加写作福音书，

1　MSS. Mus. Brit. 15 E. VI.

图 147　圣路加在写作福音书

采自迪努瓦（Dunois）的《祈祷书》（*Horæ*），一册汤普逊先生
（H.Y. Thompson，Esq.）收藏的写本。

其背景描绘了一个学者的房间。有个很时尚的书箱，书桌放着两册对开本，桌中间有
一个六角形的书桌，有一个像最后例子里的小哥特转台。桌下螺丝周围是四个柱形支　　307
架，通常出现在该类型书桌的连接处。我想它们是为了让桌子稳固。整件家具安放在
一个沉重的柱形底座上，这也是在一个四方形平台上。

　　我现在转到各种形式的螺旋书桌，桌上放着一个小看书架。整个装置安放在一
个稳固平台延伸物上，这位置可放读者的椅子，因而它实际上在读者面前。我的插
画（图 148）采自"一册坐在扶手椅上的贵妇的书"，这是薄伽丘的作品，该书抄写
于 15 世纪早期的法国。[1]

1　MSS. Mus. Brit. 20 C. v.

图 148　一位女士坐在椅子上阅读
采自 15 世纪早期在法兰西抄写的一册写本。

　　这个双层书桌非同寻常，它充斥着很多有图画的书页，这些各式各样的描绘
是 15 世纪贮物柜工匠试图把一个螺旋和两个或更多书桌组合起来的心灵手巧的表
现。为让自己满意，我再举一个例子（图 149）来展现一个极好的螺旋，其上有
两个桌面，最上面那个桌面是用边沿来放书的，上面有个六角形滑轮露出螺丝的
顶端。[1]

　　我们偶尔也会遇到一个多边形或圆形书桌，这也很稳固，我指的是书桌的水平
并没有变更。这里所举的例子（图 150）采自一册《历史之镜》的法文写本，其中
心的尖状物我猜应该是摆一根蜡烛的。[2]

　　在一些书桌例子中，底座是用来当小书厨的（图 151）。我选的这幅图片展示了
这个书桌的特质尤为美丽，是用法国 15 世纪末流行的最高艺术风格来制作完成的。

1　Paris, Bibliothèque de l'Arsenal, MS. 5193, fol, 311, Boccaccio：*Cas des malheureux nobles homes et femmes.*

2　Paris, Bibl. Nat., MSS. Français, 50, *Le Miroir Historial*, by Vincenr de Beauvais, fol. 340. 也许抄写于 15 世纪。

图 149　螺旋书桌
采自巴黎阿森纳图书馆藏
的一册 15 世纪写本。

图 150　六角形书桌，中间带尖
端，也许是蜡烛
采自一册《历史之镜》法文写本。

它构成薄伽丘《一对不幸的贵族男女的故事》这份精美写本扉页前的一幅图画的半幅。[1] 中心人物显然是在就一个感人的主题讲课，因为在他前面，在这图画另半幅中，人群用剧烈的动作展现其勃勃兴致。我提到他左侧是一张桌子；它放在一个极为牢固的基座上，垂直部分一侧是一个拱形结构的突起，这是为了让中央的凹处可以用来放书。自桌面中心升起了一个高高的尖状物，显然是铁制的，与一个水平的臂相连接，挂着一盏点亮的灯笼。桌面上，除三本书外，还有一个墨水台和笔盒。授课者面前是一个雕绘的书箱，也许是我前面已提到的书柜。椅子和顶蓬也雕饰华美，座位后背部分用一块挂毯覆盖着。而且，授课者有一个极为奢华的座垫。

　　我下面要讨论阅读与写作的设施，其直接与学者所坐的椅子相关，我就从桌子　　309
开始说起。

　　书桌最简单的形式是一个平滑的木板，以一定合适的角度放置，用一条锁链或绳子作工具从其桌角延伸到椅子背处。桌角对面有一个钉子钉入椅子扶手上。这种设

1　MSS. Mus. Brit. Add. 35321. MSS. Waddesdon，No. 12. 由罗斯柴尔德男爵（Baron Ferdinand Rothschild）赠送。

图 151　一个向听众讲课的授课者
采自一册《一对不幸的贵族男女的故事》的写本，抄写于 15 世纪末的法兰西。

图 152　圣马可在写作福音书

采自一册《祈祷书》写本，15 世纪抄写于法国。

置，有多种变形，也经常出现，有时有两个钉子和两条链子，而我所称的正常形式在我的插图（图 152）中展示出来。[1]而不好理解的是这个书桌是如何保持稳定的。

　　我下面（图 153）要描绘的这个书斋的作者正聚精会神地写作《艾诺编年史》（*Chronicles of Hainault*）。[2]他的桌子用两块固定在椅子扶手上的铁丝来安稳摆放。他右手是一个平整的阅览台，每侧放着一本打开的书，身后有两个或更多书架靠墙安放，其侧面平放着书籍。左侧是一个箱子，推测是一只书箱，它合着的盖子上放着书。其中一只打开着，他聪明地让椅子靠近窗户这样的位置，以便光线从左侧落到他的著作上。应该注意窗户最上层是装着玻璃的，而下层用百叶窗关着。当窗户被拉开时，光线可以照亮带窗格子的一半高度。这也为法国国王的图书馆所定购。

310

1　MSS. Bodl. Lib. Oxf.，MSS. Rawl. Liturg. e. 24，fol. 17 *b*.

2　MSS. Bibliothèque Royale de Bruxelles，No. 9242. *Chronique de Hainault*，Pt. I. fol. 2，1446.

图 153　《艾诺编年史》(*The Chronicles of Hainault*)
的作者在他的书斋中（1446 年）

　　我第三个例子，带有一张桌子的一把椅子（图 154），采自《圣母的圣迹》(*Les Miracles de Notre Dame*)，[1] 这部写本属于布列塔尼公爵善良的菲利普（Philip the Good），是为其写于 1456 年的海牙。这幅插图描绘了圣哲罗姆坐在书斋中。从椅子扶手一侧到另一侧延伸出的书桌是个极为稳固的设施。桌子一端显然搭在一个小圆柱顶部，椅子尾部带着扶手，圣人左手拿着一支尖铁笔，右手是一支鹅毛笔，他持着笔向着光线。桌边手稿旁放着一个墨水瓶。圣人椅子右侧是一张四周有高横档的六角形桌子。没证据表明这张桌子有螺丝；而它上面附设的小桌似乎带着一个。可以观察到这个桌子的支架并不是直接安放在旁边桌子上的。这个小桌子有两个裂口——这个精巧的设计是为了打开一个卷轴的。桌子上，一本打开的书旁，有一副眼镜，四支鹅毛笔，一个小盒子装有撒吸墨粉的法国粉笔，看起来像一块海绵。

　　我最后一幅图例取自一册薄伽丘作品《教士与贵妇的故事》(*Le Livre des cleres et nobles femmes*) 的美丽写本。它描绘"一位希腊贵妇打开书并在研读"(La noble dame Seonce femme Grecque，tressaige en livres et en estude)"，她坐在阅读椅上（图 155）。

311

1　MSS. Bibl. Nat. Paris，MSS. Fran. 9198. 见 *Miracles de Nostre Dame*，by J. Mielot，Roxburgne Club，1885；附有瓦尔纳（G. F. Warner，M. A.）的前言。

图 154　书斋中的圣哲罗姆

采自《圣母的圣迹》(*Les Miracles de Nostre Dame*)，1456年抄写于海牙。

图 155　坐在阅读椅上的一位女士

采自一册薄伽丘的《教士与贵妇的故事》写本，抄写于约 1430 年，
现为 H.Y. 汤普逊先生所藏。

跟前几页我复制的那位女士画像（图 148）一样，她的椅子配了一张桌子，椅子是平板的而不是圆柱的，宽阔得足以让椅子扶手从一端延伸到另一端，可以放一大册对开本。当读者希望离开椅子时，这桌子还可以转动。

我现在要描述一下这两套图书馆设施的不同。第一个例子（图 156）取自一册大英博物馆藏的《物品桌笔记》（*Livre des Propriétés des Chose*）的写本，抄写于 15 世纪。[1]这位作家所坐其中一把矮椅子的画面经常出现在细密画里，看起来它们似乎是从一块大木板上切下来的。他的桌子完全独立于椅子，设计极为简朴，由木片组成，用两个呈一定角度雕刻立柱来支撑。他左侧立着一件非常高雅的家具，一个带书桌的大桌，它上面桌子很重，事实上它这么高，只能站着用。上面的桌子配一个小门，好像是用

图 156　一位作家，旁边有书桌和圆桌
采自一册大英博物馆的《物品桌笔记》（*Le livre des propiétés des Choses*）的写本。

1　MSS. Cotton，Augustus，Ⅵ. fol. 213 *b*. 这个平面图里大桌与书桌的漂亮例子取自一册法国老皇家图书馆《女人城邦》（*La Cité des Dames*）写本，现藏 Bibl. Nat.，MSS. Fran. 1177。

图157　圣路加在写作福音书
牛津博德利图书馆杜丝写本，第 381 号。

来装小物件的。

　　第二个例子（图157）描述了圣路加坐在凳子上伏案写作。[1] 桌面很宽大，安放在四条腿上，整个框架用榫接合。这大桌前放着一张形状特别的桌子；下部像一个倒立的圆锥体，上部是第二个直径小一点的圆锥体，所以在两个底座之间有足够的空间在其边缘上放书。书桌底座四周的狮子当作桌脚。这些狮子再次出现在图片画面的下方，这或许与前面写本拥有者相关。桌子的支座是一根可旋转的柱子，像一个底座，

1　MSS. Bodl. Lib. Oxf., MSS. Douce, No, 381, fol. 159. 第二个例子出现在同一册写本（MS., fol. 160.）。

图 158　书桌旁的圣奥古斯丁
采自一幅佛罗伦萨利皮所绘的画作。

实际上整个结构，看起来像用黄铜制的。

　　我现在转到完全不同的装配书斋的方式，这似乎在意大利很流行，可以从它在大量绘画中出现来判定。它含有一张宽大的木桌，其中一部分与另一部分呈直角放置，以多种方式连着书架、抽屉、分类架和其他装书与文件的机械装置。我这里描述的这个例子（图158），取自利皮（Fra Filippo Lippi，1412—1469）的一幅画作，描绘了圣奥古斯丁的三位一体的幻象，圣人右侧桌顶有两个小深洞，都装着书，桌子稍短部分的后面是三格书架，也装着书。与桌子一端相连的是一个小盘，也许是装鹅毛笔的。

　　一张相似的书桌出现在国家艺术画廊里由卡特纳（Catena）所绘的一幅漂亮图画中，[1]描绘了圣哲罗姆丁在阅读，我用了一幅缩小尺寸的复制品（图159）。这幅画也含有厚墙处有一个小厨的极佳范例，这个照管图书的机械装置在中世纪很常用，一如其在罗马时代。[2]

　　厚墙处的小书橱也可在一本马克西穆斯（Valerius Maximus）作品的法文译本扉页

312

313

1　感谢我的朋友科尔文（Sidney Colvin，M. A.）让我注意这幅画的。
2　见上文，pp. 37–38。

图 159　圣哲罗姆在读书

采自伦敦国家艺术画廊里一幅卡特纳（Catena）所绘的油画。

图 160　一个作家在工作

采自一份马克西穆斯（Valerius Maximus）作品的法文译本，为国
王爱德华四世抄写并插绘于 1479 年的佛兰德。

插图中见到（图 160），该书抄写于 1479 年的佛兰德，为国王爱德华四世所制。[1] 这位作家——可以认为是本书的作者或译者——坐在桌旁，厚木板以一定角度安放，能用中央的托架来转向一边，像那位加尔默罗会修士所用的一样（图 140）。可以观察到有两个重物挂在桌子边缘，两个尖角的底端，以备盛墨的，从桌子突出出来。与描绘写作中的《艾诺编年史》作者画面中一样（图 153），其中的窗户只在上部装上玻璃，下部是两个网格状框架结构的窗格。作家身后是厚墙里的两个小书橱。其中之一敞开着，显现书平放在边上，上面是两个石榴状饰物。我没有理由介绍这种水果，除非它们的色泽可以让人产生多姿多彩的愉悦；而我应提到它们经常出现在描绘一个作家在工作的细密画里。窗子的另一面是一个小的悬挂书橱。这里底层架子又放入了一个水果。房间四周是一个高背长椅，在间距排列木板的地面上竖立起来。这个座位也许是一个书箱，像前面提到的梵蒂冈图书馆里的高背长椅。

314

　　这一系列插图的最后一幅图画（图 161）描绘了我喜称的 15 世纪初的学者房间，[2] 房间的主人正忙于在一张用支架台支撑的书桌上写作。他左手拿着一只尖铁笔，右手一支鹅毛笔。他使用的墨水瓶嵌入桌子。墨水瓶上另有两个小洞，也许他可以使用不同色彩的墨水。墨水台上面是一支插在洞里的鹅毛笔，它旁边还有几个空洞。桌上用一个重物让书页保持平整。这个重物让我想起另一个装置，其非凡的特点（图 162），最近引起我的注意。[3] 如果对这图画解读正确的话，它由两个木片组成，像一个晾衣夹，从一册书后穿过的一根也许放在桌后，而另一根穿过敞开的书页。在我这位学者写作的书桌上方有第二张桌子，几乎同样大小，上面放着一本打开的书，用一个很大的重物来撑开，伸到打

315

图 162　卡着让一本书敞开
采自贺拉斯（Horatius），
《作品集》（*Opera*），J. Grüninger，
斯特拉斯堡，1498 年。

1　MSS. Mus. Brit. 18 E. IV.

2　*Le Débat de L'honneur entre trios Princes chevalereux.* Bibl Roy. Bruxelles，No. 9278，for. 10. 这册写本来自勃艮第公爵图书馆，抄写时间也许在 15 世纪后半叶。

3　这条参考文献来自我的朋友，圣约翰学院的塞尔（C. Sayle，M. A）。这幅图片，在上面提到的贺拉斯作品重印二十次的版本中，有过一定改动，复制于 Dibdin，*Bibl. Spenc.*，vol. II. p. 87.

图 161　15 世纪一个学者的房间
采自一册布鲁塞尔皇家图书馆的写本。

开书页的三分之二处。作者椅子后面是一个书箱。这幅图的背景描绘了一间设备完善的单间。地面铺着一层釉面砖，明亮的炉火在壁炉炉床上燃烧。和前一幅画里描绘的同一设计，窗户开着。一张非常舒适（并非豪华）的床诱人憩息。墙没有抹灰泥，一条帘子悬在窗下和床头上。

这个单间，恰好包含了一个学者的必需物品，我将用来对比乌尔比诺公爵的书房。

这个美丽的房间，仍按公爵留下来的原样保存下来，它位于城堡的上层，从阳台俯瞰，面朝南，城堡、城镇以及外面乡村的广阔景象一览眼底，后倚亚平宁山脉。这个房间很小，据测量面积只有 11 英尺 6 英寸乘 13 英尺 4 英寸，形状有些不规则。可以从公爵私人卧室的一扇门进入房间。地板铺着排成图案的粗瓷砖。装着护墙板的墙壁高大约 8 英尺。在护墙板顶端与天花板间的光秃空间，也许挂着壁毯，天花板是用最精心的抹灰泥工艺装饰的美丽样本，布置着八面体格子。格子工艺的装潢是从对凳子的绘饰开始的，它上面放的各式各样物品都用细木镶嵌工艺来制作的。这个凳子上是一排小格子，它上面又是一排大格子，每个格子都包含着用最好的细木镶嵌工艺制作的主题，例如弗雷德里克公爵（Duke Frederick）的画像，信仰、希望和其他美德的形象，一摞书，乐器，盔甲，笼子里的鹦鹉，诸如此类。在这上面的檐板上有一个词 FEDERICO，日期为 1476 年。

316   窗户对面，有一个小厨，容纳它的凸出物对面一侧有几个架子。这是唯一一间装书的房间。因为它尺寸小，因而其中装的家具也少，也许归因于其传统风格，公爵希望独处时它被称为休息室。

另一个如此布置的图书馆样本是为了提供一个安宁的静修之所，是由一个世纪后的蒙田所提供的，他幸运地留下一段备忘的描述：

> [我的书房] 在塔楼的第三层，一层是我的礼拜室，二层是一间卧室及其套间，我一人过日子时经常住在那里。这上面有一间大藏衣室。从前原是我家最无用处的地方。我一生大部分日子，一天中大部分时间在那里度过。我从不在那里过夜。在这后面是一间精致的小室，冬天可以生火，窗户采光很舒适。我若不怕辛苦和花钱（怕辛苦使我什么都不想翻修），可以在两边都接上一条长百步、宽十二步的长廊，平的不用台阶，墙头是现成的，高度也正符合我做

其他用途的需要。任何隐蔽的地方都需要有个走廊。我若让思维坐下，思维就会睡着；我的两腿若不催动精神，精神就会不济。不用书本读书的人都会陷入这种状态。

书房的形状是圆的，仅有的平面墙壁恰好放我的书桌和椅子。我的书分五排贴墙绕成一圈，其弧度可以让我对它们一览无遗。从三个方向可以看到远处宽阔的美景，房间的空地直径有十六步阔。¹ 冬天我不在那里长待；因为我的家筑在一座小丘上，就像我的姓氏原意是"山"，我这个房间也最通风。我喜欢这里地处偏僻，出入不便，这有利于我工作出效果和生活图清静。这是我的地盘。我也竭力要独霸一方，不让这个小角落并入夫妻、父子、亲友共同的大集体。² *

我所收集到的这段私人书房的评论把我带到 16 世纪末，此时大部分中世纪使用的图书馆设施已经被淘汰。我不希望自己对一系列从写本中选取的插图叙述过长而让自己的读者感到不耐烦。当自己观察这些插图时，我喜欢描绘这些中世纪的文人，在修道院缮写室或自己的书房里钻研着成堆卷帙浩繁的专著，使用着自己触手可及的少量藏书，这些书在书架上、书箱里，或放在桌子上。我们有时把他们生活的时代称为黑暗时代，而在他们研究中使用的设备所展现的机械发明或许会让我们今天的家具制造者自叹弗如。

一种藏书的时尚，把书籍用铺张的费用来装帧，正在日益增长，显然它们要摆放到可以看得见的地方，要考虑到它们昂贵的封面没有损坏之虞。因此有了私人房间里阅览台系统的发展，和像玛格丽特女公爵所拥有的房间的陈设。渐渐地，当书籍成倍增长时，以致个人的财产不敷支付装帧费用，阅览台被放弃了，书都放置到靠墙的架子上，如同我在前一章叙述的公共图书馆里一样。

在罗马巴贝里尼宫（Palazzo Barberini）上层仍有一间这种性质的图书室，自

1　原文是"Seize pas de vuide"，名词"pas"我认为意思是 1 英尺，当放到地面长度为 1 英尺。"步（pace）"这个词，长度为 2 英尺 6 英寸或 3 英寸，而在这里并不适用。

2　*Essays of Michael Seigneur de Montaigne*. Ch Cotton 英译，Vol, III. pp. 53，54。8Vo. London，1741。我感谢朋友西夫金（A. F. Sieveking）先生指出这条参考文献。

*　译文采自马振骋译，《蒙田随笔全集》（中），上海书店出版社 2009 年版，第三卷第三章第 37 页。——编者注

从红衣主教巴贝里尼（Cardinal Francesco Barberini）在 1630 年前后布置以来也许从未变动过。这个房间长 105 英尺，宽 28 英尺，南墙间两扇窗照明极好，柱廊有七扇窗户。书架放在房间周围三面，离墙不远，以便给一个柱廊和通向它的台阶留下空间。书柜用有凹槽的 5 英尺高的爱奥尼亚式柱子分割成隔间。这样都放在一个 14 英寸宽的平卧书架上，架下面有装文件的抽屉和一排对开本。从地板到柱子底座这部分结构高 3 英尺。这柱子上面是飞檐，其中一部分用来放书。这上面又是柱廊，这里的书架摆放的是我描述过的房间下部图书的复本。矮柜风格素朴，沿柜处和房间尽头注明了稍后的日期。这上面是放图书目录的桌子，一对地球仪，一些天文仪器，还有一些在帕莱斯特里纳（Palestrina）发现的坟墓骨灰瓮。这个图书馆的老木工制品从未彩绘或上光，整个房间的外表尤为古色古香而令人愉悦。

图 163 博伊斯教长在自己的书房里，1622 年

另一个例子是由坎特伯雷教长约翰·博伊斯（John Boys，死于 1625 年）书房素描提供的。这幅图（图 163）出现在注明日期为 1622 年的博伊斯作品的扉页，我要补充的是它也出现在坎特伯雷大教堂他的墓上。他穿着老式紧身衣，因而可以把书放到衣襟向外的边上，而他的书架却是流行样式。

在结语里，我要描绘一个塞缪尔·佩皮斯使用过的书柜（图 164）。它们一直在剑桥麦格达伦学院得到保护，其照管与其价值相配，放在新大楼（这是佩皮斯写作《书斋的布置与安排》[Disposition and Settlement of his Library] 的时候）一个房间里，这里是他特为自己的书籍选择的家。每个书柜宽 4 英尺，高 8 英尺，深 1 英尺 6 英寸。底座约 1 英尺 10 英寸高，超过放在它上面的书柜约 6 英寸。其材质为红栎木。这里有 12 个书柜，明显它们檐板装饰是不同的，因而它们并不是同一时间

图 164　剑桥麦格达伦学院佩皮斯图书室书柜

建造的。缺少其制造日期的确切记录，可以乐于假设其中一些至少佩皮斯在日记里记录了其送达的日期，1666 年 8 月 24 日：

> 一早起床，在家快速处理了几件事，然后辛普森（Sympson）来为我的书安装另一个新书柜；随后他和我卸下新壁橱的设备，并从旧壁橱里取出东西。他给我干了一个白天，并和我共同进餐，经过整个下午，一直干到天很黑了。挂好物品（我的地图、绘画和通风设备），布置自己的图书，力所能及，直到自己满意为止。因而我认为这个书橱和别的一样高雅，光线也很充足，若再亮点儿会更好。

当我开始写这部论著时，现在已到强加于自己的极限。让我在结束全书前最后说几句话。我想指出中世纪的图书收藏者和建造者都并不出于妒忌而精心保护自己的写本，而只是因为他们花了高价来抄写它们。他们承认其中有我所说的个人因素；他们用人的感觉与温情来钻研它们。喜欢像让他们感到荣耀的客人一样留它们住宿，大家读到《书之爱》会觉得其中每页都弥漫着这种情感，我想这也可以解释精心的防窃措施了。同样精心来管理布置书房，使其井井有条、整齐有序，可以毫不费力和迅速的找到每一本书。洋溢的感激之情随着一册新书的到来而令人愉悦。

本书中，我们从技术角度回顾了各类图书馆。水火不容，情感与事实有别，要试着将其折中是徒劳的。我要提醒自己的读者，我们不会离中世纪的标准太远，尽管有些人也许希望如此。当我们步入剑桥王后学院图书馆时，这是大学图书馆里最古老的部分，从 15 世纪一直延续到今，难道我们不为我试图暗示的感情所感动吗，

320 实际上就像利兰（John Leland）初次看到格拉斯顿伯里的图书馆时一样？

再者作为另一种与之紧密相连的情感，大学或学院的成员会比他人更为感动，我指这种心心相惜的情感。即便感情最冷漠的人也会记起其地板曾被过去伟大的学者所踏足。伊拉斯谟会坐在窗前凳子上，读着我们自己刚要借阅的书籍。

而这些藏书中现今的书也不会被遗忘。今日的作者在过去作者旁有一席之地，受到同样的呵护照料。所有方面我们都看到进步。阅览台和书柜仍在使用，让旧式记忆常新；它们旁边 20 世纪朴素的书架忍辱负重地见证着其对更多空间不断的需求以便来容纳大量当今文学图书的涌入。一边我们看到过去，另一边看到现在，二者都被赋予了丰盈而活泼的生命。

附录
梵蒂冈图书馆的装饰

这个图书馆装饰系统的布置十分有趣，我在第一章已作了概述，有证据表明它 是如此匠心独运，我对此细加补充。因埃尔勒神父的好意，他是图书馆的长官，我能在最近一次访问罗马期间写出来。和这个描述相联系的图解式平面图（图18），如果与总视图（图16）一起研究，那就会对这一主题之间的相互关系有一个清楚的了解。假定一个来访者从东端的门厅进入图书馆，窗间墙、窗户、墙上壁画的标识，也是从同一端开始的。再者，假定来访者先从每个窗内墙的东面开始观察，然后转到左侧。

我要开始从中间的窗间墙和半窗间墙上的人物开始。人物都画在壁画上，比真人尺寸还大；他们头上的文字还让人以为是他们创作的。

1. 靠东墙的壁柱
亚当（ADAM）

一位高大健壮的人物穿着宽大长袍。他左手拿着一个苹果，右手一把鹤嘴锄。

Adam divinitus edoctus primus scientiarum et litterarum inventor.（亚当受神的指点，最先发现知识。）

2. 第一窗间墙

（a）亚伯拉罕（ABRAHAM）

Abraham Syras et Chaldaicas literas invenit.（亚伯拉罕发明了叙利亚和迦勒底文字。）

（b）塞特诸子（THE SONS OF SETH）

Filii Seth columnis duabus rerum caelestium disciplinam inscribunt.（塞特之子将天国的道理铭刻于两柱之上。）

（c）以斯拉（ESDRAS）

Esdras novas Hebraeorum litteras invenit. （以斯拉重新发现了希伯来文字。）

(d) 摩西（MOSES）

Moyses antiquas Hebraicas litteras invenit. （摩西发明了古代希伯来文字。）

这面窗间墙周围的书柜檐板上有如下铭文：

(a) Doctrina bona dabit gratiam. （明哲的规劝使人蒙恩。）* Prov. xiii. 15. （《箴言篇》13 : 15）

(b) Volo vos sapientes esse in bono. （所以我们该追求平安的事。）Rom. xvi. 19. （《罗马人书》14 : 19）

(c) Impius ignorat scientiam. （恶人却毫不知情。）Prov. xxix. 7. （《箴言篇》29 : 7）

(d) Cor sapientis quærit doctrinam. （明达人的心，寻求智识。） Prov. xv. 14. （《箴言篇》15 : 14）

3. 第二面窗间墙

(a) 墨丘利（MERCURY）

Mercurius Thoyt Ægyptiis sacras litteras conscripsit. （墨丘利为埃及人写下圣典。）

(b) 伊希斯（ISIS）

Isis regina Ægyptiarum litterarum inventrix. （女王伊希斯乃埃及典籍之创造者。）

(c) 梅农（MENON）

Menon Phoroneo æqualis litteras in Ægypto invenit. （梅农，甫洛纽斯王的同代人，在埃及发明了文字。）

(d) 赫克里斯（HERCULES）

Hercules ægyptius Phrygias htteras conscripsit. （埃及人赫克里斯写下了弗里吉亚人的经典。）

书柜的檐板上：

(a) Recedere a malo intelligentia. （远离邪恶就是明智。）Job xxviii. 28. （《约伯传》

---

* 《圣经》引文采用思高本的译文，下同。——编者注

28：28)

(b) Timere Deum ipsa est sapientia.（敬畏上主就是智慧。）Job xxviii. 22.（《约伯传》
28：28)

(c) Faciendi plures libros nullus est finis.（书不论写多少，总没有止境。）Eccl. xii.
12.（《训道篇》12：12)

(d) Dat scientiam intelligentibus disciplinam.（赐智者以智慧，赐识者以聪敏。）
Dan. xi. 12.（《达尼尔书》2：21)

4. 第三面窗间墙

(a) 菲尼克斯（PHOENIX）

Phoenix litteras Phoenicibus tradidit.（菲尼克斯将文字传授给腓尼基人。）

(b) 刻克洛普斯（CECROPS）

Cecrops Diphyes primus Athemensium rex Græcarum litteratum auctor.（刻克洛
普斯，雅典首任国王，是希腊文字的缔造者。）

(c) 利努斯（LINUS）

Linus Thebanus litterarum Græcarum inventor.（底比斯的利努斯发明了希腊文字。）

(d) 卡德摩斯（CADMUS）

Cadmus Phœnicis frater litteras xvi in Græciam intulit.（卡德摩斯，菲尼克斯的兄弟，
把十六个字母引入希腊。）

书柜的檐板上：

(a) In malevolam animam non introibit sapientia.（智慧不进入存心不良的灵魂里。）
Sap. i. 4.（《智慧篇》1：4)

(b) Habentes solatio sanctos libros.（因为有我们手中的圣经作安慰。）I Mach. xii.
9.（《玛加伯上》12：9)

(c) Cor rectum inquirit scientiam.（正直的心寻求知识。）Prov. xxvii. 21.（《箴言篇》
27：21)

(d) Sapientiam qui abiicit infelix est.（轻视智慧的人是有祸的。）Sap. iii. 11.（《智

慧篇》3：11）

323

5. 第四面窗间墙

（a）毕达哥拉斯（PYTHAGORAS）

Pythagoras. Y. litteram ad humanæ vitæ exemplum invenit.（毕达哥拉斯发明了字母 Y，象征人生。）

（b）帕拉墨得斯（PALAMEDES）

Palamedes bello Troiano Græcis litteris quattuor adiecit.（帕拉墨德斯在特洛伊战争时，加入四个希腊字母。）

（c）西摩尼得斯（SIMONIDES）

Simonides Melicus quattuor Græcarum litterarum inventor.（西摩尼得斯发明了四个希腊字母。）

（d）埃庇卡摩斯（EPICHARMUS）

Epicharmus Siculus duas Græcas addidit litteras.（西西里人埃庇卡摩斯为希腊字母表添加了两个字母。）

书柜的檐板上：

（a）Qui evitat discere incidet in mala.（因羞愧而离开知识的人会堕入邪恶。）Prov. vii. 16.（《箴言篇》7：16）

（b）Non glorietur sapiens in sapientia sua.（智者不应夸耀自己的智慧。）Ier. ix. 23.（《耶肋米亚书》9：23）

（c）Si quis indiget sapientia postulet a Deo.（你们中间若有求智慧的，应当求上帝赐予。）Iac. i. 15.（《雅各伯书》1：15）

（d）Melior est sapientia cunctis pretiosissimis.（任何可贪婪的事都不能与智慧伦比。）Prov. viii. 11.（《箴言篇》8：11）

6. 第五面窗间墙

（a）埃万德尔（EVANDER）

Evander Carment. F. aborigines litteras docuit. （埃万德尔教会最早的居民识字。）

（b）尼科斯特拉塔（NICOSTRATA）

Nicostrata Carmenta latinarum litterarum inventrix. （卡门提斯之女尼科斯特拉塔创造了拉丁文字。）

（c）德马拉托斯（DEMARATUS）

Demaratus Corinthius etruscarum litterarum auctor. （科林斯人德马拉托斯创造了伊特鲁里亚文字。）

（d）克劳狄乌斯（CLAUDIUS）

Claudius imperator tres novas litteras adinvenit. （克劳狄乌斯皇帝增加了三个拉丁字母。）

书柜的檐板上：

（a）Non erudietur qui non est sapiens in bono. （不聪明人的不易受教。）Eccl. xxi. 14. （《训道篇》21：14）

（b）Viri intelligentes loquantur mihi. （且听我说话的人，必要对我说。）Iac. xxxiv. 34. （《约伯传》34：34）

（c）Non peribit consilium a sapiente. （没有智者，计谋不会因此缺乏。）Ier. xviii. 18. （《耶肋米亚书》18：18）

（d）Sapientiam atque doctrinam stulti despiciunt. （只有愚昧人蔑视智慧与规律。）Prov. i. 17. （《箴言篇》1：17）

7. 第六面窗间墙

（a）金口若望（CHRYSOSTOM）

S. Io. Chrysostomus litterarum Armenicarum auctor. （圣金口若望创造了亚美尼亚字母。）

（b）乌尔菲拉（VLPHILAS）

Vlphilas Episcopus Gothorum litteras invenit.（乌尔菲拉主教创造了哥特文字。）

（c）西里尔（CYRII）

324

S. Cyrillus aliarum Illyricarum litterarum auctor.（圣西里尔创造了其他伊利里亚字母。）

(d) 哲罗姆（JEROME）

S. Hieronymus litterarum Illyricarum inventor.（圣哲罗姆创造了伊利里亚字母。）

书柜的檐板上：

(a) Scientia inflat charitas vero ædificat.（但知识只会使人傲慢自大，爱德才能立人。）Cor. viii. 1.（《格林多前书》8：1）

(b) Sapere ad sobrietatem.（不可把自己估计得太高而过了份。）Rom. xii. 3.（《罗马人书》12：3）

(c) Vir sapiens fortis et vir doctus robustus.（智慧人胜于壮士，明智人强于勇士。）Prov. xxiv. 5.（《箴言篇》24：5）

(d) Ubi non est scientia animæ non est bonum.（热诚无谋，诚不可取。）Prov. xix. 2.（《箴言篇》19：2）

8. 靠西墙的壁柱
基督（CHRIST）

我主坐着。头顶上有 A et Ω；手上一本打开的书：

Ego sum A et Ω；principium et finis.（我即是阿尔法，我是欧米加；我是起初和终点。）他脚上：Iesus Christus summus magister, cælestis doctrinæ auctor.（耶稣基督，至高无上的主，神圣教义的作者。）

基督右手是教皇，站着，戴着三重十字架和三重冕。

Christi Domini vicarius.（我主基督的代理）

基督左手是皇帝，也站着，戴着皇冠、剑与披风。

Ecclesiæ defensor.（护教者）

我现在转到墙壁的装饰。窗之间的南墙，是著名图书馆的画像，北墙上是八次基督教护教会议的画像。每个空间装饰着一个宽边，像一个画框。上面中间是主题或下面主题的总标题，如：Bibliotheca Romanorum（罗马图书馆）。每幅画下是描述特别主题的铭文。窗上方拱顶上是一幅巨画，是为纪念西克斯图斯五世给予罗马和世人的恩典。我先描绘这所图书馆，一如之前从房东端开始。

Ⅰ. 西克斯图斯五世和建筑师丰塔纳

（入口右侧）

Sixtus V. Pont. M. Bibliothecæ Vaticanæ aedificationem prescribit.（教皇西克斯图斯五世建立了梵蒂冈图书馆）

教皇坐着。丰塔纳，右手拿着一把圆规，单腿跪着展示已修过的图书馆的平面图。

Ⅱ. 摩西把律法书板交给利未人

（入口左侧）

Moyses librum legis Levitis in tabernaculo reponendum tradit.（摩西在帐篷中将律法书传给利未人。）

摩西把一大卷对开本交给一个利未人，这人身后站着很多利未人。士兵等人站在摩西身后。背景里一排帐篷。

Ⅲ. 希伯来图书馆（BIBLIOTHECA HEBRÆA）

（南侧第一面墙上）

Esdras sacerdos et scriba Bibliothecam sacram restituit.（以斯拉，祭司和文士，重建了圣经藏书室。）

以斯拉，穿着的衣服几乎是罗马式的，站在画中间，他后背一侧转向观察者。一个官员朝向一个装满书的书柜。守门人带入其他人。

Ⅳ. 巴比伦图书馆（BIBLIOTHECA BABYLONICA）

（两幅画）

（a）但以理在巴比伦的教育

Daniel et socii linguam scientiamque Chaldæorum ediscunt.（但以理和同伙研习迦

勒底文字和知识。)

但以理和另一些年轻人在画右侧一张桌上写字读书。稍年长的一群人在他们左侧前面。这些人后面是一把高椅和桌子，就在一群读书写字的男孩桌子下面。背景是一排带桌子的书架，式样很时尚。

(b) 搜索居鲁士的诏书

Cyri decretum de templi instauratione Darii iussu perquiritur. (大流士降旨，查找居鲁士重修圣殿的敕令。)

大流士，戴着王冠，背部一侧面对观察者，给几个年轻人下命令，年轻人从一个书柜里拿出书来，而这个书柜显然是根据梵蒂冈的一个书柜绘制的。

Ⅴ. 雅典图书馆（BIBLIOTHECA ATHENIENSIS）
（两幅画）

(a) 庇西斯特拉图斯在雅典布置一座图书馆

Pisistratus primus apud Græcos publicam bibliothecam instituit. (庇西斯特拉图斯首次在希腊人中间修建图书馆。)

庇西斯特拉图斯，戴着盔甲，身上披一件蓝披风，对一个跪在他面前的老人下达命令，手里拿着一本打开的书。身后一个陪侍的老人把书放在桌上，其他人在阅读。庇西斯特拉图斯身后有一群官员，他们身后又是一个无门书柜，上面放着一排书。

(b) 塞琉古一世复建图书馆

Seleucus bibliothecam a Xerxe asportatam referendam curat. (塞琉古敦促被薛西斯抢走的藏书得以归还。)

仆人拿进书来并匆忙放入柜里。背景里可看到海和船，以及宫殿门。画面生气灵动。

Ⅵ. 亚历山大图书馆（BIBLIOTHECA ALEXANDRINA）
（两幅画）

(a) 托勒密在亚历山大城建的图书馆

Ptolemæus ingenti bibliotheca instructa Hebraeorum libros concupiscit.（巨大的图书馆建成之后，托勒密搜求希伯来文书籍。）

托勒密，穿着王袍，身形庄严，站在中间。与站在他右侧的一位年老的人交谈*。他身后有三个柱廊，其间可以见到书桌与读者。中间柱廊上有关着的书柜，顶端放着一排书。桌下坐着读者，他们背对书柜。

（b）七十子把他们的《圣经》译本献给托勒密

LXXII interpretes ab Eleazaro missi sacros libros Ptolemæo reddunt.（以利亚撒派七十二位译者，为托勒密翻译圣经。）

托勒密坐在观察者右侧的宝座上，左右都是侍从。信使跪在他面前，交给他多册书。

VII. 罗马图书馆（BIBLIOTHECA ROMANORUM）

327

（a）塔尔昆接受《西卜林书》

Tarquinius Superbus libros Sibyllinos tres aliis a muliere incensis tantidem emit.（骄横者塔尔昆最终买回三卷西卜林预言书，而其他几卷被西卜林神女付之一炬。）

塔尔昆在画面中间坐着，从一位年老而庄重的妇人手里接过三卷书。前面一个闪光的火盆里其他几卷书在燃烧。

（b）奥古斯都开放帕拉蒂尼图书馆

Augustus Cæs. Palatina Bibliotheca magnifice ornata viros litteratos fovet.（在金碧辉煌的帕拉蒂尼图书馆中，奥古斯都对文士青眼有加。）

奥古斯都，穿着盔甲，披着皇帝的披风，戴皇冠，持节杖，站在中间偏左。一个坐在他脚下的老人笔录他的口谕，皇帝左侧有五张桌子，五册合上的书放在每张案头。这些桌子很有可能是要再现西克斯图斯四世排列图书馆桌子的方式。两个人，头戴桂冠，站在最后一张桌子后，交谈着。他们身后也是一个在一对柱子间有三排书架的书箱。书都放在书架两侧。书架下是一张桌子，书都敞开放在上面，其余都在下面两侧。

---

*　与托勒密对话的老人可能是以色列祭司以利亚撒。——编者注

Ⅷ. 耶路撒冷图书馆（BIBLIOTHECA HIEROSOLYMITANA）

主教与殉道者亚历山大，在耶路撒冷收集了一批藏书。

S. Alexander Episc. et Mart. Decio Imp. in magna temporum acerbitate sacrorum
　　scriptorum libros Hierosolymis congregat.（德西乌斯皇帝年间，殉道圣徒亚历
　　山大主教于血雨腥风中，在耶路撒冷收藏了圣经写本。）

一幅满是动感的图画占据了两扇窗间的全部空间。亚历山大在图画中间，坐
着。年轻人带入书来，放到书架上。

Ⅸ. 该撒利亚图书馆（BIBLIOTHECA CÆSARIENSIS）

主教与殉道者潘菲鲁斯（Pamphilus），在该撒利亚建了一个图书馆。

S. Pamphilus Presb. et Mart. admirandæ sanctitatis et doctrinæ Cæsareæ sacram
　　biliothecam conficit multos libros sua manu describit.（殉教圣徒潘菲鲁斯长老，
　　德行具足，学问渊博。他在该撒利亚建一所圣教图书馆，并亲手写了很多书
　　籍。）

潘菲鲁斯，在画中间，正对带入一篮书籍的看门人下指示。他左侧一张大桌有
一个写工在抄写。圣哲罗姆坐在画中右角，显然正对写工口授。他们身后是一个带
书架的大书箱，书都放在书架两侧。另一些书放在书箱顶上，旁边一个男人站在一
个梯子上。图画左侧是一张盖着一块绿布的桌子，桌上装帧工匠在工作。桌子前方
是一个木工在准备木板。背景里，通过一扇大窗望出去，可以看到该撒利亚的景色。

328

Ⅹ. 使徒图书馆（BIBLIOTHECA APOSTOLORUM）

圣彼得下令保护书籍

S. Petrus sacrorum librorum thesaurum in Romana ecclesia perpetuo asservari jubet.（圣
　　彼得有令，圣经之宝藏应永远存于罗马城的教会中。）

圣彼得站在一个上面有书籍和一个十字架的圣坛前。前面，早期神学家在一张
矮桌上写字。

［一幅窗户与西墙间的小画］

XI. 主教图书馆（BIBLIOTHECA PONTIFICUM）

圣彼得的继任者继承图书传统。

Romani pontifices apostolicam bibliothecam magno studio amplificant atque illustrant.

（罗马历代教皇都不遗余力地扩建、装修使徒时代的图书馆。）

　教皇，左手放着一册书，热切地与一位红衣主教交谈，他后背一侧转向观察者。另一位教皇和三个上年纪的人在背景里。

[一幅西墙上的小画]

我们现在转到房间东端，描绘了基督教护教会议的代表们，以编年顺序绘在东墙和北墙。

I. II. 第一次尼西亚会议（CONCILIUM NICAENUM I）
（东墙上）

第一次会议公元 325 年在尼西亚召开。

S. Silvestro PP. Constantino Mag. imp. Christus dei Filius patri consubstantialis declaratur Arii impietas condemnatur. （西尔维斯特作教皇时，君士坦丁大帝年间，宣布耶稣作为圣子与圣父具有相同本质，并谴责阿里乌的邪说。）

阿里乌的著作在焚烧。

Ex decreto concilii Constantinus Imp. libros Arianorum comburi iubet. （根据会议的决定，君士坦丁皇帝下令焚烧阿里乌派的书籍。）

III. 第一次君士坦丁堡会议（CONCILIUM CONSTANTINOPOLITANUM I）

第一次会议公元 381 年在君士坦丁堡召开。

S. Damaso PP. et Theodosio sen. imp. Spiritus Sancti divinitas propugnatur nefaria Macedonii hæresis extinguitur. （教皇圣达马苏斯与狄奥多西大帝捍卫圣灵之神性，剪除马其顿邪说。）

Ⅳ. 以弗所会议（CONCILIUM EPHESINUM）

会议于公元 431 年在以弗所召开。

S. Cælestino PP. et Theodosio Jun. Imp. Nestorius Christum divdens damnatur，B. Maria Virgo dei genitrix prædicatur.（教皇切莱斯廷与皇帝狄奥多西二世谴责聂斯脱里分割基督的神性，他们宣布童贞女玛丽亚确为神之母。）

Ⅴ. 卡尔西顿会议（CONCILIUM CHALCEDONENSE）

会议于公元 451 年在卡尔西顿召开。

S. Leone magno PP. et Marciano Imp. infelix Eutyches unam tantum in Christo post incarnationem naturam asserens confutatur.（教皇圣列奥与马尔西安皇帝谴责异端尤提克斯，因他主张耶稣在道成肉身之后只有一种本性。）

Ⅵ. 第二次君士坦丁堡会议（CONCILIUM CONSTANTINOPOLITANUM Ⅱ）

第二次会议公元 553 年在君士坦丁堡召开。

Vigilio Papa et Iustiniano Imp. contentiones de tribus capitibus sedantur Origenis errores refelluntur.（教皇维格琉斯与查士丁皇帝平息了三位一体的争论，驳斥了奥利金的谬说。）

Ⅶ. 第三次君士坦丁堡会议（CONCILIUM CONSTANTINOPOLITANUM Ⅲ）

第三次会议公元 681 年在君士坦丁堡召开。

S. Agathone Papa Constantino pogonato Imp. monothelitæ hæretici unam tantum in Christo voluntatem docentes exploduntur.（教皇圣阿加托与皇帝君士坦丁四世驳斥了一志论派异端，他们主张基督只具备一种意志。）

VIII. 第二次尼西亚会议（CONCILIUM NICAENUM II）

第二次会议公元 787 年在尼西亚召开。

Hadriano papa Constantino Irenes F. imp. impii iconomachi reiiciuntur sacrarum imaginum veneratio confirmatur.（教皇哈德良一世与伊琳娜皇太后将破除偶像派逐出教门，明确了对圣像的崇拜。）

IX. X. 第四次君士坦丁堡会议（CONCILIUM CONSTANTINOPOLITANUM IV）

第四次会议公元 869 年在君士坦丁堡召开。

Hadriano II papa et Basilio imp. S. Ignatius patriarcha Constant. in suam sedem pulso Photio restituitur.（教皇哈德良二世和教皇巴西尔一世驱逐了佛提乌，恢复了君士坦丁堡的宗主教伊格纳修斯的职位。）

佛提乌的书在焚烧。

Ex decreto concilii Basilius Imp. chirographa Photii et conciliab. acta comburi iubet.（根据主教公会的决议，皇帝巴西尔下令将佛提乌的手稿以及辩论记录烧毁。）

结尾我将列举边墙和房间四角半圆壁弧形窗里一系列十八幅大画，并一一进行描绘，是西克斯图斯给予罗马的恩惠，也有几幅例外。这些画中最重要的都在窗上（图 16），每面边壁有七幅。每幅画上的拉丁对句标的主题，和比真人大的寓意人物，进一步指明了所要传达的理念。

这一系列画从房间东端门上开始。

I. 西克斯图斯在他加冕典礼的行进队列。

Hic tria Sixte tuo capiti diademata dantur

Sed quartum in cælis te diadema manet.

（西克斯图斯，你如今头戴三顶冠冕，

但天堂还有第四顶冠冕在等候着你。）

ELECTIO SACRA.　　　　　　MANIFESTATIO.

（神的拣选）　　　　　　　（显明）

在这幅画左上，第一次尼西亚会议上是：

II. 西克斯图斯加冕典礼，在老圣彼得教堂正面。

Ad templum antipodes Sixtum comitantur euntem

Jamque novus Pastor pascit ovile novum.

（万民跟随西克斯图斯来到教堂，

如今，新的牧人牧养新的羊群）

HONOR.　　　　　　　　　　DIGNITAS.

（荣誉）　　　　　　　　　　（尊贵）

下面南墙系列的画从窗上开始：

III. 一幅寓意画面。一只人面狮子，它右爪上一道闪电，站在一座葱绿的山丘上。

周围一群山羊在觅食。

Alcides partem Italiæ prædone redemit

Sed totam Sixtus：dic mihi major uter.

（阿尔喀德斯让意大利局部免于劫掠，

西克斯图斯却拯救了全境：告诉我谁更伟大？）

IUSTITIA.　　　　　　　　　　CASTIGATIO.

（公义）　　　　　　　　　　（惩罚）

IV. 老圣彼得教堂前的方尖碑，后面升起穹顶。

Dum stabit motus nullis Obeliscus ab Euris

Sixte tuum stabit nomen honosque tuus.

（如同方尖碑在风中屹立不动，

西克斯图斯，你的名声与荣光长存。）

RELIGIO.　　　　　　　　　　MAGNIFICENTIA.

（宗教）　　　　　　　　　　（庄严）

V. 一幅寓意画面。一株满挂果实的树，一只狮子试着爬上去。

下面一群羊。

Temporibus Sixti redeunt Saturnia regna

Et pleno cornu copia fundit opes.

（西克斯图斯秉政，黄金时代回返，

财富源源不断地流淌。）

CHARITAS.
(仁爱)

LIBERALITAS.
（自由）

Ⅵ. 一个旋转圆柱顶上有一个雕像。

Ut vinclis tenuit Petrum sic alta columna

Sustinet；hinc decus est dedecus unde fuit.

（捆绑彼得的圆柱，如今是西克斯图斯的

支撑；昔日的羞辱，变成如今的荣光。）

SUBLIMATIO.
(崇高)

MUTATIO.
（变迁）

Ⅶ. 人群聚集在教堂前。

Sixtus regnum iniens indicit publica vota

Ponderis o quanti vota fuisse vides.

（西克斯图斯接任教皇，当众祷告，

哦，他的祈祷多么有力！）

SALUS GENERIS HUMANI.
(全人类的拯救)

PIETAS RELIGIONIS.
（虔诚）

Ⅷ. 拉特兰宫，带有洗礼堂和方尖碑。

Quintus restituit Laterana palatia Sixtus

Atque obelum medias transtulit ante fores.

（西克斯图斯五世重建了拉特兰宫殿，

将方尖碑移至门前。）

SANATIO.
(治愈)

PURGATIO.
（洁净）

IX. 一个西克斯图斯建造的喷泉。

Fons felix celebri notus super æthera versu

Romulea passim iugis in urbe fluit.

（潺潺流动的清泉，沿着水道，

在罗马城中四处流淌。）

MISERATIO.　　　　　　　　　　BENIGNITAS.

（怜悯）　　　　　　　　　　　　（良善）

下面两幅画在从图书馆西端通向走廊拱顶上：

X. 西克斯图斯所改变的罗马主景。

Dum rectas ad templa vias sanctissima pandit

Ipse sibi Sixtus pandit ad astra viam.

（他修建通往教堂的笔直大道，

如同为自己修建通往天堂的路。）

LÆTIFICATIO.　　　　　　　　　NOBILITATIO.

（欢乐）　　　　　　　　　　　　（高贵）

XI. 一幅三重冕的寓意画。

Virgo intacta manet nec vivit adultera coniux

Castaque nunc Romana est quæ fuit ante salax.

（童女无恙，而淫妇败亡，

荒淫的罗马如今懂得贞洁。）

CASTITAS.　　　　　　　　　　　DEFENSIO.

（纯洁）　　　　　　　　　　　　（捍卫）

下面是北墙系列画的开始：

XII. 圣彼得教堂带穹顶的一部分。

Virginis absistit mirari templa Dianæ

Qui fanum hoc intrat Virgo Maria tuum.

（走过你圣殿的，是童贞女玛丽亚

她不会再羡慕贞女狄安娜的庙宇。）

ÆQUIPARATIO. 　　　　　　　　　　POTESTAS.

（平均）　　　　　　　　　　　　　　（大能）

XIII. 尼禄竞技场中的方尖碑。

Maximus est obelus circus quem maximus olim

Condidit et Sixtus maximus inde trahit.

（方尖碑埋在竞技场的废墟之下，

而西克斯图斯挖掘复建。）

REÆDIFICATIO. 　　　　　　COGNITIO VERI DEI.

（改过）　　　　　　　　　　　（认识真神）

XIV. 台伯河，还有西斯托桥和圣灵医院。

Quæris cur tota non sit mendicus in Urbe：

Tecta parat Sixtus suppeditatque cibos.

（全城人因何没有沦为乞丐？

因西克斯图斯让人衣食无忧。）

CLEMENTIA. 　　　　　　　　　OPERATIO BONA.

（仁慈）　　　　　　　　　　　　（善功）

XV. 一幅相似的景象。

Iure Antoninum paulo vis Sixte subesse

Nam vere hic pius est impius ille pius.

（你将安东尼的石柱置于保罗雕像之下；

因他不敬上帝，而保罗信心坚固。*）

ELECTIO SACRA. 　　　　　　　VERA GLORIA.

（神的拣选）　　　　　　　　　（真正的荣耀）

---

　* 西克斯图斯重建的是马可·奥勒留的石柱，而当时误以为是安东尼的石柱。——编者注

XVI. 一幅带方尖碑的相似景象。

Transfers Sixte pium transferre an dignior alter

Transferri an vero dignior alter erat.

（西克斯图斯，你和庇护教皇，

你二人的德行不分轩轾。）*

RECOGNITIO.   GRATITUDO.

（思量）   （感恩）

XVII. 方尖碑，现在圣彼得教堂前，在它被移走前。

Qui Regum tumulis obeliscus serviit olim

Ad cunas Christi tu pie Sixte locas.

（西克斯图斯，你迁移了曾经在山间保卫王国的方尖碑，

放到了耶稣童年的地方。）

OBLATIO.   DEVOTIO.

（献祭）   （敬慕）

XVIII. 一支海上舰队。

Instruit hic Sixtus classes quibus æquora purget

Et Solymos victos sub sua iura trahat.

（西克斯图斯召集舰队，肃清海面，

击败苏尔摩人，使其臣服。）

PROVIDENTIA.   SECURITAS.

（神意）   （安宁）

---

* 此诗为意译，西克斯图斯五世早年受到庇护五世的奖掖提携，后来在圣母玛丽大教堂
（Santa Maria Maggiore）为庇护五世和他自己建造了双子墓。事见达菲（Eamon Duffy）的
《教皇史》（*History of the Popes*）。因而这句诗是指此事。——编者注

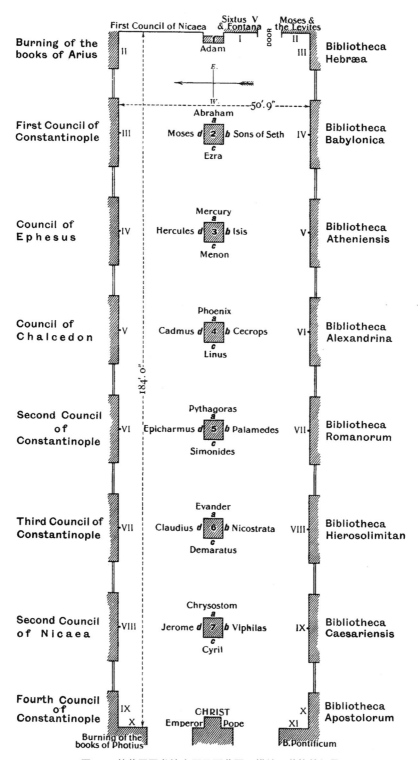

图 18　梵蒂冈图书馆大厅平面草图，描绘了装饰的记录

分布总览

格拉斯顿伯里

格洛斯特

戈顿

格兰瑟姆

吉尔福德

赫里福德：万圣大教堂

杰尔沃

科克斯塔尔

兰格利

利奇菲尔德

林肯

利物浦

伦敦：理发师兼外科医生和牙医协会

    克里斯托弗·勒·斯托克（圣）

    基督医院

    格雷法学院

    林肯法学院

    保罗大教堂（圣）

曼彻斯特

米欧

玛奇·温洛克

奈特利

诺维奇

牛津：博德利图书馆

    圣母玛丽教堂

    学院

      万灵

      布拉森诺斯

坎特伯雷

红衣主教

基督圣体

达勒姆

耶稣

施洗者约翰（圣）

麦格达伦

默顿

新

奥利尔

王后

三一

大学

伍斯特

彼得伯勒

拉姆塞

里文顿

罗歇

索尔斯伯里

廷特恩

蒂奇菲尔德

瑟顿

威尔士

威斯敏斯特

韦姆伯恩

温切斯特

伍斯特

约克

334

法国

阿伦森

拜约

卢瓦河畔的伯努瓦（圣）

西多

克莱沃

克吕尼

科尔比

克鲁亚斯

弗洛利＝卢瓦河畔的伯努瓦

弗罗德蒙

胡米耶格

梅斯敏（圣）

米希

努瓦永

奥巴辛

巴黎：奥登学院

　　热纳维埃（圣）

　　日耳曼（圣）：奥克塞尔

　　卢浮宫

　　马丁（圣）尚佩

　　马扎林

335　　医学院

　　纳瓦尔学院

　　索邦

里姆斯：维克多（圣）

　　耶稣会

　　雷米（圣）

利奎尔

卢昂：大教堂

　　欧文（圣）

图尔奈：马丁（圣）

图尔：加泰恩（圣）

提洛耶

旺多姆

凡尔塞

德国

班贝格

洛施

纽伦堡

希腊

雅典

荷兰与比利时

根特

格隆恩达尔

卢瓦

祖特芬

意大利

阿西西

博比奥

博洛尼亚

切塞纳

佛罗伦萨：马可（圣）

　　美第奇图书馆

弗萨·诺瓦

赫库兰尼姆

米兰：安布罗斯图书馆

卡西诺山

奥利维托山

诺拉

罗马：巴贝里尼宫

　　大格列高利（圣）

罗马：达马苏斯圣劳伦斯（圣）

锡耶纳

提沃里

乌尔比诺

（梵蒂冈宫）

维瓦琉姆

西班牙

埃斯科里西尔

彭尼斯科拉

瑞士

盖尔（圣）

非　洲

亚历山大里亚

西尔塔

登德拉

希波

亚　洲

小亚细亚

帕伽马

亚述

德尔

尼尼微

巴勒斯坦

该撒利亚

耶路撒冷

主要参考书目

ABINGDON : *Chronicon Monasterii de Abingdon.* Ed. J. Stevenson, M.A. [Rolls Series.] 2 vols. 8vo. 1858.

——: *Accounts of the Obedientiaries.* Ed. R. E. G. Kirk. [Camden Soc.], 1892.

ANSTEY, H.: *Munimenta Academica, or, Documents illustrative of Academical Life and Studies at Oxford.* [Rolls Series.] 2 vols. 8vo. Lond., 1868.

ANTICHITÀ di Ercolano. fol. Napoli, 1779.

ARNAUD, A. F.: *Voyage archéologique dans le Département de l'Aube.* 4to. Troyes, 1837.

ARTE della Stampa nel Rinascimento Italiano (Venezia). 4to. Venezia, 1894.

BECKER, G.: *Catalogi Bibliothecarum Antiqui.* 8vo. Bonn, 1885.

BEDE: *Venerabilis Baedae Opera Historica.* Ed. C. Plummer, M.A. 2 vols. 8vo. Oxf., 1896.

BENEDICT (S.): *Regula monachorum* (text). Ed. E. Woelfflin. 8vo. Leipzig, Teubner, 1895.

——: *The Rule of our most holy Father* (Engl. translation and notes). 8vo. Lond., Burns and Oates, 1886.

BIRCH, W. de Gray: *Early Drawings and Illuminations.* 8vo. London, 1889.

BLADES, W.: *Books in Chains.* 16mo. Lond., 1892.

BOHN, Ri.: *Das Heiligtum der Athena Polias Nikephoros.* [*Altertümer von Pergamon,* fol. Berl., 1885. Band II.]

BOSCHA, P. P.: *De Origine et statu Bibliothecæ Ambrosianæ.* 1671. [Graevius, *Thes. Ant. et Hist. Italiæ,* IX. 6.]

BOUILLART, J.: *Histoire de l'abbaye royale de Saint Germain des Pres.* fol. Par., 1724.

BRADSHAW, H.: Two lists of Books in the University Library. [*Camb. Antiq. Soc. Comm.,* II. 239. (17 Nov. 1862.) Reprinted in *Collected Papers of Henry Bradshaw,* 8vo. Camb., 1889.]

BREWER, J. S.: *Monumenta Franciscana.* [Rolls Series.] 8vo. 1858.

BROWER, C., and J. Masen: *Antiquitatum et Annalium Trevirensium libri xxv.* 2 vols. fol. Leyden, 1670.

BURY, Richard de: *Philobiblon.* Ed. E. C. Thomas. 8vo. Lond., 1888.

BURY S. Edmunds: *Memorials of S. Edmund's Abbey.* Ed. T. Arnold. [Rolls Series.] 8vo. 1890.

BUTLER, Dom Cuthbert: *The Lausiac History of Palladius.* 8vo. Camb., 1898.

CAMBRIDGE University: *Documents relating to the University and Colleges of Cambridge.* 3

vols. 8vo. Lond., 1852. [Publ. by direction of H.M.'s Commissioners.]

CASSIODORUS: *De Inst. Div. Litt.* (see esp. Chap. xxx). [Migne, *Patrologia*, vol. LXX.]

CASTELLANI, C.: *Le Biblioteche nell' Antichità.* 16mo. Bologna, 1884.

CATALOGI veteres librorum Eccl. Cath. Dunelm. 8vo. Lond. 1838 [Surtees Soc.].

CATALOGUE des Manuscrits Grecs de la Bibl. Imp. Publ. de St Pétersbourg. Ed. de Muralt. 8vo. Petersb., 1864.

CATALOGUE général des Manuscrits des Bibliothèques Publiques de France (Départements). 5 vols. 4to. Paris, 1849–85; and 8vo. Paris, 1885– .

CHRISTIE, R. C.: *Old Church and School Libraries of Lancashire.* 4to. Manchester, 1885. [Chetham Society.]

CHURCH, C. M.: Notes on the buildings, books, and benefactors of the Library of the Dean and Chapter of the Cathedral Church of Wells. [*Archaeologia*, Vol. 57. Read 6 Dec., 1900.]

CLAIRVAUX : Un grand monastère au XVIme siècle. [Didron, *Annales Archéologiques*, 1845, VII. 228.]

CLARK, J. W.: Notes on chained libraries at Cesena, Wells, and Guildford. [*Camb. Ant. Soc. Proc. and Comm.*, 8vo. 1891. Read 26 Oct., 1891.]

——: On some fragments of seventeenth century bookcases at Clare College. [*Camb. Ant. Soc. Proc. and Comm.*, 8vo. 1891. Read 11 Nov., 1891.]

——: On ancient libraries: (1) Christ Church, Canterbury; (2) Citeaux, Clairvaux;(3) Zutphen, Enkhuizen. [*Camb. Ant. Soc. Proc. and Comm.*, VIII. 1891. Read 7 May, 1894.]

——: On ancient libraries: (1) Lincoln Cathedral; (2) Westminster Abbey; (3) S. Paul's Cathedral. [*Camb. Ant. Soc. Proc. and Comm.*, IX. 1899. Read 18 Feb., 1896.]

——: *The Observances in use at the Augustinian Priory of S. Giles and S. Andrew at Barnwell.* 8vo. Camb., 1897.

——: On the Vatican library of Sixtus IV. [*Camb. Ant. Soc. Proc. and Comm.*, X. 1899. Read 6 March, 1899.]

CONZE, Alex.: Die Pergamenische Bibliothek. [*Sitzungsberichte der Königl. Preuss. Akad. der Wiss. zu Berl.*, 1884, II. 1259.]

CORRIE, G. E.: Catalogue of the Books given to Trinity Hall, Cambridge, by the Founder. [*Camb. Ant. Soc. Comm.*, II. 72 (Read 18 Feb. 1861).]

D'ACHERY, L.: *Spicilegium.* fol. Par., 1723.

DELISLE, Léopold : Du prêt des livres dans l'Abbaye de Saint Ouen sous Charles V. [*Bibl. de l'École des Chartes*, Ser. III. Tom. I. 1849, p. 225.]

——: *Cabinet des Manuscrits.* 4 vols. 4to. Paris, 1868—1881.

DENNISTOUN, J.: *Memoirs of the Dukes of Urbino.* 3 vols. 8vo. Lond., 1851.

DIBDIN, T. F.: *Bibliotheca Spenceriana.* 4 vols. 8vo. Lond., 1814—15.

——— : *Bibliographical...Tour in France and Germany.* 3 vols. 8vo. Lond., 1821.

DURHAM: *Rites of Durham.* 8vo. Lond. 1844. [Surtees Soc.]

DZIATZKO, Karl: Die Bibliotheksanlage von Pergamon. [*Beiträge zur Kenntnis des Schrift Buch und Bibliothekswesens.* 8vo. Leipzig, 1896. Heft 10.]

——: Bibliotheken [article in *Real Encyclopädie*, Ed. Georg Wissowa], 1899.

EDWARDS, E.: *Memoirs of Libraries.* 2 vols. 8vo. Lond., 1859.

——: *Libraries and Founders of Libraries.* 8vo. Lond., 1865.

——: *Lives of the Founders of the British Museum.* 8vo. Lond., 1870.

EHRLE, F.: Die ältesten Redactionen der Generalconstitutionen des Franziskaner-ordens. [*Archiv für Literatur...des Mittelalters*, VI. pp. 1–138.]

ELMES, J.: *Memoirs of the life and works of Sir C. Wren.* 4to. Lond., 1823.

ENLART, Geo.: *Origines Françaises de l'Architecture Gothique en Italie.* 8vo. Par., 1894. [Bibl. des Écoles Françaises d'Athènes et de Rome. Fasc. 66.]

EVESHAM: *Chronicon Abbatiae de Evesham.* Ed. W. D. Macray. [Rolls Series.] 8vo. Lond., 1863.

——: *Liber Evesham.* 8vo. Lond. 1893. [Hen. Bradshaw Soc.]

FABRE, P.: *La Vaticane de Sixte IV.* 8vo. Paris, 1895. [École Française de Rome, Mélanges.]

FAUCON, M.: *La Librairie des Papes d'Avignon.* (2 tom. 8vo. Paris, 1886–7.) [Bibl. des Écoles Françaises d'Athènes et de Rome.]

FLEURY-sur-Loire: *Floriacensis vetus Bibliotheca.* 8vo. Lyons, 1605.

FLOYER, Rev. J. K.: A thousand years of a Cathedral library. [*The Reliquary*, Jan., 1901.]

FRANKLIN, Alf.: *Les Anciennes Bibliothèques de Paris.* 3 vols. 4to. Paris, 1867–1873.

FULLER, T.: *History of the University of Cambridge.* Ed. Prickett and Wright. 8vo. Cambridge, 1840.

GARRUCCI, P. R.: *Arte Christiana.* 6 vols. fol. Prato, 1873—1881.

GASQUET, Fra. Aidan: Some Notes on Medieval Monastic Libraries. [*The Downside Review*, vol. X., 1891.]

GÉRAUD, H.: *Essai sur les Livres dans l'Antiquité.* 8vo. Paris, 1840.

GOTTLIEB, T.: *Ueber Mittelalterliche Bibliotheken.* 8vo. Leipzig, 1890.

GOYAU, G., A. Pératé, et P. Fabre : *Le Vatican.* Paris, 1895.

GUIGNARD: *Les monuments primitifs de la Règle Cistercienne.* 8vo. Dijon, 1878.

GUIGO, Prior Carthusiæ: *Statuta et Privilegia Ordinis Carthusiensis.* fol. Basle, 1510.

HAEFTEN, B.: *S. Benedictus illustratus, sive disquisitionum monasticarum lib. XII.* fol. Ant., 1644.

HARRISON, Jane E.: *Mythology and Monuments of Ancient Athens.* 8vo. London, 1890.

HARWOOD, Rev. Tho.: *History and Antiquities of the Church and City of Lichfield.* 4to. Gloucester, 1806.

HAVARD, H.: *Dictionnaire de l'Ameublement et de la Décoration.* 4to. Paris, 1887—1890.

HAVERGAL, F. T.: *Fasti Herefordenses.* 4to. Edinb., 1869.

HENDERSON, B. W.: *Merton College*. 8vo. Lond., 1899.

HOBHOUSE, Edm.: *Sketch of the Life of Walter de Merton*. 8vo. Oxf., 1859.

HODGKIN, Tho.: *The Letters of Cassiodorus*. 8vo. Lond., 1886.

HOLSTEN, L.: *Codex Regularum*. fol. Aug. Vind. 1759.

HOPE, W. H. St John: Notes on the Benedictine Abbey of S. Peter at Gloucester. [*Records of Gloucester Cathedral*, 1897.]

——: Inventories of parish Church of S. Peter Mancroft, Norwich. [Norfolk and Norwich Archæol. Soc., vol. xiv.]

——: The Abbey of S. Mary in Furness, Lanc. [*Trans. Cumb. and West. Antiq. and Archæol. Soc.*, vol. xvi.]

——: Fountains Abbey, Yorkshire. [*Yorkshire Archæological Journal*, XV., 1900.]

INGRAM, J.: *Memorials of the Colleges and Halls in the University of Oxford*. 8vo. Oxf., 1847.

ISIDORE: *Opera Omnia*. 4to. Rome, 1803.

JACKSON, T. G.: *Church of S. Mary the Virgin, Oxford*. 4to. Oxf., 1897.

JAMES, M. R.: On the Abbey of S. Edmund at Bury: I. The Library; II. The Church. [*Camb. Ant. Soc. Oct. Publ.*, No. XXVIII., 1895.]

——: Ancient Libraries of Canterbury. [*The Guardian*, 18 May, 1898.]

——: *Catalogue of the MSS. in the Library of Peterhouse*. 8vo. Camb., 1899.

JUBAINVILLE, H. D'Arbois : *Études sur l'état intérieur des Abbayes Cisterciennes et de Clairvaux*. 8vo. Paris, 1858.

KEMPIS, Tho. à : *Opera*, fol. Par., 1523.

KENYON, F. G.: *Palæography of Greek Papyri*. 8vo. Oxf., 1899.

LABORDE, le Comte de : *De l'Organisation des Bibliothèques dans Paris*. 8vo. Paris, 1845.

LACROIX, P.: *Les Arts au Moyen Age et à l'Époque de la Renaissance*. 4to. Paris, 1869.

LANCIANI, R. [Commissione Archeologica Comunale di Roma, Ann. x. Ser. 11., 1882.]

——: *Ancient Rome*. 8vo. Lond., 1888.

——: *Ruins and Excavations of Ancient Rome*. 8vo. Lond., 1897.

LANGLOIS, l'Abbé P.: *Recherches sur les Bibliothèques des Archevêques et du Chapitre de Rouen*. 8vo. Rouen, 1853.

——: *Nouvelles Recherches* [etc.]……1854.

LAYARD, Sir Hen.: *Discoveries in the Ruins of Nineveh and Babylon*. 2 vols. 8vo. Lond., 1853.

LENOIR, A.: *Architecture Monastique*. 4to. Par., 1852.

LE PAIGE, F. J.: *Bibl. Præmonstratensis Ordinis*. fol. Paris, 1633.

LEVASSEUR : *Annales de l'Église Cathédrale de Noyon*. 4to. Paris, 1633.

MACRAY, W. D.: *Annals of the Bodleian Library, Oxford*. 8vo. Oxf., 1890.

MADAN, F.: *Books in Manuscript*. 8vo. Lond., 1893.

MAITLAND, S. R.: *The Dark Ages*. 8vo. Lond., 1890.

MARTENE, E.: *Thesaurus novus Anecdotorum*. fol. Par., 1717.

MEAUX in Holderness: Chronica monasterii de Melsa. Ed. E. A. Bond. [Rolls Series.] 1866–8.

MENANT, Joachim : Bibliothèque du Palais de Ninève. 8vo. Paris, 1880.

MERRYWEATHER, F. S.: *Bibliomania in the Middle Ages*.16mo. Lond., 1849.

MICKLETHWAITE, J. T.: Notes on the Abbey Buildings of Westminster. (*Arch.Journ.*, vol. XXXIII, 1876.)

MIDDLETON, J. H.: *Remains of Ancient Rome*. 2 vols. 8vo. Lond., 1892.

MILAN : *Gli Istituti Scientifici...di Milano*. 8vo. Milan, 1880.

MOLÉON, le Sieur de : *Voyage Liturgique de la France*, 8vo. Paris, 1718.

MONASTICON GALLICANUM. 4to. Paris, 1882.

MONTAIGNE, M. de: *Journal du Voyage en Italie*. Ed. Alessandro d' Ancona. 8vo. Città di Castello, 1895.

MORTREUIL, T.: *La Bibliothèque Nationale*. 8vo. Paris, 1878.

MUCCIOLI, J. M.: *Catalogus Codicum MSS. Malatestianæ Cæsenatis Bibliothecæ*. 2 vols. fol. *Cæsenæ*, 1780—84.

MÜNTZ, E.: *Les Arts à la Cour des Papes pendant le XVe et le XVIe Siècle*. [Bibl. des Écoles Françaises d'Athènes et de Rome.] 8vo.

——— et P. Fabre: *La Bibliothèque du Vatican au XVe Siècle*. 8vo. Paris, 1887. [ibid.]

NIBBY, A.: *Roma Antica*. 8vo. Roma, 1839.

NOAKE, John : *Monastery and Cathedral of Worcester*. 8vo. Lond., 1866.

OPTATUS : *De schismate Donatistarum*. fol. Par., 1702.

OXFORD University : *Statutes of the Colleges of Oxford*. 3 vols. 8vo. Oxf. and Lond., 1853. [Publ. by direction of H.M.'s Commissioners.]

PAPINI, F. N.: *L'Etruria Francescana*. 4to. Siena, 1797.

PASTOR, L.: *History of the Popes*. English translation. 6 vols. 8vo. Lond., 1899.

PAULINUS, bp of Nola: *Epistolæ*. [Migne, *Patrologia*, vol. LXI.]

PETERSEN, E.: Der Sarkophag eines Artzes. [*Mittheilungen des K. D. Arch. Inst. Roms*, 1900. Band xv.]

PETIT-RADEL, L.-C.-F.: *Recherches sur les Bibliothèques Anciennes et Modernes*. 8vo. Paris, 1819.

REYNER, C.: *Apostolatus Benedictinorum in Anglia*, fol. Douai, 1626.

ROSSI, G. B. de: Oratorio privato del secolo quarto. [*Bull. di Archeologia Christiana*, Ser. III., 1876, p. 48.]

———: *De Origine Historia Indicibus Scrinii et Bibliothecæ Sedis Apostolicæ commentatio*. 4to. Romæ, 1886.

SAINT ALBANS : *Gesta Abbatum Monasterii sancti Albani*. Ed. H. T. Riley. [Rolls Series.] 8vo. 1867—1869.

SCHWARZ, C. G.: *De Ornamentis Librorum*. 4to. Lips., 1756.

SEINE-INFÉRIEURE: *Inventaire-Sommaire des Archives départementales anterieures à 1790*. 4to. Paris, 1874, vol. II.

SHAW, Stebbing: *History and Antiquities of Staffordshire*, fol. Lond., 1798.

SMITH, Wm: *Annals of University College, Oxford*. 8vo. Newcastle-on-Tyne, 1728.

SPECULUM PERFECTIONIS. Ed. Sabatier. 8vo. Paris, 1898.

STEVENSON, H.: *Topografia e Monumenti di Roma nelle Pitture a fresco di Sisto V. della Bibl. Vat*. [AL sommo Pontefice Leone XIII. omaggio giubilare della Biblioteca Vaticana. fol. Rome, 1881.]

THOMPSON, Sir E. M.: *Handbook of Greek and Latin Palæography*. Ed. II., 8vo. Lond., 1894.

TROLLOPE, Rev. W.: *History of Christ's Hospital*. 4to. Lond., 1834.

TURTON : *Bibliographical notices of the Church Libraries at Turton and Gorton*. [Chetham Society.] 4to. 1855.

VENABLES, E.: Sir C. Wren's Library in Lincoln Cathedral. [*The Builder*, 2 April, 1892.]

VIENNA: *Die Hof-Bibliothek in Wien*. Text von Dr Camillo List. 4to. Wien 1897.

VIOLLET-LE-DUC, E. E.: *Dictionnaire raisonné de 1'Architecture Française du XIe au XVIe siècle*. 10 vols. 8vo. Paris, 1858—1868.

——: *Dictionnaire raisonné du Mobilier Français*. 8vo. Paris, 1858—75.

VOYAGE Littéraire de deux Religieux Benedictins. [Dom E. Martene and Dom Durand.] 2 vols. 4to. Paris, 1717.

WATTENBACH, W.: *Das Schriftwesen im Mittelalter*. 8vo. Leipzig, 1896.

WHITE, H. G.: *Studia Biblica et Ecclesiastica*. 8vo. Oxf., 1890.

WILLIS, R.: *Arch. Hist. of the Conventual Buildings of the Monastery of Christ Church, Canterbury*. 8vo. Lond., 1869.

—— and J. W. Clark: *Architectural History of the University of Cambridge*. 4 vols. 8vo. Cambridge, 1886.

WINCKELMANN, G. G.: *Opere*. 8vo. Prato, 1831.

WOOD, A.: *History and Antiquities of the Colleges and Halls in the University of Oxford*. 4to. Oxford, 1786.

——: *History and Antiquities of the Univ. of Oxford*. Ed. Gutch. 4to. Oxf., 1796.

WREN, C.: *Parentalia, or Memoirs of the family of the Wrens*, fol. Lond., 1750.

ZÜNDEL, J.: Ein griechischer Büchercatalog aus Aegypten. [*Rheinisches Museum für Philologie*, 1866, pp. 431–437.]

ZUTPHEN : *Novum...Theatrum Urbium Belgicæ*. fol. Amst., 1649.

索 引

（索引页码为原书页码，即本书的边码）

编后记

英国学者约翰·威利斯·克拉克的《照管图书》，是一部西方图书馆史名著，其用大量文献及第一手考察材料，详细研究了西方世界两千五百年间（从公元前8世纪到公元18世纪末）图书馆及其设施的发展演变，有极高的历史价值。

译者杨传纬教授，不辞辛劳，以八十高龄，花八个月时间译出本书前八章，在此深表敬意。编者补译了本书第九章及附录，并编制了索引，王军兄帮助校订了译文。书中多处引用拉丁文、法文、意大利文和古英文，刘铮等几位朋友帮助翻译了相关文字，在此一并致以谢忱。

书中若有翻译错误，以及误犯之处，恳请大家批评指正。

周运

2012年9月5日

图书在版编目（CIP）数据

照管图书／（英）克拉克（Clark,J.W.）著；杨传
纬译．—杭州：浙江大学出版社，2014.1
书名原文：The care of books
ISBN 978-7-308-11522-3

Ⅰ.①照… Ⅱ.①克… ②杨… Ⅲ.①图书馆史－研
究－西方国家－前8世纪～18世纪 Ⅳ.①G259.19

中国版本图书馆 CIP 数据核字（2013）第 311485 号

照管图书

[英] 约翰·威利斯·克拉克 著　杨传纬 译

策　　划	周　运
责任编辑	王志毅
营销编辑	李嘉慧
装帧设计	罗　洪
出版发行	浙江大学出版社
	（杭州天目山路 148 号　邮政编码 310007）
	（网址：http://www.zjupress.com）
制　　作	北京百川东汇文化传播有限公司
印　　刷	北京中科印刷有限公司
开　　本	787mm×1092mm　1/16
印　　张	27
插　　页	4
字　　数	448千
版 印 次	2014年1月第1版　2014年1月第1次印刷
书　　号	ISBN 978-7-308-11522-3
定　　价	158.00元

THEOLOGI
THEOLOGI
THEOLOGI
THEOLOGI
THEOLOGI
THEOLOGI
LITERATORES
LITERATORES
PHILOSOPHI
PHILOSOPHI
MATHEMATICI